PASSANDO
a
LIMPO

KATHERINE ASHENBURG

PASSANDO *a* LIMPO

O banho: DA ROMA ANTIGA ATÉ HOJE

Tradução
Débora Ginza e Luís Fragoso

LAROUSSE

Título original em inglês: *The dirt on clean*
Copyright da edição original © 2007 by Katherine Ashenburg
Copyright da edição brasileira © 2008 by Larousse do Brasil.
Todos os direitos reservados.

Edição brasileira
Gerente editorial **Solange Monaco**
Editor **Isney Savoy**
Preparação de texto **Antonio Mello**
Revisão **Cláudia Levy e Denise Alexandrini**
Diagramação **Luciana Di Iorio**
Capa **Kelly Hill**
Adaptação da capa **Renné Ramos**
Produção gráfica **Marcelo Almeida**

Dados Internacionais de Catalogação na Publicação (CIP)
(Câmara Brasileira do Livro, SP, Brasil)

Ashenburg, Katherine
  Passando a limpo : o banho da Roma antiga até hoje / Katherine Ashenburg ; tradução Débora Ginza e Luís Fragoso. -- São Paulo : Larousse do Brasil, 2008.

  Título original: *The dirt on clean*.
  ISBN 978-85-7635-333-1

  1. Banhos - Costumes 2. Banhos - História 3. Banhos - Rituais I. Título.

08-04676   CDD-391.6409

Índices para catálogo sistemático:
  1. Banho : Higiene corporal : História   391.6409
  2. Banho : Higiene corporal : Rituais   391.6409

1ª edição brasileira: 2008
Direitos de edição em língua portuguesa, para o Brasil, adquiridos por
Larousse do Brasil Participações Ltda.
Av. Profa. Ida Kolb, 551 – 3º andar – São Paulo – SP – CEP 02518-000
Telefone: (11) 3855-2290 – Fax: (11) 3855-2280
E-mail: info@larousse.com.br
www.larousse.com.br

Para Kate e John,
que adoram o banho,
e para Alberto,
sempre imaculado.

CONTEÚDO

"Mas eles não *cheiravam mal*?" — 9

UM
O banho social: gregos e romanos — 19

DOIS
Banhados em Cristo: 200-1000 — 47

TRÊS
Um interlúdio sensual[1]: 1000-1550 — 67

QUATRO
Uma paixão pelo linho limpo: 1550-1750 — 87

CINCO
A volta da água: 1750-1815 — 109

SEIS
Banhos e como tomá-los: Europa, 1815-1900 — 137

SETE
Completamente molhados: América, 1815-1900 — 167

---

[1] *Steamy*, no original. Além de "sensual" e "excitante", quer também dizer "cheio de vapor". (N. dos T.)

OITO
A ópera do sabão: 1900-1950 — 191

NOVE
O santuário do lar: 1950 até nossos dias — 218

Agradecimentos

Notas

Bibliografia selecionada

Autorizações para o uso de textos

Créditos das imagens

Índice

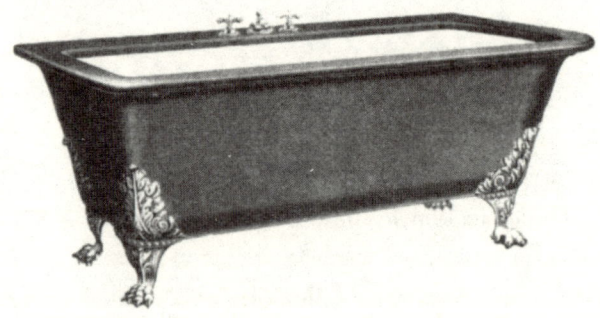

"MAS ELES NÃO *CHEIRAVAM MAL*?"

Para o americano moderno de classe média, "estar limpo" significa tomar banho e usar desodorante todos os dias, sem falhar. Para o aristocrata francês do século XVII, significava trocar a camisa de linho diariamente e chapinhar as mãos com água, mas jamais limpar o resto do corpo com água e sabão. Para o romano do século I, o banho durava duas horas ou mais de duchadas, enxágües e imersões do corpo na água, em temperaturas diversas, e significava raspar suor e óleo com uma espátula de metal e aplicar um óleo ao final – tudo feito diária e coletivamente, e sem sabão.

Bem mais do que no olhar ou na sensibilidade aos odores, a limpeza está na mente daquele que a busca. Cada cultura tem sua própria definição de limpeza, escolhe o que considera seu ponto de equilíbrio entre o nojento e o demasiadamente rigoroso. A convicção de que a limpeza é uma marca importante de civilidade e de que *seu* próprio jeito de materializá-la é a única forma *verdadeira* de manter o corpo adequadamente limpo é comum tanto ao americano moderno quanto ao francês do século XVII e ao romano do século I.

Assim, conclui-se que a higiene sempre foi um bastão conveniente para golpear outros povos, que jamais parecem estar certos. "Os estrangeiros" normalmente erram no que se refere à limpeza. Os egípcios antigos consideravam que imergir o corpo empoeirado em água parada, como faziam os gregos, era uma idéia vil. No final do século XIX, americanos escandalizavam-se com a imundície dos europeus; nazistas difundiram uma suposta falta de asseio judia. Desde a Idade Média, pelo menos, viajantes europeus se aprazem em eleger o país "menos higiênico" do continente – França e Espanha são normalmente laureados. Em alguns casos, o outro é, de modo suspeito, limpo *demais* – que é como europeus da Idade Média consideravam os muçulmanos, que então esfregavam o corpo e lavavam os genitais. Os muçulmanos lhes devolviam o elogio, considerando os europeus completamente imundos.

A maior parte das pessoas modernas crê que até o século XX não se tomava muito banho; a pergunta que com mais freqüência (e com uma mal-disfarçada repugnância) me faziam enquanto eu escrevia este livro foi: "Mas eles não *cheiravam mal?*" Como disse São Bernardo, quando todos cheiram mal, ninguém fede. O odor corporal foi o mar em que nossos ancestrais navegaram por séculos – eles estavam habituados ao odor diário do suor ressecado. Isso fazia parte de seu mundo, juntamente com o cheiro do alimento cozido, de rosas, do lixo, dos pinheirais e do estrume. Há 20 anos, aeroportos, restaurantes, quartos de hotel e a maior parte dos espaços públicos fechados eram carregados de fumaça de cigarro. Muitos de nós nunca nos demos conta disso. Agora que tais lugares estão livres da fumaça, recuamos, injuriados, quando entramos num ambiente no qual alguém está fumando. O nariz é adaptável e pode ser educado.

O leitor americano, escolado com a propaganda de sabonetes e desodorantes, talvez proteste, a essa altura: "Mas o chciro do corpo é diferente do da fumaça. O cheiro do corpo é, por natureza, repulsivo". Minha própria experiência mostra que isso não é verdade. Em meus primeiros anos de vida, passei incontáveis horas ao lado de minha avó materna, que veio da Alemanha. Ela morava a poucas casas de distância, em nossa rua, em Rochester, Nova York, e normalmente tomava conta de nós, seus netos. Era uma mulher animada que trabalhava muito, sempre cozinhando, limpando, costurando, fazendo crochê ou tricô. Dois cheiros trazem minha avó à mente de um modo vívido. Um é o rico amálgama de levedo e linho, da massa dos pães que ela envolvia em panos de prato e deixava crescer sobre os aquecedores da sala de jantar. Quando criança, nunca me ocorreu descrever esse aroma ou me perguntar o que era aquilo – simplesmente era parte de minha avó. Eu a amava, portanto o cheiro associado a minha avó nunca me incomodou.

Quando me casei, meu marido e eu passamos a lua-de-mel na Alemanha, e nos hospedamos em hotéis simples, em cidades pequenas e completamente limpas da Bavária. Ali, inesperadamente, lembranças de minha avó voltaram a jorrar. E não foi que as aplicadas mulheres da Bavária, que limpavam nossos quartos e preparavam nosso café-da-manhã, agissem como minha avó, simplesmente tinham o mesmo *cheiro* que ela. A essa altura, na condição de adulta criada no mais que asséptico Estados Unidos, eu sabia que cheiro era aquele – o odor abafado e acre de suor vencido – e, pela primeira vez, fiz a associação consciente entre o cheiro característico de minha avó e sua causa. Ela limpava a casa impetuosamente, mas não o próprio corpo, ou pelo menos não o fazia com freqüência. (Este era um costume entre os europeus do norte sobre o qual eu leria anos depois, quando viajantes de outros países europeus, nos séculos XVI e XVII, maravilhavam-se com a limpeza das casas e mesmo das ruas da Suíça, da Alemanha e da Holanda, mas note-se que essa limpeza não se estendia aos corpos dos nativos.)

Tive de aprender que pelos padrões americanos do século XX o odor de minha avó não era "bom". Minha reação natural e inculta era que ele era neutro, ou então era melhor do que os das demais pessoas. De maneira semelhante, há tribos que consideram agradável o odor do sangue menstrual, por ele significar fertilidade; outros acham esse cheiro repulsivo, pois seus tabus incluem sangue ou secreções; há, ainda, outras tribos que se mantêm indiferentes quanto a ele. As concepções de nosso grupo pesam na questão dos sentimentos em relação a nossos corpos ou ao de outras pessoas.

Para os ocidentais modernos, nossa definição de limpeza parece inevitável, universal e atemporal. Não é nenhuma dessas coisas, e sim uma definição cultural complexa e em constante mudança. Minha avó conservou suas noções de limpeza do Velho Mundo até sua morte, no final dos anos 1970. Sua filha, minha mãe, deixou a Alemanha quando tinha seis anos, em 1925. Ela cresceu em Rochester, foi para a faculdade e graduou-se enfermeira. Tornou-se, também, cidadã americana, assistindo, com os olhos sempre atentos de imigrante, seu país adotivo elevar os padrões de limpeza nas décadas de 1930 e 1940.

Ela lembrava-se das campanhas publicitárias lançadas por fabricantes de lâminas de barbear incutindo a idéia nova de que ter pernas e axilas peludas era uma coisa ruim para as mulheres e que, no caso das axilas, os pêlos estimulavam o suor. Recordava-se da primeira vez que ouviu falar de uma novidade moderna chamada desodorante e do momento em que percebeu que outra coisa chamada xampu funcionava melhor que o sabão que minha avó fazia na fervura para lavar os cabelos. Minha mãe nunca usou perfume pois, como gostava de dizer, "é isso que os europeus usam, em vez de sabão" (não que o perfume jamais tenha tocado seu corpo de mulher sensata). Seu método próprio envolvia muito sabão e Mitchum's, um desodorante clinicamente embalado para "transpiração problemática".

Na minha geração, os padrões atingiram níveis mais absurdos. A idéia do corpo pronto para me trair a qualquer momento perpassava os anúncios em revistas como *Seventeen* e *Mademoiselle*, que no final dos anos 1950 e início dos 1960 eu lia com atenção. Garotas de muito boa aparência, naquelas páginas, ficavam repetidamente desconcertadas pelo insucesso em conseguir namorado, ou com seu estado de solteira ou baixa popularidade, de modo geral em razão de seu mau hálito, de seu cabelo ou de suas axilas ou – pior que tudo – por suas "partes íntimas" não estarem suficientemente "frescas". Uma longa série de anúncios em estilo cartum para o papel higiênico Kotex me alertou para o horror impressionante do sangue menstrual, capaz de, aparentemente, denunciar meu estado para toda a escola.

O aspecto mais ameaçador do cheiro, surgido quando a higiene oscilava entre o precário e o razoável, era que, como nos alertavam constantemente, podíamos ser *culpados* por esses odores *mesmo sem o saber!* Não havia maneira de assegurar que estávamos limpos o suficiente. Para mim, o símbolo maior de delicadeza feminina era a modelo que posava em um folheto da Kotex sobre menstruação intitulado *Você é uma jovem senhora, agora*. Este protótipo de perfeição, uma loira de olhos azuis, com o cabelo com as pontas enroladas para dentro, franja na testa e um opaco vestido *chemisier* azul, certamente nunca teve um único pêlo fora do lugar, em seu corpo, e cheirava constantemente a talco de bebê. Eu sabia que nunca estaria à altura de sua loirice imaculada, mas tudo me dizia para tentar.

Enquanto a publicidade voltada para os homens propunha que não conseguiriam progredir profissionalmente se não usassem sabonete e desodorante, às mulheres propunha que lamentassem porque ninguém ia desejá-las sexualmente se seu corpo não estivesse impecavelmente limpo.

A segunda pergunta que mais freqüentemente ouvi, enquanto escrevia este livro – quase sempre feita por mulheres –, foi a retórica: "Como eles conseguiam ter relações sexuais cheirando tão mal?" Na verdade, não há provas de que as taxas de natalidade tenham caído, em algum momento, pelo fato de as pessoas "cheirarem mal" demais para a cópula.

Embora as pessoas hoje tenham dificuldade em aceitar esse fato, pelo menos em público, a relação entre sexo e limpeza sem odores não é constante, nem tampouco previsível. Os egípcios antigos faziam de tudo para manter-se limpos, mas ambos os sexos recobriam os genitais com perfumes criados para aprofundar e exagerar o aroma natural desses órgãos. A maior parte das civilizações antigas reconhecia, de maneira objetiva, que, nas circunstâncias adequadas, o característico mau cheiro do corpo humano podia ser um afrodisíaco poderoso. Napoleão e Josefina eram considerados excêntricos em sua época, já que ambos tomavam, diariamente, um longo banho quente. Mas Napoleão escreveu a Josefina, quando em uma de suas campanhas: "Volto para Paris amanhã à noite. Não tome banho."

Quando comecei a pesquisar a história da limpeza, uma jornalista que convidei para almoçar ficou pasma com alguns exageros, tanto imundos quanto assépticos, que revelei. "Simplesmente suponho que todos sejam como eu," disse ela, "e tomem banho diariamente, não mais, não menos." Sua suposição, mesmo em relação a americanos escolarizados como ela, não é verdadeira, mas a maioria das pessoas reluta admitir que se desvia da norma. Continuei pesquisando o assunto: várias pessoas me confidenciaram que não usavam desodorante, só se lavavam com água e sabonete; outras, que não tomavam banho nem se lavavam diariamente. Dois escritores me revelaram, em particular, que tinham uma superstição com o ato de se lavar: à medida que se aproximavam do final de um projeto longo, paravam de lavar os cabelos e não usavam xampu até terminá-lo. Uma mulher confessou de modo melancólico estar louca para, sob o odor do sabonete e do desodorante, conhecer o "verdadeiro" cheiro do marido de 20 e poucos anos que tomava longos banhos três vezes ao dia.

Algo parecido aconteceu comigo enquanto escrevia meu livro anterior, sobre o luto. Num mundo interessado em "continuar tocando a vida" o mais rapidamente possível, a maior parte dos costumes tradicionais relacionados ao luto tornaram-se obsoletos, são considerados primitivos ou sentimentais – ou ambos. Contudo, enquanto eu trabalhava naquele texto, as pessoas me revelavam, em particular, sobre a extrema importância que tinha, para elas, guardar luto, mesmo não parecendo muito adequado no século XXI. Para algumas, por exemplo, vestir velhas camisetas que pertenceram ao pai era importante, outros mantinham longas conversas com a esposa já morta. Para confidenciar excentricidades em relação ao banho, normalmente as pessoas tenderam a apresentar bem menos escrúpulos – na verdade, diverti-me.

Será que, no mundo moderno, não corresponder às exigências-padrão de limpeza é tão bizarro quanto manifestar luto completo? A maneira furtiva como as pessoas me revelaram seus desvios indica que estamos completamente condicionados: arriscar-se a cheirar como um ser humano equivale a cometer um pequeno delito, talvez o objetivo seja cheirar como uma fruta exótica (manga, mamão, maracujá) ou um biscoito (baunilha, coco, gengibre). O padrão nas revistas e na televisão é esterilizado e sintético, "como se não estivéssemos nessa terra", observou um amigo, mas é necessária alguma coragem para desconsiderá-lo.

⁓

O que poderia ser mais rotineiro e aparentemente banal do que lavar-se com água e sabão? Em certo nível, e quase por definição, o asseio pessoal é superficial, já que envolve somente a área externa. Ao mesmo tempo, ele faz eco e nos conecta com alguns dos mais profundos sentimentos e impulsos que conhecemos. Em quase todas as religiões, a água e a limpeza são símbolos de grande ressonância – de graça, de perdão, de regeneração. Fiéis em todo o mundo lavam-se antes de fazer as preces, seja literalmente, como os muçulmanos, seja metaforicamente, como os católicos, que mergulham os dedos em pias com água benta à entrada da igreja e benzem-se.

A ligação arquetípica entre sujeira e culpa, entre asseio e inocência está embutida em nossa lingugem – talvez em nossa psique. Falamos em piadas sujas e em lavagem de dinheiro. Quando nos aproximamos demasiadamente de algo moralmente repulsivo, em um encontro de negócios ou em uma festa, dizemos: "Tive vontade de tomar um banho". Pôncio Pilatos lavou as mãos após condenar Jesus à morte, e depois de ter persuadido o marido a matar Duncan, *lady* Macbeth alega, sem muita convicção, que: "Um pouco de água nos purifica dessa ação".

Banhos e imersões também têm relação natural com ritos de passagem, as cerimônias que marcam a transição de um estágio da vida para o seguinte – de criança anônima para membro nomeado da comunidade, do estado de solteiro para o de casado, da vida para a morte. Submergir na água e emergir dela é uma maneira universal de declarar "abandono o velho, passo a conviver com o novo". (Meus amigos escritores, que finalmente passam a usar xampu quando terminam seus projetos, estão dando o sinal de que uma transição foi realizada.) Noivas, e freqüentemente noivos, da Grécia antiga à África de nossos dias, vêm tomando o banho pré-nupcial de celebração há séculos; jovens mulheres na Alemanha renascentista confeccionavam uma "camisa de banho" para o futuro marido, um símbolo desse costume. Os Cavaleiros do Banho eram assim chamados porque tomavam um banho ritual na noite anterior a sua investidura formal, assim como o fazem homens e mulheres em muitas ordens religiosas antes de declarar os votos.

Um dos ritos de passagem mais difundidos envolve banhar os mortos, um gesto que não tem nenhuma função prática, mas profundos valores simbólicos. O último banho dado em cadáveres judeus consiste numa cerminônia solene realizada pela sociedade, que prepara os corpos para o enterro. Durante a cerimônia, o corpo é mantido na posição vertical, enquanto 90 litros de água são despejados sobre ele. Outros grupos

– japoneses, irlandeses, javaneses – convocam familiares e vizinhos mais próximos para banhar o morto. Todos têm a percepção de que o respeito aos mortos exige que o corpo esteja limpo para sua última viagem, ao lugar final de descanso. Este é um ritual cujo poder não se enfraqueceu ao longo dos tempos: em uma cena de um dos episódios mais emocionantes da série televisiva *Six feet under* (A sete palmos), a mãe e o irmão de Nate Fisher lavam seu cadáver, lenta e metodicamente, para um velório na Los Angeles do século XXI.

Ritos de passagem e religião não são os únicos contextos nos quais o alcance do banho se estende para muito além do banheiro. Até o final do século XIX, banhos terapêuticos desempenharam um papel significativo no repertório médico ocidental, e ainda o desempenham no leste europeu. Observadores normalmente associam o asseio de um povo a seu poder tecnológico. É fato que nossos padrões modernos de limpeza são possibilitados por instalações sanitárias modernas e outros feitos da engenharia, mas toda tecnologia nasce de um desejo mais do que conduz a ele: as termas romanas dispunham de sistemas sofisticados de aquecimento e fornecimento de água, que quando o banho deixou de ser prioridade ninguém se preocupou em imitar.

O clima, a religião e os costumes relacionados à privacidade e à individualidade também afetam a maneira como fazemos nosso asseio. Para muitas pessoas no Ocidente moderno, poucas atividades requerem maior solidão do que lavar o próprio corpo. Mas para os romanos antigos lavar-se era um evento social, como ainda pode ser, hoje, para os japoneses, turcos e finlandeses. Em culturas nas quais a solidariedade do grupo é mais importante do que a individualidade, a nudez é menos problemática e é menor a necessidade de esfregar os corpos e de que eles não exalem odores. À medida que esses valores mudam, altera-se, também, a definição de "limpo".

Pelo fato de este livro ser uma história da limpeza ocidental ele aborda apenas superficialmente as ricas tradições de outras culturas e, em geral, o modo como elas revelaram-se para atônitos viajantes ocidentais, missionários ou colonizadores europeus. Antes do século XX, os europeus consideravam que os homens prósperos da Índia, China e Japão banhavam-se muito mais freqüentemente do que eles, no Ocidente. (No caso do Japão, pessoas de todos os níveis sociais lavavam-se com regularidade.) Os indianos e asiáticos, por sua vez, consideravam os ocidentais incompreensivelmente sujos. Em alguma medida, isso está relacionado à presença das glândulas de suor (merócrinas), que os caucasianos têm em profusão; os asiáticos têm poucas ou mesmo não as possuem. (Em função disso, eles podem achar malcheirosos até mesmo os ocidentais mais limpos).

Em parte, a ênfase dada ao espiritual pelo cristianismo de certo modo estimulou alguma negligência e certa desvalorização do aspecto físico da vida. E diferentemente dos ensinamentos hinduístas, budistas islâmicos, os cristãos ignoravam a higiene. E também, em parte, a diferença entre o Ocidente e o Oriente fez com que quase toda a Europa passasse por um longo hiato com relação ao ato de lavar-se – desde, aproximadamente, o final da Idade Média até o século XVIII ou XIX. Não-ocidentais que se depararam com europeus durante esse período impressionaram-se com a péssima higiene pessoal deles.

A história desse hiato foi o embrião deste livro. Até poucos anos atrás, eu tinha uma vaga percepção de que, depois do desaparecimento das casas de banho romanas[1], tornamo-nos imundos, em maior ou menor medida, e assim ficamos até o final do século XIX, talvez. Uma realidade que lembra a Paris do século XVIII, muito bem descrita por Patrick Süskind no romance *Perfume*. Com o diferencial de tudo ter permanecido o mesmo por cerca de quinze séculos – um longo, opressivo e repulsivo período de carne podre, vinho azedo, lençóis encardidos, excremento e, acima de tudo, a aparência e o cheiro do corpo humano sujo. Então, um dia, no Royal Ontario Museum, parei diante de uma gravura do século XVIII cuja legenda dizia: "Os aristocratas nesta ilustração são tão sujos quanto os camponeses. Aperte o botão e saiba mais a respeito".

Aquilo pareceu confirmar minhas suspeitas sobre a história da limpeza, mas eu estava disposta a descobrir mais, então apertei o botão. A história revelou-se mais complicada do que havia imaginado. Os aristocratas eram sujos, segundo a narração do áudio, em razão de uma cadeia irregular de eventos que começou no século XI. Quando os cruzados retornaram do

---

[1] Termo genérico que será usado para referir-se às palavras *bath* (como aqui, em *Roman baths*) e *bathhouse*. A distinção entre terma (*thermae*) e balneário (*balneum*) será feita adiante, no capítulo 1 (N. dos T.).

Oriente, trouxeram a novidade dos banhos turcos e, durante alguns poucos séculos, os povos da era medieval puderam aproveitar a água quente, os banhos coletivos e as oportunidades de aventuras sexuais. Embora a desaprovação eclesiástica e a ameaça da sífilis lançassem uma nuvem sobre as casas de banho, foram as pragas devastadoras do século XIV que fecharam as portas desses estabelecimentos por toda a Europa. O historiador francês Jules Michelet denominou aquele período "mil anos sem banhos" – na verdade, "quatrocentos anos sem banhos" seria mais exato. Pelo menos até a metade do século XVIII, todos, europeus da mais baixa à mais alta classe, de camponeses a reis, evitavam a água. Em vez dela, "acreditavam" que o linho tinha admiráveis propriedades de limpeza e então, "banhavam-se" trocando de camisa.

Para mim, o interlúdio medieval da limpeza e seu final são impressionantes e apaixonantes. O asseio pessoal, mesmo durante os relativamente poucos séculos detalhados pelo áudio no museu, de repente mostra variações de que eu jamais suspeitaria, e que se associam a muito mais do que simplesmente água e sabão. Eu precisava saber mais a respeito das implicações – sociais, intelectuais, científicas, políticas e tecnológicas – que essa condição que chamamos "estar limpo" envolve. Ter seguido estes caminhos tortuosos me levou da Grécia de Homero à Guerra Civil americana, de Hipócrates à história dos germes, e através de algumas revoluções – a francesa, a industrial e a sexual dos anos 1960 e 1970. Em todas elas a limpeza teve papel importante.

A evolução do conceito de "limpo" é, também, uma história do corpo: nossas atitudes perante a limpeza revelam muito (às vezes até demais) sobre o íntimo de nossa personalidade. Benjamin Franklin disse que para entender as pessoas de um país lhe bastava visitar os cemitérios. Embora haja verdade na declaração dele, sugiro uma variação: mostrem-me as casas de banho e os banheiros de um povo e eu lhes direi o que desejam, o que ignoram e, algumas vezes, o que temem – parte significativa de quem são.

UM

O BANHO SOCIAL
GREGOS E ROMANOS

Odisseu, sua esposa Penélope e seu filho Telêmaco formavam uma família especialmente bem asseada, e isso ficava claro para quem ouvia a *Odisséia*. Os gregos do século VIII a.C. tinham de lavar-se antes de fazer as preces e de oferecer sacrifícios aos deuses, e Penélope freqüentemente rezaria pelo retorno do marido e do filho errantes. Um grego também se banharia antes de partir de viagem. E quando chegasse à casa de seu destino, fosse ela de pessoas estranhas ou de amigos, a etiqueta exigia que, antes de mais nada, lhe fosse oferecida água para lavar as mãos e então um banho. Este livro é cheio de partidas e chegadas: ao longo de uma década depois de terminada a Guerra de Tróia, Odisseu empreende grande esforço para voltar para casa, em Ítaca, e Telêmaco busca o pai. Na urdidura desta grande aventura narrada, as viagens desses heróis míticos nos fornecem a trama.

Quando Odisseu visita o palácio de Alcino, este rei ordena que a rainha, Areta, prepare um banho para o convidado. Homero descreve a cena

Banhando-se na Grécia, século V a.C. A jovem mulher está prestes a despejar água dentro do *labrum*, ou lavatório.

nos termos calculados e protocolares reservados às ocasiões importantes: "Da maneira adequada, Areta instruiu suas escravas a colocar imediatamente um largo tripé sobre o fogo. Sobre ele, puseram um caldeirão de cobre e nele despejaram a água, avivando as chamas com mais lenha. Quando as chamas cresceram de volume, envolvendo a superfície bojuda do caldeirão, e a água esquentou, a dona da casa lhe disse que seu banho estava pronto."

Então o servo banha Odisseu, provavelmente em uma banheira de latão ou pedra polida, esfregando o corpo limpo com óleo assim que ele sai da banheira. Aqui é o servo principal que banha o estrangeiro, mas quando o convidado é uma pessoa particularmente ilustre, uma das filhas da casa poderá fazer as honras. Quando Telêmaco viaja para o palácio de Nestor, é a filha mais nova deste rei, Policasta, que o banha e massageia com azeite. Telêmaco emerge dos cuidados dela "tão bonito quanto um jovem deus".

> "Que suas mãos não estejam sujas quando, em sua libação, você derramar vinho escarlate a Zeus ou aos outros deuses imortais."
>
> Hesíodo, *Works and Days*

Mais que um possível narrador lírico exaltando as maravilhas de um banheiro moderno, Homero enfatiza o poder transformador do banho – em parte porque a *Odisséia* é uma história narrada com exageros, mas parcialmente porque quem viajava pelas regiões selvagens da Grécia antiga sem dúvida adquiria uma aparência melhor depois de permanecer de molho em água quente. Um banho transforma jovens homens de boa aparência em quase divindades, mas não só isso: Odisseu ganha peso, força e esplendor quando sua velha ama o banha. Com seu cabelo limpo em cachos que lembravam as pétalas do jacinto, ele também "saiu do banheiro parecendo-se mais com um deus do que com um homem".

A transformação mais pungente provocada por um banho na *Odisséia* ocorre no final do livro. Odisseu, que está longe de casa há 20 anos, depara-se com o pai idoso, Laerte, trabalhando em sua vinha. As roupas de Laerte estão sujas e remendadas e, "em meio ao descuido de seu sofrimento", como descreve Homero, ele usa um chapéu de couro de cabra, um símbolo da pobreza rústica. Antes de revelar sua identidade, Odisseu diz ao pai que ele é um homem que merece o melhor – a saber, "um banho, um bom jantar e uma agradável noite de sono". Laerte lhe explica que o filho está desaparecido, que provavelmente foi devorado por peixes ou feras, e que "uma nuvem negra de tristeza pairava sobre ele; e o velho homem, então, juntou poeira nas duas mãos e a despejou sobre a própria cabeça branca, soluçando". Esta é uma poderosa imagem de desolação, repetida por enlutados de diversas culturas – sujar a si mesmo, seja manchando o próprio rosto com lama, seja cobrindo a própria cabeça com poeira, como faz Laerte. O infortúnio é companheiro natural da sujeira, assim como a sorte o é da limpeza.

VAPOR SIBARITA

Atribui-se aos Sibaritas, um povo que amava a luxúria e que viveu no sudeste da Itália entre 720 e 510 a.C., a invenção da colher de sopa, do penico e do banho a vapor.

ASSASSINATO DURANTE O BANHO

Em *Agamenon*, de Ésquilo, Climnestra, esposa de Agamenon, mata-o durante o banho, golpeando-o duas vezes com um machado.

A essa altura, Odisseu revela sua identidade e leva o pai, radiante, de volta para casa. O velho, até então relegado ao abandono, toma um banho, que funciona, uma vez mais, como mágica: "Athena pôs-se de pé a seu lado e deu amplitude aos braços e pernas dele, de modo que ele pareceu mais forte e maior do que era antes". Quando o pai sai do banheiro, Odisseu espanta-se de vê-lo como alguém descido dos céus, e diz em palavras simples: "Meu pai! Certamente, um dos deuses imortais fez de você um novo homem, mais alto e mais forte do que antes!"

Os gregos antigos limpavam-se pelas mesmas razões que nós: para sentirem-se mais confortáveis e mais atraentes. Também banhavam-se por motivos de saúde, já que permanecer de molho na água era um dos mais importantes tratamentos do limitado arsenal dos médicos. Hipócrates, o grande médico do século V a.C., era adepto dos banhos: acreditava que uma combinação criteriosa de imersões em água fria e quente podia proporcionar equilíbrio saudável de todos os humores importantes – ou líquidos constitutivos – do corpo. Banhos quentes, ao amolecer o corpo, também preparavam-no para receber os alimentos e supostamente ajudavam na cura de diversos males, da dor de cabeça à retenção urinária. Às pessoas que sofriam dor nas articulações eram prescritos banhos frios, e as doenças femininas eram tratadas com banhos de vapor aromáticos.

Como a *Odisséia* deixa claro, banhar-se era um prelúdio necessário para as preces e as libações. Os santuários normalmente tinham fontes de água em sua entrada – não que a comunicação com os deuses demandasse uma limpeza maior do que aquela estabelecida entre humanos, mas os gregos acreditavam que qualquer relacionamento respeitoso exigia asseio e limpeza.

E, como para quase todos os outros povos, seus ritos de passagem também incluíam o banho. O primeiro banho do recém-nascido ao lado da mãe era um evento importante para o qual a água era, às vezes, trazida de uma fonte especial apropriada. Tanto a noiva quanto o noivo gregos tomavam um banho cerimonioso na véspera ou na própria manhã do casamento, livrando-se de seu *status* de solteiro e preparando-se para assumir a identidade de casado. E quando alguém morria, além de o corpo ser formalmente lavado e ungido, os principais enlutados e aqueles que compareciam ao funeral também precisavam de purificação, então se lavavam após o funeral. O contato com os mortos e com o pesar fazia com que a pessoa ficasse suja – simbolicamente, sempre, mas também de fato, às vezes. Quando Aquiles, na *Ilíada*, fica sabendo que seu amigo Patroclus foi assassinado, seus atos indicam a associação: "Pegando um punhado de poeira com as duas mãos, ele a despejou sobre a própria cabeça e manchou o rosto pálido". E se recusa a lavar-se até que Patroclus tenha um funeral adequado.

Com litoral extenso, verões longos e ensolarados e invernos amenos, os gregos devem ter-se banhado no litoral desde a época em que se instalaram pela primeira vez na extremidade do sudeste da Europa, há cerca de 4 mil anos. Em 1.400 a.C., eles já tinham invadido Creta, uma civilização avançada que dispunha de água corrente, canos de esgotos e (pelo menos no Palácio Real de Knossos) banheiras. Sem dúvida, Creta influenciou os

HIPÓCRATES E O BANHO

"Aquele que toma banho deve ter atitudes que mostrem disciplina e reserva; ele não deve fazer nada para si mesmo, os outros é que devem despejar a água sobre ele e esfregá-lo."

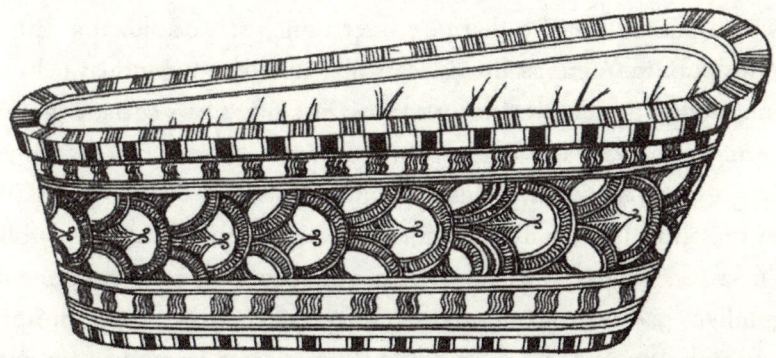

A banheira mais antiga de que se tem notícia – de terracota pintada – data de aproximadamente 1700 a.C. e foi encontrada nos aposentos da rainha, no Palácio de Knossos, em Creta.

hábitos gregos com relação ao banho, e os gregos o levaram para outras culturas indistintas com as quais tiveram contato – comercial ou colonizador –, pela África do Norte e Ásia Menor.

SUJEIRA E SOFRIMENTO

"Não são apenas as viúvas que permanecem, seja na teoria ou na prática, sem banho; todos os enlutados também. Os Ibibios me parecem vestir o mais intenso luto na forma de sujeira acumulada.

Mary Kingsley, *Travels in West Africa*, 1894

Na era de ouro de Atenas, no século V a.C., o hábito de banhar-se que os gregos haviam estabelecido já era comum. Um grego da classe média-alta ou patrício – chamemos a ele Piteus – podia banhar-se de diversas maneiras. A sua casa provavelmente teria um banheiro, mais precisamente uma sala para banhos, junto à cozinha. Os equipamentos necessários eram um lavatório, chamado de *labrum*, mais parecido com um grande bebedouro para pássaros, sobre uma base que o posicionava a aproximadamente a altura dos quadris. Mandava-se um servo à cisterna da casa ou ao poço mais próximo em busca de água, e ele também podia ser convocado para despejá-la sobre Piteus ou a esposa dele. Este aposento podia também incluir uma banheira de terracota (para imersão até os quadris) – grande o suficiente para que nela um adulto pudesse sentar-se com as pernas esticadas, mas não deitar-se. A banheira era afixada ao chão e esvaziada por um canal que levava a água servida para fora. Piteus tomava um banho rápido, em pé, pela manhã, e reservava tempo para, antes do jantar, fazer uma limpeza mais minuciosa.

Um homem pobre, sem banheiro em casa, podia usar o poço mais próximo para seu banho diário, e fazer uma visita ocasional à casa de banhos pública. Algumas dessas casas de banho eram mantidas pelo governo, outras por empresários privados; elas ofereciam entrada gratuita ou então cobravam um ingresso muito barato. A água era esquentada no fogo, como na *Odisséia*, e as salas eram aquecidas, quando necessário, com braseiros. Nos locais de maior opulência, a casa de banhos pública tinha salas separadas para banhos frios, quentes e de vapor – basicamente, segundo os padrões romanos, porém oferecendo mais do que o próspero Piteus tinha em casa. Ele, bem como a esposa, freqüentariam também a casa de banhos pública – para o banho de vapor, talvez, ou para os banhos duchados primitivos, nos quais jorros d'água saídos de canaletas instaladas

"Eureca!" ("Achei!"), gritou o cientista grego Arquimedes, no século III a.C., pulando nu de uma banheira pública e correndo, exultante, pelas ruas de Siracusa. O que ele descobriu durante o banho – ao perceber como o nível da água elevava-se quando entrava na banheira – foi a fórmula necessária para medir o volume da coroa do rei Hieron II.

nas paredes espirravam água sobre a cabeça e os ombros do banhista. (Um servo, do outro lado da parede, despejava a água dentro das canaletas.) Não havia regras rígidas quanto à freqüência aos balneários; alguns clientes apareciam diariamente, outros, uma ou duas vezes por mês.

Uma outra vantagem da casa de banhos pública era a oportunidade de socialização que ela oferecia. Piteus banha-se ali, em sua banheira individual, uma das quase 30 dispostas em círculo numa sala também circular. (É uma imagem estranha, mais para uma sala de banhos de orfanato ou hospital do que planejado para adultos saudáveis.) O assistente dos banhos, ou homem dos banhos, era encarregado de fornecer aos clientes uma substância de limpeza, cinzas de madeira ou uma argila absorvedora chamada greda. Piteus, que tinha condições financeiras para comprá-la, trazia seus próprios líquidos perfumados para limpeza. Havia jogos à disposição, tais como dados ou *jacks*, e também vinho e provavelmente alguns petiscos. O que viria a tornar-se inimaginavelmente suntuoso nas termas imperiais de Roma era modesto e íntimo na casa de banhos de Piteus,

O banho público grego, de caráter social, com banheiras individuais, fundas até a altura dos quadris, dispostas em círculo.

mas as características essenciais – banhos oferecidos em uma variedade de temperaturas, em um ambiente recreativo – estariam todas lá.

Além do lar e da casa de banhos, Piteus dispunha ainda de um terceiro lugar onde banhar-se – o Ginásio. Uma das instituições centrais de Atenas, o Ginásio foi concebido inicialmente como um lugar para homens jovens das classes média e alta desenvolverem a força física e para que homens mais velhos a mantivessem. Seus aposentos eram dispostos ao redor de um pátio destinado a exercícios, com uma pista de corrida nas proximidades. Os homens usavam os aposentos e bosques próximos (os ginásios originais ficavam fora do centro da cidade) para debates e palestras. O mote *mens sana in corpore sano* – mente sã num corpo sadio – é romano, mas os gregos tinham uma devoção ainda mais apaixonada pelo culto ao corpo e

> **HERÓDOTO, SOBRE OS EGÍPCIOS NO SÉCULO V A.C.**
> "Eles sempre vestem roupas de linho recém-lavadas. Fazem questão disso. Praticam a circuncisão, por motivos de higiene, preferindo a limpeza à aparência mais atraente. Os sacerdotes depilam, diariamente, o corpo todo, a fim de prevenir piolhos ou qualquer outra sujeira."

à mente. Para nós, soa incongruente que os autores da *Academia,* Platão, e do *Liceu,* Aristóteles, duas das primeiras escolas filosóficas, ambas fundadas no século IV, freqüentassem ginásios em que se exercitava o corpo. Mas para os gregos esta era uma combinação natural.

No Ginásio, o banho era um mero complemento do exercício. Os atletas gregos, que se exercitavam nus – *ginásio* significa, literalmente, "o lugar nu" –, antes de mais nada passavam óleo no corpo e cobriam-no com uma fina camada de poeira ou areia, para prevenir calafrios. Após lutar, correr ou praticar esportes com bola, homens e garotos removiam o óleo e a areia, agora misturados com suor, com uma espátula curva de metal chamada estrigil. Após o uso do estrigil, os atletas podiam tomar banho, em pé, em uma bacia, como numa ducha, ou numa banheira. Embora a água quente pudesse ser muito mais eficaz para remover o óleo e a poeira, não há comprovação de que os ginásios oferecessem água quente antes do período romano. O rigor másculo dos banhos de água fria adequava-se ao espírito do Ginásio e tranqüilizava os atenienses que refletiram longamente sobre o enfraquecimento e os efeitos feminilizantes da água quente.

E eles realmente refletiram. O dramaturgo Aristófanes satiriza esse eterno cabo-de-guerra entre austeridade e luxúria em sua comédia *As nuvens,* do século V a.C. Estrepsíade, um homem mais velho que se lembra afetuosamente de sua juventude despreocupada no campo – na época "não havia preocupação em relação aos banhos ou com manter-se bem arrumado" –, passa a ser influenciado por Sócrates e outros filósofos. Estrepsíade aprecia o fato de que eles jamais fazem a barba, cortam os cabelos ou tomam banhos. Ele prefere este estilo ao de seu filho urbanizado, Fidípides, que "está sempre nas casas de banho, jogando meu dinheiro pelo ralo". Um personagem chamado Argumento Justo concorda com o pai, relembrando os bons e velhos tempos em que os garotos cantavam melodias militares estimulantes, sentavam-se eretos e consideravam com desdém a idéia de untar o corpo com óleo. Esse tipo de educação sem luxos, insiste ele, produziu os homens de peito peludo que travaram a batalha de Maratona. Os garotos contemporâneos de Estrepsíade, segundo ele mesmo, entregam-se a banhos quentes e tremem inteiros quando está frio, e desperdiçam seu tempo fofocando como maricas.

A observação do ponto de vista de um homem grego sobre o banho de água quente encheria volumes com a descrição do seu valor: um dos debates mais duradouros na história da limpeza está centrado nos méritos da água fria *versus* os da água quente. Edward Gibbon, que no século XVIII foi cronista do declínio e queda do Império romano, tinha por convicção que os banhos quentes eram responsáveis pelo enfraquecimento e a queda de Roma. Os homens da Era Vitoriana, influenciados pelo estudo do grego clássico, acreditavam que o Império britânico constituíra-se sobre o revigorante banho frio matinal. Persiste o preconceito de que banhos quentes prejudicariam a estâmina: a moderna expressão alemã *Warmduscher* ou "homem que toma banho quente", designa homens que carecem de masculinidade. Platão, que em *As leis* restringe o banho quente a velhos e doentes, teria simpatizado com esses argumentos. No entanto, e apesar de Platão, se não dispusessem de água quente nos ginásios, os atenienses jovens e saudáveis acostumar-se-iam com ela nas casas de banhos.

Mas não os espartanos, militaristas e ascéticos, que banhavam os recém-nascidos no vinho (talvez considerando, de alguma maneira, que ele agisse como anti-séptico), mas que após essa ocasião tomavam banhos com muito pouca freqüência. O biógrafo Plutarco relata o comentário de um espartano que assistiu, incrédulo, a um escravo buscar água para o banho de general ateniense Alcebíades, de que o general devia ser excessivamente sujo para precisar de tamanha quantidade de água. (Essa observação, sempre atribuída a pessoas que vêem pouca necessidade de banhar-se, volta à tona com regularidade, ao longo dos séculos.)

Licurgo, legislador da Esparta do século VIII a.C., determinou que os espartanos comessem em refeitórios públicos, a fim de evitar jantar em casa, sobre a cama. Se ao acaso, se acostumassem a essa auto-indulgência, alertou ele, logo teriam necessidade de "muitas horas de sono, banho quente, liberdade para não trabalhar e, em suma, do cuidado e atenção normalmente dispensados a doentes". O banho quente, na lista de Licurgo, faz companhia a outros costumes que ele considerava ameaçadores da severidade militar de sua cidade-estado. A auto-disciplina espartana, porém, não foi comprometida pela água quente e a previsão sombria de Licurgo jamais se confirmou.

Teofrasto foi um filósofo ateniense. Seu legado mais rico e duradouro são *Os caracteres*, uma coleção de retratos impiedosos de tipos irritantes, tais como a Pretensão, o Servilismo e a Bufonaria. Através deles, nos conscientizamos de que, no início do período helenístico, perto do final do século IV a.C., houve um refinamento dos padrões da boa apresentação pessoal, bem como usufruímos descrições satíricas de uma sociedade rudimentar, mas eficaz, sob diversos aspectos.

O personagem Sórdido, por exemplo, tipifica "um desprezo pelas pessoas que é ofensivo para os demais". Ele anda pela cidade com as roupas sujas, "desgrenhado como um animal", com pêlos no corpo todo. As partes que não têm pêlos mostram cascas de ferida e depósitos de crostas. Seus dentes são pretos e podres. Ele vai para a cama com a mulher sem lavar as mãos (estas deveriam ser lavadas após o jantar, refeição que era feita sem talheres), e quando o óleo que ele leva para o banho está rançoso e espesso, ele cospe nele para torná-lo menos grosso.

Por maior que seja a repulsa causada por Sórdido, Teofrasto não tem apreço maior pelo oposto vaidoso, o Pequeno Orgulho, que corta o cabelo "muitas vezes por mês", usa um ungüento caro que cumpre a função do óleo e tem dentes brancos (uma raridade, considerada uma preocupação exagerada). O meio termo entre os extremos do desleixo e da vaidade, sugere Teofrasto, é a melhor política. (É essa, também, a opinião de árbitros de quase todos os períodos, pelo menos teoricamente, mas este ambicionado ponto intermediário muda consideravelmente de feição.)

As casas de banho públicas sempre foram um presente dos céus para pintores – muitos corpos nus e água – e escritores satíricos – pela oportunidade e espaço que provinham para as manifestações de mau comportamento. Essas casas, tais como descritas por Teofrasto, eram instituições prósperas com regras bem definidas, o que as tornava alvo preferencial de zombaria para as pessoas. A água e as superfícies que ressoam deviam ser tão tentadoras para o barítono de banheiro, há 2.300 anos, quanto o são em nossos dias, mas para ceder à tentação de cantar numa casa de banhos era preciso ser imbecil, como a Grosseria. Equivaleria a fazer confidências aos servos ou usar calçados com pregos ruidosos no solado, tal atitude seria parte do comportamento rústico da Grosseria, que anseia pela atenção dos outros.

Outro personagem, Avarento, reclama de maneira dissimulada que o óleo trazido por seu escravo para o banho está rançoso, de modo a poder servir-se do óleo de outro. Inescrupuloso, outro personagem é um sovina que age de modo parecido, sempre tentando obter algo sem gastar. Isto inclui ser banhado, tarefa pela qual o homem dos banhos normalmente era remunerado. Inescrupuloso apanha a concha, mergulha-a no caldeirão de água, derrama o líquido sobre si mesmo e parte rapidamente, berrando para o homem dos banhos enfurecido: "Tomei meu banho, e não agradeço a você por isso!"

Se os gregos apreciavam a água, os romanos a adoravam. Em seus Ginásios, os gregos viam o banho como uma necessária conclusão dos exercícios. Os romanos inverteram as prioridades: eles se exercitavam porque isso tornava seu banho ainda mais agradável. "Hedonista" e "sibarita" são termos que herdamos dos gregos – talvez pelo fato de eles desconfiarem muito desses tipos – mas seriam mais adequados aos romanos, que inspiraram e desfrutaram dos exagerados luxos das grandes termas imperiais.

O típico banho romano – aquecido e comunitário, em oposição ao frio e individual – provavelmente nasceu na região da Campania, no sul da Itália, às margens do mar Tirreno, em algum momento do século III a.C. A região apresentava uma animada confluência de costumes e culturas: grega, etrusca e romana, e foi ali que o banho grego misturou-se a tradições locais e importadas. No século II a.C., o banho romano já tinha se tornado algo corriqueiro e previsível no cotidiano. À medida que os costumes romanos se infiltraram no mundo helenístico, o banho romano triunfou na Grécia. No século I a.C., os Ginásios, símbolos do estóico atletismo grego, passaram a oferecer água quente em suas instalações.

> "Banhos, vinho e sexo causam a destruição de nossos corpos, mas são a essência da vida – banhos, vinho e sexo."
>
> Epitáfio no túmulo de Tito Cláudio Segundo, século I.

As mais antigas – e mais ou menos intactas – casas de banho romanas são as de Stabia, em Pompéia, que datam de aproximadamente 140 a.C. Pompéia tinha uma população de 20 mil pessoas quando da erupção do Vesúvio, em 79, portanto, os vestiários de janelas pequenas e com aparência de caverna de Stabia deviam lotar nas horas de pico. Ali, num pequeno compartimento, o banhista deixava suas roupas, que eram guardadas por um escravo pessoal ou, então, por um funcionário da casa (ainda assim, roubos eram comuns). Do lado de fora do vestiário ficava o pátio para exercícios, amplo e ajardinado, rodeado, em três dos lados, por um pórtico. Nesse espaço, ao qual as mulheres não tinham acesso, banhistas untados com óleo e normalmente nus suavam levemente jogando bola, lutando ou correndo.

Após os exercícios, o banhista passava a uma sala moderadamente aquecida, onde continuava a transpirar. Normalmente, nesta sala ele raspava o óleo, a sujeira e o suor acumulados com o *estrigil*. Um criado ou companheiro de banho fazia a raspagem nas costas do banhista. Na sala seguinte, um aposento de banho, ele mergulhava em uma piscina de água quente ou simplesmente banhava o próprio corpo com água de uma bacia colocada sobre um pedestal. Finalmente, passava a uma sala na qual mergulhava em água assustadoramente fria. A essa etapa podia seguir-se mais uma aplicação de óleo, uma massagem e uma raspagem final com o *estrigil*. Óleos e perfumes são freqüentemente mencionados como acessórios de banho, mas não o sabão. De qualquer forma, uma raspagem completa da pele untada e suada com o *estrigil* e o enxágüe com água quente provavelmente removiam tanta sujeira quanto teria sido possível com o uso de sabão e água quente.

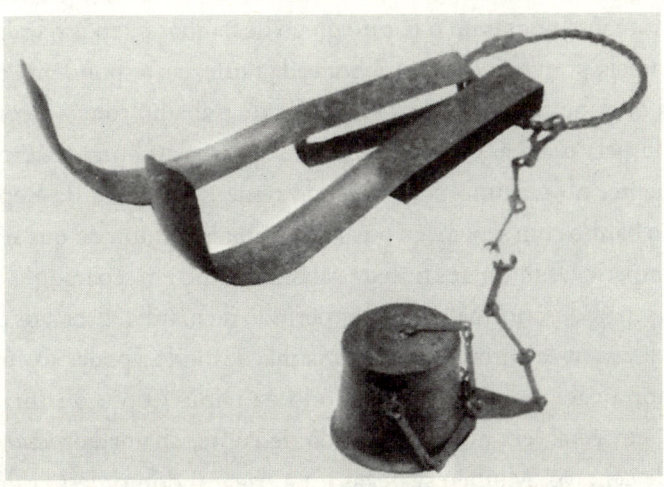

Em vez de usar sabonete e um pano para se lavar, gregos e romanos raspavam o óleo e o suor do corpo com um aparelho de metal chamado *estrigil*. A pequena vasilha continha óleo.

"Rapidamente, com segurança e com doçura" era o lema de Asclepíades, de Bitínia, que popularizou a medicina grega em Roma no século I a.C., e que preferia banhar seus pacientes a sangrá-los – donde o seu lema. Ele era um defensor entusiasta dos banhos frios, em particular, e era conhecido como "o banhista da água fria".

Mantendo água a temperaturas contrastantes, a casa de banho romana apresenta mais do que uma simples semelhança com a sauna finlandesa, casa de banhos social onde os usuários ora suam ora refrescam-se com ar quente ou água fria e, na época apropriada, com neve. O banho romano e a *hamam*, ou banho turco, têm um parentesco ainda mais estreito já que, como veremos adiante, o *hamam* descende diretamente do ancestral banho romano.

Uma casa de banhos básica, em Roma, oferecia três ambientes: salas com temperatura morna, quente e fria. Estabelecimentos mais sofisticados mantinham também um aposento em que o calor era seco e intenso, e uma sala em separado para a aplicação de óleo e massagens. Podia haver, também, uma sala especial para a raspagem e uma piscina ao ar livre, mas estas constituiam luxos. Teoricamente, o banhista podia modificar a ordem do banho como quisesse. A arquitetura das últimas termas imperiais refletia a progressão considerada ideal. Mas nas casas de banho mais modestas da República romana, no final do século I a.C., salas foram adicionadas aleatoriamente, à medida que o costume popularizou-se e a clientela cresceu.

Os romanos adotaram o hábito grego de banhar-se após o trabalho, o que acontecia por volta de 2 ou 3 horas da tarde, correspondente à oitava ou nona hora no horário romano. (O dia de trabalho romano começava bem cedo pela manhã, certamente não depois das 6 horas, e terminava, efetivamente, no máximo pelo meio da tarde.) Na época da República, quando o banho com separação por sexo era mais comum do que nos tempos do Império, as mulheres tinham salas de banho em separado, ou então horários separados, normalmente no período da manhã. Escravos e servos também lavavam-se normalmente de manhã, de modo a poder acompanhar seu senhor à casa de banhos no período da tarde. O preço cobrado dos homens, em geral, era a menor moeda de cobre, chamada *quadran*, um quarto de centavo. Mulheres chegavam a pagar o dobro desse valor, mas as crianças, soldados e, às vezes, escravos tinham entrada gratuita.

A HISTÓRIA DO SABONETE, PARTE 1

Uma mistura de gordura animal e cinzas não nos soa nem limpa nem tampouco agradável, mas foi assim que durante boa parte da história humana o sabão foi fabricado. Cilindros de argila com escrita cuneiforme, de aproximadamente 2.800 a.C., descobertos durante escavações na Babilônia, confirmam que gordura e cinzas eram fervidas juntas na produção do sabão. O que, realmente, era lavado com ele não fica muito claro. Os egípcios, cujo sabão, além de gordura animal, continha óleos vegetais mais suaves, usavam-no para lavar o corpo. Gregos e romanos, por sua vez, preferiam cobrir-se com areia e óleo e raspar-se com um estrigil. Embora o uso de sabão, provavelmente fabricado com azeite, fosse regular no banho turco, ou *hamam*, esse aspecto não voltou à Europa quando o banho retornou à cena, na Idade Média. Os europeus ainda ferviam gordura animal e cinzas juntas para fazer sabão, e ele era usado para lavar as roupas e o piso, mas considerado excessivamente agressivo para o corpo. Um tipo de sabonete de banho feito de azeite era produzido em pequena quantidade em fábricas pioneiras de Marselha, França, e na Itália e Espanha (o sabonete produzido em Castilha era tão apreciado que, tempos depois, todos os sabonetes finos feitos com azeite passaram a ser chamados sabonetes Castilha). Mas eram um luxo e estavam além do poder de compra da maior parte das pessoas na Idade Média. Essas se viravam simplesmente com água, à qual adicionavam, algumas vezes, ervas que acreditavam ter qualidades de limpeza ou medicinais.

Nas proximidades da casa de banhos de Stabia ficava o maior bordel de Pompéia. A combinação de água quente, nudez e relaxamento tendia a fazer com que casas de banho e bordéis fossem vizinhos; algumas vezes, as prostitutas ofereciam seus serviços no segundo andar da casa de banho. Em outra casa de Pompéia, a *Subúrbio*, a associação está literalmente pintada nas paredes. No vestiário íntimo de coloração ocre dessa casa do século I, os compartimentos de madeira onde os banhistas deixavam suas roupas já desapareceram há tempos, mas no andar acima desse vestiário ficam oito afrescos descaradamente obscenos – uma mulher, brandindo um peixe, prestes a ser penetrada por um homem; mulheres fazendo sexo oral, ativa e passivamente; um trio (dois homens e uma mulher entrelaçados em conjunção íntima); e outras cenas igualmente maliciosas. Os afrescos talvez fizessem publicidade de serviços das redondezas, ou talvez apenas contribuíssem para o clima incitador de prazer sensual das termas. Realizadas com charme e estilo, essas pinturas são surpreendentemente diretas – e completamente contrárias à concepção atual de decoração adequada a um prédio comercial freqüentado por homens, mulheres e, provavelmente, crianças.

Os romanos consideravam a limpeza uma virtude social. (Até certo ponto, os gregos também, como Teofrasto deixa claro, mas os romanos preocupavam-se mais com a aparência pessoal e tinham um maior grau de exigência no que dizia respeito aos padrões de higiene.) A palavra latina para "lavado" ou "banhado" é *lautus*, que tornou-se, por extensão de sentido, adjetivo para designar pessoa refinada, sublime ou elegante. E, cada vez mais, à medida que o banho diário foi se tornando parte integral da rotina, a limpeza – conquistada da maneira *deles* – tornou-se uma virtude *romana*. Japoneses modernos relatam que a coisa de que mais sentem falta quando estão fora de seu país não é a comida típica, mas o banho japonês, com o protocolo que inclui um pré-banho antes da imersão coletiva em água extremamente quente. De maneira similar, o banho tornou-se uma das características peculiares do modo de vida romano, um dos estilos de vida fundamentais que os distinguiam dos estrangeiros, e uma das cortesias com as quais eles davam boas-vindas culturais aos povos que conquistavam para a "grande família romana". Quando Agricola tornou-se governador da fria e enevoada Grã-Bretanha, no ano 76, sabia do que os nativos desgrenhados e rudes necessitavam: apresentou-os imediatamente aos prédios públicos, às togas, ao latim e aos banhos, um passo essencial rumo à romanização.

GRAFITE DO SÉCULO I

"Dois amantes estiveram aqui, e como foram atendidos por um servo realmente péssimo, chamado Epafrodito, mandaram-no para a rua imediatamente. Eles, então, gastaram 105,5 sestércios da maneira mais agradável, enquanto trepavam."

Herculano, na casa de banhos *Subúrbio*, em uma sala perto do vestíbulo (possivelmente de um bordel)

Assim como na Grécia, algumas casas de banho da República romana eram empreendimentos privados e algumas pertenciam ao Estado. A modesta casa de banho da República era uma instituição apreciada mas não era nenhum prodígio. A terma imperial, um palácio grandioso construído e mantido pelo governo, fazia com que até mesmo os romanos mais enfastiados ficassem boquiabertos de espanto e admiração. A fase áurea das termas imperiais iniciou-se por volta de 25 a.C., quando Agripa, sucessor de Augusto, abriu as casas batizadas com seu nome. As termas de Agripa destacavam-se pelo tamanho (os prédios mediam, em seu limite máximo, 120 por 100 metros) e esplendor. Quando Agripa morreu, em 12 a.C., deixou as termas como legado ao povo de Roma. A escala, a grandiosidade e o fato de serem um legado deixado pelo imperador devem ter contribuído para estabelecer os padrões de Agripa como regra para as termas imperiais construídas posteriormente. As casas de banho criadas por Agripa foram as primeiras termas (*thermae*), como passaram a ser chamados esses deslumbrantes e multifuncionais estabelecimentos. As casas de banho mais simples, freqüentadas no dia-a-dia, eram, em oposição, chamadas balneários (*balneum*).

Na mesma época em que as termas ficavam cada vez mais extravagantes, o poeta satírico Juvenal cunhou a frase "pão e circo" para descrever como o governo "comprava" o favor do público com comida barata e entretenimento estupidificante. Muito mais caras do que o pão e o circo – não apenas a construção das casas de banho era dispendiosa, mas também a sua manutenção – as termas eram semelhantes aos balneários, em alguns aspectos, mas tinham, do ponto de vista dos romanos, uma importância muito maior. Tornar-se *lautus*, ou limpo com o banho, era essencial para o auto-respeito de uma pessoa, assim como para sua saúde.

Um imperador normalmente construía suas termas no início da dinastia ou logo após uma guerra civil, para demonstrar sua magnanimidade e capacidade de proporcionar o melhor da vida romana ao povo. Nero construiu termas, famosas por suas águas de temperatura muito alta, por volta do ano

BARÍTONO DE BANHEIRO

"E então ele relaxou como se estivesse exausto, e encantado com a acústica do banheiro, abriu a boca de bêbado tão amplamente quanto o teto, e começou a assassinar as canções de Menecrates – ou assim diziam aqueles que conseguiam distinguir o sentido das palavras que ele pronunciava."

60. Embora as de Nero fossem impressionantes, foi somente a partir de 109, quando as termas de Trajano foram construídas, que imperadores

sucessivos começaram a construir estabelecimentos em grande escala. Nas termas de Trajano, o conjunto de salas de banho central era rodeado por construções como bibliotecas, aposentos para encontros, palestras e exercícios. A mais completa área para banhos que Roma jamais vira era uma cidade virtual.

As duas maiores termas romanas, as de Caracala (216-17) e as de Dioclécio (298-306), são reconhecidas como maravilhas de Roma: o destino final das pilhagens nelas efetuadas dá uma idéia de sua magnificência: quando o Papa Paulo III tomou as termas de Caracala, no século XVI, foi para decorar seu Palácio Farnese com os frutos da pilhagem – mármores, medalhas, bronzes e baixos-relevos – material suficiente para suprir um museu (a Coleção Farnese, hoje no Museu Arqueológico de Nápoles). No século XX, as ruínas da sala de banho quente serviriam de palco para uma encenação da *Aida*, de Verdi, acomodando carruagens, cavalos e camelos, bem como o elenco e a platéia. Ainda mais colossais, as termas de Dioclécio podiam acolher perto de 3 mil banhistas. Em 1561, Michelangelo converteu a sala de banho frio destas termas na nave da Basílica *Santa Maria*

No século XIX, recreação nas termas de Dioclécio, terma imperial de grande esplendor, que funcionava também como ginásio, clube e praça pública.

degli Angeli. Também ocupam ruínas de termas, hoje, o Museu Nacional de Roma e o Oratório de São Bernardo.

À medida que as instalações das casas de banho sofisticavam-se, mais horas de lazer os romanos passavam nelas. Com piscinas, pátios para exercícios, jardins, bibliotecas, salas de reunião e tabernas, as casas de banho tornaram-se um ponto de encontro de múltiplas finalidades: local para fazer contatos, fechar negócios, flertar, fazer política, comer e beber. Prostitutas, curandeiros e esteticistas freqüentemente instalavam-se nos complexos balneários ou nas lojas ao redor deles. Assim, era possível fazer sexo, tratamento médico e cortar o cabelo numa mesma visita. Embora homens bem nascidos freqüentassem sua casa de banho predileta, como os aristocratas ingleses freqüentariam, mais tarde, seus clubes, em Londres, as casas de banho eram, em contraste com aqueles clubes, a mais democrática instituição romana. Diferentemente do Ginásio grego, restrito a homens das classes média e alta, as casas de banho romanas eram freqüentadas por homens e mulheres, escravos e homens libertos, ricos e pobres. Um romano, pelo menos no século I a.C., quando havia cerca de 170 casas de banho na capital do Império, podia escolher um estabelecimento de sua preferência. Era comum, ao encontrar um homem, perguntar-lhe onde ele se banhava.

As casas de banho tinham por objetivo o mesmo que cafeterias, praças públicas, clubes, ginásios, clubes de campo e spas têm em sociedades como a nossa. Imagine um estabelecimento da Associação Cristã de Moços soberbamente equipado e com alguns quarteirões de extensão, abrigando academias, piscinas, quadras e salas de reunião. Junte salas para massagem ou tratamento, semelhantes às de um *spa* de luxo, bem como salões públicos e jardins parecidos com os das estâncias turísticas. Por fim, implemente um plano de tarifas que permita às pessoas mais pobres o uso dessas instalações. Os serviços estarão próximos, mas não ao mesmo nível, dos oferecidos por uma casa de banhos imperial daquele período.

> **CAMARADAGEM NAS CASAS DE BANHO**
>
> "Relação de pele" é a expressão japonesa para referir relacionamento entre pessoas que se banham juntas. No Japão, colegas de trabalho freqüentemente se banham coletivamente, como parte da vivência profissional. Na Finlândia, onde a sauna é uma instituição nacional, quando os líderes do governo não conseguem chegar a um consenso sobre uma determinada questão, continuam o debate numa sauna.

Embora os imperadores tomassem banhos suntuosos em seu palácio, a maioria deles ocasionalmente lavava-se em uma casa de banhos pública, ainda que isso tivesse o mero objetivo de estabelecer relações de convivência com as demais pessoas. A história mais famosa a respeito de um imperador em uma casa de banhos envolve o imperador Adriano, no século II. Diz a lenda que, certo dia, ele reconheceu um velho companheiro na sala de banho quente. O veterano esfregava as costas contra a parede de mármore, e quando Adriano lhe perguntou o porquê daquilo, o homem explicou que lhe faltava dinheiro para contratar um servo que raspasse seu corpo com o *estrigil*. Imediatamente, Adriano lhe ofereceu dinheiro e também escravos. No dia seguinte, quando os banhistas souberam que o imperador estava de novo na casa de banhos, começaram a esfregar ostensivamente as costas contra as paredes. Adriano lhes teria sugerido, então, que se revezassem na raspagem do corpo com o *estrigil*.

A imagem rósea de casas de banho com escravos e imperadores imersos lado a lado na água, fazendo consultas nas bibliotecas do estabelecimento e discutindo filosofia, nas salas de palestra, chamadas *exedrae*, é, em grande parte, fruto de devaneio. As bibliotecas e as *exedrae* eram menores e bem menos freqüentadas que os aposentos destinados ao exercício físico. As casas de banhos também eram famosas (algumas mais do que outras) pelos roubos, pela freqüente embriaguês de alguns freqüentadores e pela indecente prática de sexo que ocorria nelas. As distinções sociais naturalmente perduravam em seu interior, uma vez que os ricos podiam pagar mais pelo uso de certas salas ou serviços. Eles também podiam ostentar (e certamente o faziam), pavoneando-se com séquitos de servos, jarras e porta-perfumes caros, *estrigils* manufaturados com refinamento e toalhas suntuosas.

> CONSELHOS DE APRESENTAÇÃO
> PESSOAL PARA HOMENS
>
> Mantenha as unhas aparadas e limpas, não deixe que aqueles pêlos longos cresçam em suas narinas; certifique-se de que seu hálito nunca está desagradável. Evite o fedor de homem repugnante, que faz com que os outros torçam o nariz.
>
> Ovídio, *A arte de amar*

Mas, para os homens e as mulheres que moravam nos escuros prédios de apartamento de Roma, sem água ou banheiros e com espaço limitado, passar uma tarde nas casas de banho era um deleite. Mesmo as instalações relativamente modestas de uma casa de banhos republicana eram luxuosas para eles. As termas imperiais grandiosas e bem iluminadas deviam lhes proporcionar uma experiência muito particular do esplendor de Roma. Além disso, ser pobre não era sempre uma desvantagem naqueles estabelecimentos. Longe de igualar a todos, a nudez impunha a sua própria hierarquia, que normalmente favorecia o corpo tonificado do liberto mais pobre em relação ao corpo mais acostumado aos prazeres mundanos e pouco afeito a atividades físicas do mais rico.

> O suor, a sujeira e o óleo raspados do corpo de um gladiador famoso com o *estrigil* eram vendidos a seus fãs em pequenos frascos de vidro. Algumas mulheres de Roma supostamente usavam essa mistura como creme para o rosto.

POR TRÁS DAS GRANDES TERMAS

Três inovações tecnológicas possibilitaram às casas de banho republicanas evoluirem para a casa imperial sibarita. As primeiras casas de banho obtinham água de poços, cisternas e fontes, mas por volta de 100 a.C., nove aquedutos abasteciam Roma com 1.100 litros de água por dia por habitante, quatro vezes mais do que a média consumida por um americano moderno. As casas de banho estavam entre os maiores e mais privilegiados usuários dos aquedutos: eram abastecidas por encanamentos conectados ao fundo dos reservatórios, pelos quais a água fluía com maior pressão.

A partir do reservatório da casa de banho, a água seguia, por meio de bombas e canos de chumbo, para a caldeira de calefação e então para as várias salas de banho. As piscinas e salas eram aquecidas por uma segunda inovação, um sistema chamado hipocausto. Desenvolvido no final do século II a.C., o hipocausto aquecia um espaço vazio sob o pavimento e por detrás das paredes com ar quente gerado em uma fornalha. O chão, sustentado por pequenas colunas de tijolos, chegava a ficar tão quente que os banhistas tinham de usar sandálias para proteger os pés. As salas mais quentes ficavam acima da fornalha e as de banho frio, assim como os vestiários, mais distantes.

Uma casa de banhos dessa época podia ser feita com pedras retangulares. No século I a.C., a invenção do concreto romano, um amálgama de fragmentos de tijolo e pedras em uma argamassa de cal, areia e poeira vulcânica viabilizou a construção de edifícios cada vez maiores e mais sofisticados. O desenvolvimento do teto de concreto abobadado, em particular, levou à criação de espaços livres maiores, e estes fizeram da visita às casas de banho experiências impressionantes.

Romanos ricos também construíam sua própria casa de banhos, em sua residência na cidade e, mais freqüentemente, em sua casa de campo. Embora fossem instaladas em lugares privados, estas também eram públicas, pois a família e os convidados banhavam-se juntos em salas que normalmente incluíam aposentos para banho morno, quente e frio. Longe de ser um retiro privado, o conjunto de salas normalmente situava-se perto da entrada principal da casa de campo – numa ante-sala tão pública quanto um refeitório.

Uma casa de banhos dentro da residência apresentava vantagens óbvias, mas as famílias que dispunham dela também usavam as casas de banho públicas, em razão de seu tamanho e da diversidade de instalações que ofereciam. Plínio, o Jovem, banhava-se em sua casa de campo em Laurentum, mas agradava-lhe o fato de o vilarejo mais próximo dispor de três casas de banho públicas, "o que é uma grande conveniência se você chega inesperadamente, ou se vai permanecer durante um período tão curto que não compensa fazer fogo e aquecer a sua própria casa de banhos". Poucos romanos dispunham-se a privar-se da animação festiva das casas de banho públicas. Ao término de um jantar orgiástico e saturado de vinho, Trimalquião e convidados, em *Satiricon*, retiram-se para a casa de banhos privada para recuperar a sobriedade, mas antes do jantar o anfitrião já estivera, como de costume, numa casa de banhos pública.

> **CONSELHOS DE APRESENTAÇÃO PESSOAL PARA MULHERES**
>
> Eu estava prestes a alertá-las quanto às axilas repulsivas e lascivas, e quanto aos pêlos eriçados em suas pernas, mas não estou dando orientações a garotas rústicas da região do Cáucaso...
>
> Ovídio, *A arte de amar*

A casa de banhos do século I apelava aos cinco sentidos – o aroma do óleo e dos perfumes, bem como o cheiro dos banhistas antes e depois do banho; o contato da pele com a água, o *estrigil*, a massagem e as toalhas; o sabor do vinho, das ostras, anchovas, ovos e demais alimentos à venda; a visão da arquitetura, com seus arcos, abóbodas e espaços revestidos de mármore e decorados com obras de arte, e cheios de homens, nus ou paramentados, desejosos de impressionar as multidões; e quanto aos sons, o famoso relato de Sêneca sobre a algazarra das casas de banho dá vida à cacofonia.

Moro em cima de uma casa de banhos pública. Imagine, agora, toda espécie de som que possa deixá-lo irritado: quando tipos robustos estão se exercitando com os halteres – seja realmente fazendo força ou somente fingindo –, ouço seus grunhidos, e então um sibilo agudo toda vez que soltam a respiração que seguravam. Ou então, minha atenção se volta para alguém que se contenta em relaxar com uma massagem comum, e ouço o estalo da mão golpeando seus ombros, o som se alterando conforme a mão faz o movimento de maneira esticada ou curvada. Se, além de tudo isso, houver alguém anunciando o placar de algum jogo, a coisa fica insuportável! Além disso, há o tipo arruaceiro, o ladrão pego em flagrante, o homem que aprecia o som da própria voz no banheiro, aquele que se atira na piscina, espirrando água para todos os lados. Há ainda aqueles cujas vozes são, vamos dizer, naturais; pense no depilador com seu grito estridentemente agudo, anunciando seus serviços: ele jamais permanece calado, à exceção do momento em que está depilando as axilas de alguém e então forçando essa pessoa, por sua vez, a gritar. Ouvem-se, ainda, os vários gritos dos vendedores de bebida, do vendedor de lingüiças, do confeiteiro e de todos os vendedores ambulantes de alimentos, cada um propagandeando a própria mercadoria aos berros.

A cena do balneário de Sêneca aparenta uma vívida comédia humana, mas não necessariamente decadente. Ainda assim, preocupações quanto à efeminação e à frouxidão, que acompanhavam os gregos, também existiam entre os romanos. Escritores do Império freqüentemente consideravam com nostalgia os tempos de República, quando homens másculos teriam ironizado banhos quentes diários de tantas horas. Sêneca visitou a casa de praia de Scipião, o Africano, general que derrotou Aníbal e os cartagineses na Segunda Guerra Púnica, cerca de 250 anos antes. A carta em que descreve a casa de banhos do militar contrasta os hábitos do destemido Scipião com o refinamento autocomplacente de sua época.

As casas de banhos na Roma de Sêneca reluziam com tetos de vidro abobadados, torneiras de prata e revestimento de mármore importado do Egito e da África. Scipião, sujo em razão do trabalho com o arado e de outras tarefas agrícolas que desempenhava quando não estava em combate, limpava-se dentro de uma banheira estreita e escura, projetada para conservar o calor. "Quem é que hoje em dia pode tolerar banhar-se em tal lugar?", pergunta Sêneca.

Hoje em dia, algumas pessoas condenam Scipião por ele ter sido extremamente rude: não permitia que a luz do dia iluminasse sua banheira de água quente por janelas amplas, não se banhava em um salão iluminado e não permanecia na banheira até estar "cozido". "Que homem infeliz", dizem eles. "Ele não sabia como viver bem. Banhava-se em água não-filtrada, freqüentemente escura e que, após uma chuva forte, quase virava lama." Mas Scipião pouco se importava se a água na qual se banhava estava escura, porque entrava na banheira para remover o suor, e não perfumes oleosos!

Era ainda mais repulsivo aos contemporâneos de Sêneca que Scipião não tomasse banho diariamente. No tempo dele, as pessoas lavavam braços e pernas, que sujavam-se com o trabalho agrícola, todos os dias, e banhavam o corpo uma vez por semana. "Obviamente," continua Sêneca, "a esse ponto alguém dirá: 'Certo, mas aqueles homens cheiravam mal'. E qual você acha que era o cheiro deles? Do exército, do trabalho agrícola e da virilidade!"

O poeta Marcial viveu algumas gerações antes de Sêneca – nasceu aproximadamente no ano 40 e era menos inclinado a censurar a autocomplacência da época em que vivia. Ele é um crítico infatigável e enérgico das casas de banho, com seu rol de temas satíricos prediletos – especialmente a ascensão social e o sexo, este último normalmente descrevendo atributos físicos de colegas banhistas. Assim como ocorria com Teofrasto quatro séculos antes, as casas de banho possibilitavam a Marcial formular excelente juízo dos pontos fracos e pecadilhos das pessoas. O retrato que ele fez de Aper é particularmente cáustico. Antes de herdar uma soma de dinheiro, Aper condenava o consumo do vinho nas casas de banho. Nelas, um escravo de pernas arqueadas cuidava de sua toalha e um "velho companheiro caolho" guardava sua roupa no vestiário. Agora que é rico, o ex-abstêmio deixa a casa de banhos em estado de embriaguez todas as noites e os servos rústicos são coisa do passado: Aper faz questão de ter escravos de boa aparência e taças douradas delicadamente gravadas em relevo.

> **PONTO DE VISTA DE UMA MINORIA**
>
> "O que está sendo lavado, se você parar para pensar – óleo, suor, sujeira, água gordurosa – tudo isso é repugnante."
>
> Marco Aurélio, *Meditações*

Acima de tudo, a casa de banhos, para Marcial, consiste num local para encontrar as pessoas, "caçar" ou fazer um convite para jantar, e para julgar os outros enquanto eles fazem essas mesmas coisas. O pobre e patético Sélio, um dos alvos de Marcial, fazia qualquer coisa para não jantar em sua própria casa. Ele saía das lojas elegantes que freqüentava e, dirigindo-se para o templo de Ísis, visitava rapidamente pelo menos sete casas de banho, atrás de um convite para jantar. Ele descreve esse tipo de homem persistente no esforço de conseguir seu convite:

> Desafio você a escapar dele nas casas de banho.
> Ele ajudará você a arrumar suas toalhas;
> Enquanto você estiver penteando os cabelos,
> por mais escassos que sejam,
> Notará sua semelhança com Aquiles;
> Ele lhe servirá vinho e aceitará sua borra;
> Admirará seu físico e suas pernas finas e compridas;
> Enxugará a transpiração de seu rosto,
> Até que você finalmente diga: "Está bem, vamos para minha casa".

Pelo fato de os banhos em Roma tomarem grande parte do dia, descrições breves das casas de banho aparecem de maneira recorrente nos poemas de Marcial – histórias de senhoras lavando-se junto com seus escravos homens, de festas e bebedeiras em meio ao banho, de preocupações insistentes com a pureza da água e do jantar que um certo Emílio preparou numa casa de banhos, servindo alface, ovos e peixe-lagarto. Quando o poeta se queixa de um amigo excessivamente exigente, uma das vinganças deste é fazer com que Marcial, exausto, acompanhe-o às termas de Agripa na décima hora, ou mais tarde, já que Marcial regularmente banhava-se mais cedo, nas termas de Tito. Em um dos mais engraçados motes de Marcial, dirigido ao amigo Ligurino, que é "poeta em demasia", deparamos com um homem que lê seus próprios escritos para os amigos o tempo todo – enquanto eles correm, andam, usam a privada ou simplesmente sentam-se na sala de jantar. "Eu corro para os banhos quentes", suspira Marcial, "você cochicha em minha orelha; dali, sigo para o banho na piscina: não consigo nadar em paz."

O trabalho íntimo e revelador de cuidar do próprio corpo é um prato feito para o satírico Marcial. Tome-se o exemplo de Taís, que tem um cheiro horrível e tenta disfarçar seu fedor com outros odores. Nua, ela entra na casa de banho "coberta com uma substância verde, removedora de pêlos, ou esconde-se atrás de um emplastro de cal e vinagre ou, ainda, cobre-se com três ou quatro camadas de pegajosa farinha de feijões (para prevenir rugas)". Espera-se que Taís fique longe dos mergulhos e dos banhos de piscina quando emplastrada, mas de qualquer forma, quando se trata de seu odor deplorável, nada dá resultado: "Faça o que fizer, Taís terá o cheiro de Taís".

As casas de banho também são um lugar excelente para avaliar os atributos físicos dos outros patronos. Um homem bem dotado provoca comentários:

> É fácil dizer
> pelo estrondo das palmas
> em qual das salas
> Maron está se banhando.

Até certo ponto, quando homens e mulheres banhavam-se juntos, na época de Marcial, a nudez era opcional, mas ele reclama toda vez que uma mulher está vestida. No momento em que elogia Galla por suas mãos e pernas, ela lhe promete: "Nua, eu lhe darei um prazer ainda maior". Mesmo assim, ela se recusa a banhar-se a seu lado, e ele lhe pergunta: "Você certamente não tem medo, Galla, de que eu não seja uma companhia agradável, tem?" De maneira semelhante, Saufeia diz que deseja ter um caso com ele, mas evita o banho juntos. Ele se pergunta se os seios dela são caídos, se sua barriga tem estrias ou se há alguma outra imperfeição nela. Ou, pior que tudo, se ela é linda e, portanto, tola?

As velhas restrições ao banho conjunto de homens e mulheres despidos parecem ter mantido força latente, ainda que, como proibição, não fossem continuamente respeitadas. Marcial escreve em tom provocativo a uma matrona dizendo que, até aquele ponto, tinha escrito para ela. Mas que dali para a frente, ele a alerta, escrevia para si mesmo: "Um Ginásio, banhos quentes e um terreno para corridas constam dessa parte do texto; comece, estamos tirando as roupas; abstenha-se de olhar para os homens nus". Então revela, maliciosamente, que sabe que provocou o interesse dela.

O tom de Marcial é normalmente cínico e irônico. Mas é sincera a sua famosa definição de vida boa. Escreve ele que são necessários "um taberneiro, um açougueiro e um banho, um barbeiro, um tabuleiro e peças para jogar e alguns livros – escolhidos por mim – um único companheiro que não seja iletrado em demasia, um rapaz alto e sem barba precoce e uma garota que seja cara a esse rapaz – garanta-me essas coisas, Rufus, mesmo em Butunti, e você pode ficar com as casas de banho quente de Nero".

As necessidades do corpo estão em primeiro plano – recursos para beber, comer, banhar-se (em um *balneário*) e ser barbeado. Depois, vida social e mental – um jogo, livros e um amigo com quem haja compatibilidade. Mais um servo acompanhado de uma mulher e ele estará contente, mesmo em Butunti, então uma obscura cidade na Calábria. As duas palavras que Marcial usa para "banho" são significativas: a grandiosa *terma* de Nero nada vale em relação a seu essencial e querido *balneário*, uma casa de banhos modesta e nada imperial situada na própria vizinhança. O despretensioso balneário de Marcial inseria-se na tradição que remonta às casas de banho simples dos gregos, enquanto as termas eram então demonstrações de virtuosidade e habilidade mecânica e do gosto pela luxúria. Para sorte de Marcial, ele morreu por volta de 103, sem perceber que os dias desses dois tipos de casa de banhos estavam contados.

Logo um evento de importância maior e ainda mais inimaginável ocorreria: o fim do poderoso Império romano, bem como o surgimento de um obscuro pregador da Galiléia, que tornou-se o fundador de uma religião mundial. O declínio das casas de banho deveu-se mais diretamente à queda de Roma do que à ascensão do cristianismo, mas é inegável que os três eventos – um aparentemente mundano, mas de grande importância para a civilização romana, e dois que tiveram conseqüências enormes a longo prazo – estavam interligados.

DOIS

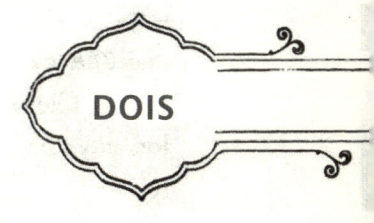

BANHADOS EM CRISTO
200-1000

Em *As mil e uma noites*, um jardineiro árabe dá uma explicação simples para a falta de limpeza dos cristãos: "Eles nunca se banham pois, no momento em que nascem, feios homens vestidos de preto despejam água sobre sua cabeça e essa ablução, acompanhada de gestos estranhos, livra-os de toda e qualquer obrigação de lavarem-se pelo resto da vida". Claro que a alegação árabe de que o batismo "absolvia" os cristãos da necessidade de qualquer outra limpeza era, em parte, piada, mas isso dá pistas sobre como os cristãos eram vistos pelos muçulmanos na Idade Média.

Pessoas estranhas à tradição cristã freqüentemente ficam intrigadas por aquilo que vêem como indiferença em relação à limpeza. Quando o escritor Reginald Reynolds, do século XX, esteve na Índia, um interlocutor hindu perguntou-lhe sobre os preceitos cristãos relacionados à higiene pessoal. Reynolds respondeu dizendo que não existiam. O hindu objetou, dizendo que aquilo era impossível:

> "Aquele que foi banhado em Cristo não carece de um segundo banho."
>
> São Jerônimo

Pois cada religião tem um ritual para o uso do banheiro, de que modo a limpeza deve ser feita, quando e de que maneira as mãos devem ser lavadas, e também em relação ao banho e à limpeza dos dentes. No entanto, eu disse a ele... não temos regulamentos para isso. "Como é que vocês não têm ensinamentos sobre esses assuntos?", ele tornou a me perguntar. Respondi dizendo que nossos sacerdotes ensinavam teologia mas deixavam a higiene a cargo da consciência individual.

A surpresa do homem hindu é justificável, pois a falta de preocupação do cristianismo com a limpeza é algo incomum entre as religiões. Não há razão óbvia para tal omissão. Os primeiros cristãos eram judeus, seria de se esperar que eles fossem limpos por questões de saúde, bem como por respeito aos outros. Mas as leis cristãs são muito mais específicas em relação à pureza ritual do que à corporal. Os judeus eram obrigados a lavar, em um banho ritual, a impureza causada por atos imorais tais como o adultério,

Detalhe de *O nascimento da virgem*, de Pietro Lorenzetti. Banhando um bebê recém-nascido, fosse a Virgem Maria, Jesus ou um santo: este era um tema recorrente na pintura religiosa medieval.

a homossexualidade e o assassinato, e também por atividades inocentes e situações como relação sexual com o cônjuge, contato com mortos, com secreções genitais e com o nascimento de crianças. Durante o tempo em que Cristo viveu, esta série de purificações obrigatórias estava, ao mesmo tempo, tornando-se mais rigorosa e aumentando.

O Jesus que aparece nos evangelhos era rebelde ou então, indiferente no que dizia respeito a alguns dos mais importantes destes estados considerados impuros. Durante suas curas, ele tocou em mortos, bem como em pessoas com lepra e em uma mulher com "uma questão sangüínea" (secreção vaginal) – atitudes proibidas. Ele escandalizou os fariseus, um dos grupos mais ortodoxos no que se referia à purificação ritual, desprezando uma de suas principais práticas, o ato de lavar as mãos antes de comer. O evangelho de Marcos descreve a consternação deles quando os discípulos de Jesus comem pão sem antes lavar as mãos: "Pois os fariseus e todos os judeus, a menos que lavem várias vezes as mãos, não comem, seguindo a tradição de seus antepassados" (Marcos 7: 1-23). Na versão contada por Lucas, é Jesus quem senta à mesa para comer sem lavar as mãos, chocando seu anfitrião fariseu (Lucas 11: 37-54). A reação de Jesus, em ambos os relatos, é desprezar esse costume e acusar os fariseus de hipocrisia. "Um homem não é desonrado pelo que entra em sua boca", diz ele no evangelho de Marcos, "mas pelo que dela sai". "Vocês, fariseus, limpam externamente a taça e o prato," objeta ele no relato de Lucas, "mas o interior de vocês está cheio de voracidade e perversidade" (Lucas 11:39). Trata-se da familiar dicotomia cristã entre exterior e interior, carne e espírito, a palavra da lei e a sua essência, aplicada ao ato ritual de lavar as mãos. As histórias que descrevem pessoas lavando as mãos eram tradicionalmente lidas por cristãos como exemplos dos fariseus fatigando Jesus com as minúcias da lei, mas elas também colocam em evidência a significativa diferenciação entre judaísmo e cristianismo.

> **MAIS UM ASSASSINATO NO BANHEIRO**
>
> "Com ódio de si mesmo e da humanidade, Constantino (c. 323-250 a.C.) pereceu devido a uma traição doméstica, talvez episcopal, na capital da Sicília. Um servo que o aguardava na casa de banhos, após despejar água morna sobre sua cabeça, golpeou-o violentamente com o vaso. Constantino perdeu a consciência com o golpe, caiu e afogou-se. Seus servos, quando foram verificar o porquê do atraso entediante, decobriram com indiferença o cadáver do imperador."
>
> Edward Gibbon, *Declínio e queda do império romano*

São João batiza Jesus. O batismo é um dos raros banhos rituais do cristianismo, e até o século VII ele envolvia a imersão completa do corpo. Pelo fato de os rituais pagãos que marcam o solstício de verão freqüentemente incluírem a água e a imersão, a Igreja cristianizou-os celebrando a festa de São João Batista num dia próximo ao solstício: 24 de junho.

Estudiosos propuseram diversas razões para explicar a indiferença de Jesus com relação aos rituais de purificação. O pensamento dele pode ter sido influenciado, em suas origens, por uma ramificação do judaísmo que era relativamente pouco preocupada com os rituais de purificação. Os ensinamentos de Jesus sobre moralidade podem também tê-lo afastado da limpeza ritual, pois ele não parecia acreditar que os inocentemente "impuros", mulheres menstruadas ou homens com secreções, por exemplo, precisassem ser purificados. Para Jesus, os moralmente culpados não eram absolvidos apenas com a imersão ritual – era necessário, também, que se arrependessem. Para complicar as coisas, a fala e as ações de Jesus que encontramos nos evangelhos podem ter sido adulteradas para adequar-se às atitudes da Igreja dos primeiros tempos.

Portanto, as razões por trás da postura de Jesus em relação à purificação ritual permanecem nebulosas. E, quaisquer que fossem elas, não estão diretamente ligadas a uma desvalorização da limpeza por parte dos cristãos. Pureza ritual não significa o mesmo que limpeza. É possível ser fisicamente limpo e ritualmente impuro, do mesmo modo que se pode ser fisicamente sujo e ritualmente puro, porém, são sobretudo os antropólogos que separam pureza ritual e limpeza física. Para a pessoa comum, a pureza, que é uma coisa boa, simplesmente está mais ligada à limpeza do que à sujeira; e a impureza, por outro lado, quase inevitavelmente tem a conotação de falta de limpeza. Além disso, já que as pessoas saíam da imersão ritual – ou mesmo do ato ritualizado de lavar as mãos – mais limpas do que antes, havia uma ligação natural entre o ato simbólico e o resultado físico.

A indiferença de Jesus com relação à pureza ritual estava em harmonia com o que se tornou a enorme desconfiança cristã em relação ao corpo ou mesmo o desprezo para com ele. Paradoxalmente, em alguma medida as leis de pureza judaicas, particularmente na época de Cristo, enfatizavam a importância do corpo: a pureza ou a impureza do corpo, em qualquer momento, era uma questão significativa. Poucas centenas de anos após a morte de Cristo, o cristianismo percorreu um caminho diferente: passou a desprezar o corpo, tanto quanto possível, depreciando a carne como forma de concentrar-se no espírito.

Perto do final do século I, os cristãos começaram a afastar-se das leis judaicas sobre alimentos proibidos, circuncisão e a obrigação de guardar o *Shabat*. Gradualmente, eles também se distanciaram das leis judaicas de purificação. Algumas obrigações judaicas tiveram sobrevida maior que outras nas comunidades cristãs. As noivas dos primeiros períodos do cristianismo continuaram a tomar o banho cerimonial antes do casamento, da mesma forma que as mulheres judias, mas este costume particular tem apelo psicológico em quase todas as culturas. Já corria o século III, quando os cristãos na Palestina e na Síria tiveram de ser lembrados que após a relação sexual era desnecessário tomar o banho ritual – uma indicação de que a lei talmúdica ainda era respeitada naquelas nações. A cerimonia cristã de a mãe ir à igreja para dar graças pelo nascimento do filho semanas após o dar à luz foi comum na Igreja católica até os anos 1960; esse costume é vestígio do banho de purificação ritual que as mulheres judias tomam logo depois que o filho nasce. De maneira semelhante, mulheres da fé ortodoxa grega não recebem comunhão quando estão menstruadas – outro vestígio da crença judaica de que a menstruação tornaria a mulher impura.

Como observou ironicamente o jardineiro árabe, o batismo é um banho ritual – o mais completo pelo qual os cristãos passam, e até o século VII ele envolvia uma imersão completa (e ainda envolve, em algumas comunidades religiosas). O costume católico de molhar os dedos em água benta e benzer-se ao entrar na igreja faz eco ao ato purificador de lavar as mãos, assim como ao cerimonial do celebrante, que lava as mãos durante a missa católica. À parte isso, a purificação do ritual judaico deixou poucos resquícios evidentes no ritual cristão.

> **UM OUTRO ASSASSINATO DURANTE O BANHO**
>
> Fausta, esposa de Constantino, foi acusada de manter relações extraconjugais com um escravo. Por ordem de Constantino, ela morreu sufocada com o vapor extremamente quente de seu banho, por volta de 326.

Os primeiros cristãos viveram sob governo romano, e os banhos destes criavam um dilema muito evidente para a Igreja em seus primeiros anos. O banho romano nada tinha a ver com pureza ritual e muito a ver com o hedonismo, para não dizer com o pecado puro e simples. E, no entanto, o costume estava de tal forma integrado ao cotidiano dos romanos que parecia impossível viver sem ele. Quando Tertúlio, teólogo do século II, quis persuadir os pagãos em Cartago de que os cristãos eram pessoas normais e nada ameaçadoras, falou da participação deles em três das principais instituições romanas: "Vivemos com vocês no mundo," ele escreveu, "não negando nem o fórum nem os lugares para encontros sexuais, tampouco os banhos". Antes e depois de sua conversão ao cristianismo, no norte da África, no século IV, banhar-se era rotina para Santo Agostinho. Em seus primeiros séculos, dependendo das condições locais e das crenças do bispo ou papa em exercício, o cristianismo negociava sua coexistência com os costumes romanos.

Muito naturalmente, banhar-se nu com alguém do sexo oposto era proibido, embora isso não estivesse claro para todos. Cipriano, bispo de

Cartago, repreendeu uma cristã devota que freqüentava uma sala de banhos mista, prática aparentemente corriqueira na Cartago do século III. A mulher, que havia feito voto de castidade, respondeu corajosamente que não era responsável pelos atos dos homens que miravam sua nudez. "Quanto a mim," teria dito ela, "minha única preocupação é refrescar e banhar meu pobre corpo." Falta de discernimento, considerou Cipriano: "Um banho como esse é maculador; ele não purifica e não limpa o corpo, mas mancha-o. Você não fixa o olhar em ninguém de maneira imodesta, mas é olhada de forma imodesta. Não corrompe seus olhos com um deleite vil, mas é corrompida ao deleitar os outros". Em outras palavras, os cristãos também são responsáveis pelo desejo sexual que provocavam nos outros.

> **CONVENIÊNCIA PÚBLICA**
>
> No século IV, Santa Melânia, madre superiora de um convento no Monte das Oliveiras, em Jerusalém, solicitou e conseguiu uma casa de banhos para suas freiras. Até então, elas tinham de ir até a cidade e lavar-se nas casas de banho públicas.

A maioria das autoridades da Igreja permitia aos cristãos que freqüentassem as casas de banho não-mistas. O ponto de vista do professor e escritor Clemente, da Alexandria do século II, sobre alguns desses assuntos, era equilibrado e moderado para a época. Em seu guia para o pensamento e comportamento cristão, o *Paedagogus* (o instrutor), ele escreve que existem quatro razões para o homem visitar as casas de banho – a limpeza, o calor humano, a saúde e o prazer. Os cristãos talvez não se banhem por prazer, nem (embora essa seja uma objeção menos curiosa) por causa do calor humano. As mulheres, talvez, banhem-se por causa da limpeza e da saúde, mas os homens somente pela saúde – provavelmente porque eles poderiam banhar-se num rio, o que seria considerado "imodesto" para as mulheres. Clemente elogiava a natureza democrática das casas de banho, censurando fregueses ostensivos que chegavam com séquitos de servos, "pois a casa de banhos tem que ser comum e a mesma para todos". Por esta razão, os banhistas deviam lavar o próprio corpo, e não depender dos cuidados de servos.

Mesmo o austero São João Crisóstomo (c. 344-407) considerava o banho, assim como a alimentação, uma necessidade. As credenciais ascéticas de Crisóstomo são impecáveis: ele viveu como discípulo de um eremita durante quatro anos, sozinho em uma caverna, onde jejuou e estudou a Bíblia. Foi somente por causa de dificuldades gástricas que teve de voltar à cidade de Antioquia. Mas quando o imperador Teodósio puniu Antioquia fechando as casas de banho da cidade, em 387, Crisóstomo protestou, considerando o castigo extremamente rigoroso: preocupavam-no os velhos, os doentes, as crianças e as mães que amamentavam, os quais dependiam das casas de banho para manter a saúde.

> Foi perguntado ao Bispo Sissínio por que ele tomava dois banhos. "Porque não posso me banhar três vezes", ele respondeu.

Quando a corajosa implantação das reformas de Crisóstomo, como arcebispo de Constantinopla, irritou o imperador e este o mandou para o exílio, sacerdotes leais a ele organizaram um protesto nas casas de banho públicas. Era costume batizar os cristãos convertidos à fé na véspera da Páscoa, e as casas de banho eram um local conveniente para essa cerimônia que, à época, ainda era realizada com imersão total. Para esse evento anual, os sacerdotes reuniram uma grande quantidade de leigos simpáticos a Crisóstomo e passaram a véspera da Páscoa nos banhos, lendo as Escrituras e batizando os convertidos. Durante os três meses de exílio de Crisóstomo, o sádico guarda que o vigiava, sabendo que recusar ao prisioneiro "refrescar-se com um banho" era para ele um tormento, o fazia toda vez que chegavam a uma cidade que tivesse casas de banho. Crisóstomo era forçado a viajar sem banhar-se. Mas mesmo os santos que apreciavam as casas de banho reconheciam que elas ofereciam tentações em abundância. Crisóstomo esperava que os cristãos fizessem o sinal da cruz quando nelas entrassem, para protegerem-se desses perigos, e cruzes eram afixadas sobre a porta desses estabelecimentos, com o mesmo objetivo.

> **CORPOS ABENÇOADOS**
> A saliva de Santo Lutgarde bem como as migalhas mastigadas por Santa Colete curavam os doentes.

Um homem da Inglaterra mandou trazer água da Holanda para o banho; ele quis aplicá-la em sua perna enferma. A água usada por Santa Eustadiola para lavar o rosto e mãos curava os cegos e outras doenças.

A maneira como o cristianismo se relacionava com o corpo e também com a limpeza era complexa. O aspecto positivo era a intenção de que o corpo se tornasse um templo de Deus. Partes dele – a saliva dos santos, por exemplo, ou o fluído que jorrava magicamente dos seios das santas – podiam fazer milagres ou serem adoradas, na forma de relíquias sagradas. Ao mesmo tempo, o potencial do corpo para a tentação causava suspeitas, quando não hostilidade. No início da era cristã, uma resistência mais sombria e abnegada ao corpo principiou a manifestar-se, embora a oposição aos banhos tenha começado, seriamente, apenas no século III.

Os tipos espartanos, tais como São Jerônimo (c. 340-420), evitavam até as casas de banho mais virtuosas. Uma das cruzadas de Jerônimo foi propor a virgindade vitalícia para as mulheres. Para tanto, ele exortava uma vida de poucos estímulos, com dieta escassa, limitada a legumes e ervas suaves. Como julgava-se, à epoca, que o calor levava ao desejo sexual, o vinho (que supostamente aquecia o sangue) e os banhos quentes eram proibidos para as virgens. Além da associação entre calor e sexo, o banho era suspeito, pois podia despertar o interesse das jovens pela própria aparência. A virgem honrada, segundo São Jerônimo, "por meio da imundíce deliberada... apressa-se em estragar sua boa aparência natural". Sua querida amiga Paula, madre superiora de um convento próximo do monastério dele, em Belém, tinha a mesma opinião no que dizia respeito à limpeza feminina: "Um corpo limpo e uma roupa limpa", alertava ela a suas freiras, "são sinônimos de uma alma suja".

Clemente, de Alexandria, proibiu aos cristãos quaisquer entretenimentos durante o banho. Mesmo que não tivessem convidados, um outro problema permanecia: os banhistas "despem-se na frente de seus escravos, e são massageados por eles, dando ao servo agachado a liberdade da luxúria, ao permitir que haja um manuseio sem receios".

Se os banhos pareciam perigosos para as virgens (ou para seus mentores), mais do que alguns poucos santos rejeitavam-nos por completo. Particularmente no Oriente, nos séculos IV e V, a sujeira tornou-se um emblema cristão singular de santidade. Esta mortificação particular da carne era conhecida como *alousia* ou "estado de não ter sido banhado", e era opção de grande número de eremitas, monges e santos. Para eles, a única purificação aceitável era a do batismo, que era chamado, às vezes, de "banho da regeneração", em oposição ao banho mais corriqueiro, que estava ligado à vaidade e ao mundano.

São Francisco recebendo o *Stigmata*, por Taddeo Gaddi. Embora ele elogiasse o corpo sujo como "um emblema mal-cheiroso da piedade", demonstrava caridade banhando leprosos.

Muitos dos primeiros santos acolhiam a imundíce de maneira entusiasmada e com perspicácia. Santa Agnes nunca lavou parte alguma de seu corpo durante toda a vida, reconhecidamente curta, de 13 anos. Godric, um santo inglês, caminhou da Inglaterra até Jerusalém sem banhar-se ou trocar de roupa. (Nesta peregrinação "aromática", ele sobrevivia com quantidades mínimas de água e pão de cevada, mas somente depois que o alimento já estava embolorado.) Antes da peregrinação, nas florestas de Durham, onde vivia, ele usava roupas de peles que, com o suor do verão, abrigavam piolhos em abundância. São Francisco de Assis venerava a sujeira e conta-se que teria reaparecido, após a morte, para cumprimentar frades em celas imundas.

A *alousia* punia o corpo de modo a permitir que a parte melhor, a alma, florescesse. Santa Olímpia, amiga e patrona de São João Crisóstomo, viveu de acordo com esses preceitos. Muito bela, rica e nobre, ela parecia destinada ao prazer, mas frustrava-se a cada oportunidade. Nascida em Constantinopla por volta do ano 360, casou-se quando era adolescente e enviuvou quando tinha perto de 20 anos. Com freqüência, santas recusavam-se a casar ou conseguiam, misteriosamente, viver no celibato dentro do casamento – Olímpia parece ter feito ambas as coisas. De alguma forma, mesmo "adornada com a florescência da juventude", como escreve um biógrafo anônimo do século V, ela permaneceu virgem durante todo o casamento. Quando pressionada a casar-se novamente, "como uma gazela, ela saltou sobre a armadilha intolerável desse segundo casamento". A jovem viúva explicou que se Jesus tivesse desejado que ela vivesse com um homem, não teria, convenientemente, levado-lhe o marido. Como Cristo sabia que ela "não era talhada para a vida conjugal e que não tinha a capacidade de agradar um homem", livrou-a da "pesada sina" da servidão e premiou-a com o agradável fardo da castidade.

> **O ODOR DA SANTIDADE**
>
> Um monge encontrou um eremita em uma caverna no deserto e relatou modestamente sua boa sorte: "Eu, Pambo, o menos importante dentre os monges, senti o agradável odor desse irmão a mais de um quilômetro de distância".

Tendo doado a Crisóstomo imóveis e considerável valor em dinheiro, para que ele pudesse distribuí-los aos necessitados e à Igreja, Olímpia fundou um monastério para mulheres e tornou-se sua diaconisa. A roupa dela era "desprezível", como registra seu biógrafo, com admiração: "Pois não podia haver nada mais barato; os itens mais esfarrapados eram cobertas indignas da coragem máscula que ela tinha" (chamar uma mulher de máscula ou viril era, então, um elogio significativo). Ao mesmo tempo, "sua vida insuportável foi toda passada em penitência, em meio a uma enxurrada de lágrimas" – era muito improvável que a "viril" Olímpia, "sempre a contemplar o Cristo, parasse de chorar durante algum tempo".

Previsivelmente, esse modelo de perfeição não ingeria carne e, "na maior parte do tempo, não tomava banho. E caso surgisse a necessidade de tomar banho, devido a uma doença (pois ela sofria constantemente com seu estômago), Olímpia entrava nas águas com as roupas íntimas, por recato consigo mesma". A santa cuidava para não escandalizar ningúem, nem mesmo a si mesma. Muito significativamente, seu biógrafo a elogia por seu "corpo imaterial" – o que, se não é verdade literal, demonstra à perfeição o desejo dela de negar seu ser físico.

Com sua negação dos desejos normais do corpo, santos como Olímpia representavam um extremo do espectro cristão. Ao mesmo tempo, embora eles próprios permanecessem heroicamente sujos, os santos freqüentemente banhavam outras pessoas. O precedente bíblico é Cristo, que lavou os pés dos apóstolos na última ceia e mandou que eles fizessem o mesmo com outros homens. Uma das pessoas que obedeceram esse preceito foi Santa Radegunda, rainha dos francos no século VI e fundadora de um convento em Poitiers. Ela retomou a vida celibatária depois de separar-se do marido, Clotário, rei da França – uma decisão compreensível, já que ele havia assassinado os pais e o irmão dela. Quando leprosos chegaram a seu convento, Radegunda preparou-lhes a mesa, lavou-lhes as mãos e rosto com água quente e beijou-os. A um servo, que lhe perguntou: "Minha senhora mais sagrada, depois de ter beijado leprosos, quem lhe beijará?", ela respondeu que aquilo não a preocupava. Toda quinta-feira e todo sábado, Radegunda banhava os leprosos. Seu biógrafo descreve a cena:

> Munida de um pano, ela lavava a cabeça dos necessitados, esfregando e removendo tudo que encontrava ali. Sem recuar diante de caspas, cicatrizes, piolhos ou pus, ela arrancava os vermes e removia a carne putrefata. Então, penteava os cabelos de cada um que havia lavado. Como no Evangelho, aplicava óleo nas feridas ulcerosas que se abriam quando a pele amolecia ou a coceira causava irritação, evitando que a infecção se espalhasse. Quando as mulheres se sentavam na banheira, ela lavava seu corpo com sabão, da cabeça aos pés.

Dois tipos de concepção estão em jogo: a primeira delas, um ascetismo radical; a outra, a compreeensão mais natural de que vivemos como corpos que requerem certo cuidado e zelo. Autopunitivos como eram em relação a seu próprio corpo, Olímpia, Radegunda e outros santos admitiam que a escolha dos demais podia não ser a mesma que a deles. Para os cristãos comuns, a limpeza representava um bem que proporcionava conforto e sensação de bem-estar, e era um indicador de saúde. A humildade e a caridade exigiam que os santos mais escrupulosamente imundos contribuíssem para a limpeza dos outros.

~

A cultura do banho romano desapareceu lentamente, esmorecendo em várias épocas e locais do Império, que esfacelava-se. Ironicamente, à medida que problemas políticos e econômicos tornavam difícil a manutenção de grandes termas, bispos, papas e imperadores continuaram a construir e ampliar luxuosos aposentos de banho nos palácios. As casas de banho passaram de recurso a que todos tinham acesso a domínio aristocrático. No século VI, o Bispo Vitor, de Ravena, reformou as casas de banho junto a seu palácio episcopal, acrescentando-lhes mosaicos e mármores. Às terças e sextas-feiras, ele generosamente permitia ao baixo clero que se banhasse ali. No século IX, o Papa Gregório IV redecorou as esplêndidas termas do Palácio Laterano.

Esses enclaves privilegiados estavam longe de representar a sociedade como um todo. Na Itália e na parte ocidental do império bizantino, as invasões de meados do século VI levaram a um período de ruptura. Depois que os godos destruíram os aquedutos romanos, em 537, as termas jamais se recuperaram. Embora esses aquedutos tenham sido reparados, Roma vivia numa desordem grande demais para administrar convenientemente as complexas operações que abasteciam as termas. Ainda assim, 800 balneários continuaram a operar na cidade, casas de banho simples, de talvez três salas, e possivelmente elas duraram apenas algumas gerações. O mesmo ocorreu certamente com as casas de banho menores, por todo o império bizantino.

> "Você, que lê este texto, vá banhar-se nas termas de Apolo que eu construí com minha esposa. Eu faria isso, se ainda pudesse."
>
> Epitáfio em Lugdunum, hoje Lyon, século II ou III

As casas de banho não estavam entre as instituições romanas que as tribos germânicas invasoras admiravam. Eles preferiam a máscula imersão em riachos, pelo menos quando o tempo estava quente. (Os romanos acharam o cheiro dos invasores repugnante, em parte porque eles penteavam os cabelos com manteiga rançosa.) Por volta dos séculos VIII e IX, desacreditadas pelos cristãos e negligenciadas pelos conquistadores germânicos, as casas de banho no Ocidente tinham entrado em decadência e foram finalmente abandonadas. Feitos extraordinários de engenharia, arquitetura, saúde pública e planejamento urbano, espalhados pela Europa, da Itália à Grã-Bretanha, e pelo norte da África, a maioria das casas permaneceu em ruínas por séculos. Algumas, como as de Bath, na Inglaterra, jamais voltaram a operar; outras, como as Termas de Caracala, nunca foram reformadas.

As casas de banho duraram mais tempo na parte oriental do Império bizantino. Na Alexandria do século VI, um terço do orçamento da cidade era gasto com o aquecimento das casas de banho. Nas províncias orientais da Síria, Judéia e Arábia, locais de confluência das tradições cristã, romana e islâmica, a casa de banhos, em geral pequena, evoluiu para um híbrido romano-islâmico. O pátio de exercícios desapareceu e a sala com piscina para o mergulho em água fria ficou muito menor e menos importante. Em seu lugar surgiu um grande *hall*, combinação de vestiário e ante-sala. No fim, este híbrido adotado pelos turcos como eles o encontraram nas cidades bizantinas por toda a Ásia Menor e nas casas de banho árabico-islâmicas do Egito e da Síria, tornou-se a casa de banhos turca, ou *hamam*. A exceção era quando o *hamam* era construído junto a fontes minerais. Os clientes da casa de banhos turca banhavam-se em bacias em vez de em piscinas comunitárias, e os servos os ensaboavam e esfregavam energicamente com luvas de fibras ásperas em vez de *estrigil* e óleo. O *hamam* permaneceu o único descendente vivo da tradição romana de banhar-se, e foi em sua forma que o costume romano retornou à Europa medieval.

Ao que se sabe, nenhuma banheira do início do período medieval conservou-se até hoje, mas grandes banheiras de madeira eram provavelmente usadas em monastérios e enfermarias. Cartas e diários, canções e poemas épicos, crônicas e outros registros oficiais da época raramente fazem referência à sujeira ou limpeza das pessoas. Não sabemos de que modo ou com que freqüência as pessoas se banhavam, mas considerando a dificuldade de conseguir água e a aparente despreocupação com a limpeza, é plausível supor que a resposta a essas especulações sejam: "não completamente" e "raramente".

A higiene do início do período medieval sobre a qual temos mais informações é a praticada pelos monges, que não somente eram na verdade os únicos letrados, mas documentavam obstinadamente a vida monástica, o que foi algo novo. Além disso, um monastério devia oferecer condições de vida saudáveis a, algumas vezes, centenas de homens, e os monges encontravam-se em posição melhor para compreender as realizações da engenharia romana do que a maioria de seus contemporâneos. Eles desenvolveram sistemas hidráulicos complexos, valendo-se da gravidade e de canos de chumbo ou de madeira, os quais proporcionavam, no caso de alguns monastérios ingleses, o abastecimento da água vinda de muitos quilômetros de distância. Controlada por registros, a água fluía para as pias, nas cozinhas, para as tinas em que se lavavam as roupas e para as bacias ou pias de pedra que, a rigor, serviam para lavar as mãos e o rosto antes das refeições. (Uma dessas pias ainda pode ser vista nos claustros da Catedral de Gloucester, na Inglaterra.)

Seguindo o exemplo de Cristo, os monges davam as boas-vindas aos convidados do monastério lavando as mãos e os pés destes. Para si mesmos, faziam abluções – em alguns monastérios, uma limpeza minuciosa aos sábados – sem recorrer ao banho completo, exceto em raras circunstâncias. Aos monges que tinham problemas com desejos carnais, prescreviam-se banhos frios e, aos doentes, quentes. O monastério suíço de St. Gall, do século IX, oferecia banhos na enfermaria e mantinha uma casa de banhos dentro do claustro. Mas não se considerava que banhos e abstinência sexual formassem um par ideal. A regra de São Benedito, escrita por volta do ano 528 para uma ordem que praticava trabalho manual e contemplação, prescreve banho apenas para os velhos e os doentes: "Que os banhos sejam oferecidos aos doentes tão freqüentemente quanto necessário, mas não às pessoas saudáveis; e eles raramente devem ser permitidos aos jovens, em particular".

Os banhos tomados antes do Natal, no monastério de Canterbury, parecem mais tensos do que festivos. Os monges se reuniam no claustro e eram chamados para o banho em grupos. Banhavam-se em silêncio, sozinhos, em cubículos cercados por cortinas e o mais rapidamente que podiam. "Quando se está suficientemente limpo," segundo o regulamento do monastério, "não se deve permanecer no banho pelo prazer, e sim levantar-se, vestir-se e retornar ao claustro." Outras ordens religiosas permitiam três banhos anuais, antes das festas de Natal, Páscoa e Pentecostes, mas os monges cuja santidade sobrepujava a limpeza podiam declinar de um ou todos eles. Três banhos por ano permitiam um nível de limpeza, provavelmente, abaixo dos padrões da classe alta da época, mas certamente muito acima do padrão dos camponeses.

> "Quanto a nossos banhos, não há muito que possamos dizer, pois somente nos banhamos duas vezes por ano, antes do Natal e antes da Páscoa."
>
> Ulrich, monge de Cluny, em c. 1075

De acordo com esta regra prática, entre as pessoas mais limpas do início do período medieval estavam as mulheres judias casadas antes da menopausa. Uma *niddah*, como era chamada a mulher no período de menstruação, devia purificar-se imergindo em um banho ritual chamado *mikveh*. Este acontecia sete dias depois do fim do ciclo menstrual, e somente depois desse banho ela e o marido podiam retomar a vida sexual. (O *mikveh* tinha outras finalidades – os convertidos eram imersos durante a cerimônia de iniciação, e judeus particularmente religiosos tomavam um banho ritual na véspera do *Shabat* e dos feriados. Utensílios domésticos de vidro e de metal e potes fabricados por não-judeus tinham também de ser purificados no *mikveh* antes de serem utilizados para acondicionar alimentos.)

O próprio *mikveh* não purificava a mulher que passasse por ele tanto quanto o banho em água morna que devia ser tomado antes. A *niddah*, incluindo cabelo e unhas, tinha de estar fisicamente imaculada no momento em que entrasse na piscina ritual, nada podia permanecer entre sua pele e as águas do *mikveh*. Como não se banhavam apenas em raríssimas situações, como durante a gravidez e a amamentação (a retomada da atividade sexual no meio do ciclo mensal da mulher era aconselhada e deve ter assegurado

Um quadro do século XVI retrata Betsabá e suas servas em um *mikveh*. A disposição do banho ritual no subsolo é fiel, mas os adornos usados na cabeça pelos banhistas teriam sido proibidos, já que nada podia ficar entre a água e a mulher que estava sendo purificada.

uma alta taxa de fertilidade), isso significa que uma mulher judia do período tomava um mínimo de doze banhos completos por ano – número impressionante para a época. Aparentemente, muitas desenvolveram gosto por ele e os tomavam com freqüência maior: um rabino da comunidade *ashkenazi* do norte da França e Renânia reclamou que algumas mulheres tinham feito da escrupulosa limpeza pré-*mikveh* uma "prática permanente" mais despreocupada. E, por lavarem-se alguns dias antes do *mikveh*, escreveu o rabino, elas julgam que isso é suficiente, mas então "todas suas caspas e crostas já secaram sobre o corpo e impedem que a água da imersão atinja sua pele; assim, a imersão não é válida".

Embora as mulheres judias tivessem a obrigação mais inequívoca de banhar-se, todos os judeus deviam, de acordo com o *Talmude*, manter-se limpos. O *Talmude* relaciona dez itens que uma cidade precisa ter para que um estudioso possa nela viver, incluindo casas de banho públicas, uma Corte de Justiça, um professor de escola, um profissional que realize a circuncisão e um banheiro público. Os judeus contavam particularmente com as casas de banho públicas, pois era proibido aos homens judeus banharem-se em rios em que os gentios lavavam-se. Se uma cidade não tivesse sua própria casa de banhos pública, ou se o acesso a ela era vedado, tinham de construir sua própria casa de banhos.

Entretanto, no início do período medieval, a Espanha árabe era muito mais limpa do que os bairros judeus e monastérios europeus mais bem equipados. Diferentemente do que ocorria no cristianismo, a limpeza já era um importante preceito religioso para os muçulmanos. Um observador do século IX descreveu os árabes da Andaluzia como "as pessoas mais limpas da Terra". Enquanto os cristãos do norte da Espanha "não lavam nem o corpo nem as roupas, que tiram somente quando estão caindo aos pedaços", consta que um homem pobre no sul árabe preferia gastar suas últimas moedas com sabão do que com comida. A Espanha árabe resplandecia com água – em piscinas, fontes e *hamams*.

> **UM MIKVEH EM FRANKFURT, EM 1705**
>
> Na banheira de água fria, "20 mulheres assistiam para certificar-se de que ela, que banha a si mesma, mergulhará a cabeça e as orelhas na água; pois as leis antigas determinam que cada fio de cabelo seja purificado. Seja como for, estou certo de que não se pode permanecer durante longo tempo nesse banho; pois apenas olhamos para ele e quase congelamos de frio".
>
> Jean de Blainville, *Travels*

Cada bairro tinha sua casa de banhos. Quando os cristãos reconquistaram Córdoba, em 1236, a cidade dispunha de 300 *hamams*, e também de água quente e fria nos aposentos de banho domésticos.

Na Espanha mourisca, o banho sempre foi separado por sexo. A casa de banhos da cidade de Teruel, em Aragão, por exemplo, seguia um padrão determinado: três dias da semana eram reservados aos homens, dois às mulheres; e homens e mulheres muçulmanos banhavam-se em horários diferentes às sextas-feiras. O preço do ingresso era baixo e crianças e servos podiam banhar-se gratuitamente.

Por mais saudáveis e progressistas que pareçam essas disposições, para os cristãos elas eram decadentes e condenáveis. Houve um tempo, durante o período romano, em que os espanhóis tinham suas próprias casas de banho populares. Marcial, o laureado poeta dos banhos, nasceu na Espanha e lá aposentou-se, indo morar, ao final da vida, em uma pequena fazenda em Aragão. É impossível imaginar Marcial vivendo sem banhos. Mas quando os visigodos conquistaram a Espanha, no século V, fomentaram o familiar preconceito de que o relaxamento em água quente fazia os homens efeminarem-se e demoliram as casas de banho.

Somente quando os mouros invadiram o país, no ano de 711, elas retornaram. Mas, a essa altura, os espanhóis já associavam os banhos aos odiosos preconceitos sobre os heréticos mouros e tinham costumes "próprios", relacionados à Fé Verdadeira. Historiadores vêem ligação entre memórias ancestrais desses mouros e a "antiga" tradição espanhola de aversão à água e ao banho. Segundo Richard Ford, viajante do século XIX que conhecia bem a Espanha, "os monges espanhóis mendicantes, de acordo com a prática de estabelecer sempre princípios antagônicos (aos árabes), consideram a sujeira física um teste de pureza moral e fé verdadeira; e chegam ao auge de sua ambição, segundo sua visão particular do cheiro da santidade *(olor de santidad)*, com o costume de jantar e dormir sem trocar o hábito de lã, passando todo um ano usando a mesma vestimenta. Esse cheiro da santidade, um eufemismo para fedor, passou a representar de tal modo a religiosidade cristã que muitos santos são retratados sobre o próprio excremento". Uma das primeiras medidas dos cristãos durante a Reconquista foi destruir as casas de banho mouras.

Mas o *hamam* teve longevidade sólida. Os cruzados estavam prestes a descobri-los e devolvê-los à sua Europa natal.

TRÊS

UM INTERLÚDIO SENSUAL
1000-1550

O romance da rosa, um antigo poema francês do século XIII, está cheio de conselhos para amantes – de como atingir o orgasmo juntos ("Um não deve abandonar o outro, nem tampouco deve cessar sua viagem até que os dois alcancem o porto juntos") ao uso estratégico da dissimulação ("Se ela não sentir prazer nenhum, deve fingir que está desfrutando da experiência e simular todos os sinais que conhece e que imagine serem reveladores de prazer; dessa forma, ele imaginará que ela está satisfeita, quando na verdade não está dando a mínima para o que está se passando"). De enorme influência na França, Itália, Inglaterra e Holanda durante os dois séculos que se seguiram, o poema é, em parte, uma alegoria de um código de lealdade e, em parte, o tipo de compêndio "didático" de sabedoria popular que os amantes medievais tanto apreciavam.

Essa sabedoria incluía inúmeros conselhos quanto à relação entre limpeza e romance. "Não permita que haja qualquer impureza em seu corpo", diz uma personagem chamada Amor a um jovem, "lave as mãos e escove os dentes, e se qualquer mancha de sujeira surgir em suas unhas, não deixe que ela permaneça. Abotoe as mangas e penteie os cabelos, mas não pinte o rosto nem use maquiagem: somente mulheres fazem isso, e só aquelas de má reputação." A uma jovem mulher, por sua vez, recomenda que faça amor no escuro, para evitar que o amante encontre imperfeições ou algo pior no corpo dela: "Ela deve tomar cuidado para que ele não encontre nada sujo no corpo dela, pois se encontrar, sairá correndo imediatamente, o que seria vergonhoso e desesperador para ela". Ainda mais diretamente é lembrado à mulher que ela deve manter sua "câmara de Vênus" limpa.

O *Romance* evoca um mundo de prazer no qual senhoras delicadas e cavalheiros elegantes dançam ao som de alaúdes e tambores, cortejam-se durante jogos de dados, gamão e xadrez, e festejam com pratos novos e exóticos, como damascos e laranjas. Idealizada como é, a sociedade descrita no poema reflete uma mudança que já era perceptível no século XI. À medida que a Europa se organizava em feudos e reinos, e deixava de ser presa "constante" de bárbaros que a pilhavam, e à medida que o domínio do cristianismo parecia cada vez mais incontestável, tanto a Igreja quanto o Estado puderam permitir-se relaxar. A nova estabilidade tornou as viagens menos perigosas e isto estimulou a abertura de estradas e pousadas e a importação de artigos de luxo de lugares longínquos. A vida doméstica passou a ser mais confortável. Alguns dos hábitos antigos e austeros do início da Idade Média, como o desprezo pela higiene pessoal, começaram a ser considerados, tanto pelo clero quanto pelos leigos, não somente desnecessários mas também indesejáveis.

> Um "feixe para o rabo" era o objeto com o qual as pessoas refinadas se limpavam após defecar – um punhado de feno ou palha.

Compare as prescrições anteriormente descritas de São Benedito, em relação ao banho para monges idosos e doentes, no século VI, com o conselho estampado na *Ancrene Wisse*, na primeira metade do século XIII: dirigindo-se a mulheres religiosas que optaram por viver solitárias e na simplicidade, freqüentemente em celas pequenas próximas das igrejas, o autor, inglês, talvez um frade dominicano, aconselha que elas "lavem-se toda vez que houver necessidade e com a maior freqüência possível, e também a seus pertences – a imundície nunca foi do agrado de Deus, embora a pobreza e a franqueza sejam agradáveis". A sóbria frase "a imundície nunca foi do agrado de Deus" evidencia, sob vários aspectos, uma revolução. Muitos dos primeiros eremitas, monges e santos que cultivavam a sujeira teriam se horrorizado com a ousada declaração.

Claro que a essência do comportamento das pessoas não foi alterada da noite para o dia. Tanto para os leigos quanto para as pessoas na vida religiosa as mãos continuaram a ser a parte do corpo lavada de maneira mais confiável durante a Idade Média. Era uma prática sensata num momento em que ainda se comia com as mãos, sem talheres, mas esta era também uma questão simbólica, um sinal de civilidade que data, no mínimo, da época de Homero. Pinturas medievais normalmente retratam uma jarra, uma bacia e uma toalha para secar as mãos em um canto dos quartos. O encontro com uma pessoa que não lavava as mãos era algo digno de observação: Sone de Nansay, herói errante de um romance francês do século XIII, por exemplo, observa horrorizado que os noruegueses desprezavam o lavar-se ao final da refeição.

> **O CUIDADO COM OS DENTES**
>
> "Escová-los com urina é um costume entre os espanhóis. Os restos de comida devem ser removidos dos dentes, não com uma faca ou com as unhas, como fazem os cães ou os gatos, tampouco com um guardanapo, mas com um palito ou com madeira de almecegueira, ou com uma pena, pequenas lascas de ossos de pernas de galos ou galinhas."
>
> Erasmo, "On Good Manners for Boys"

Na Idade Média, as pessoas aparentemente gostavam que lhes dissessem como comportar-se, fossem mulheres religiosas, como na *Ancren Wisse*, ou jovens desejando ser bem-sucedidos no amor, como em *O romance da rosa*. Proliferavam manuais sobre comportamento requintado, cuidados com o bebê, a saúde e a educação de meninos, escritos por autoridades que iam de servos veteranos ao grande humanista Erasmo. Naturalmente, livros de etiqueta recomendavam lavar as mãos tanto antes quanto depois das refeições, mas a prática também aparece na poesia, com uma freqüência que beira a obsessão. Os poetas tinham dificuldade em descrever um banquete ou mesmo uma refeição sem reafirmar, todos eles, que lavavam as mãos. Em *O romance de Flamenca*, um romance provençal em prosa do século XIII, o marido de Flamenca oferece uma festa para 3 mil cavaleiros e damas. No início da refeição, escreve o poeta: "Quando terminaram de lavarem-se, eles sentaram". No final da refeição, ele faz a devida observação: "Quando terminaram de comer, lavaram-se mais uma vez". Em alguns momentos, a atenção e freqüência com se objetiva o lavar as mãos soa como campanha pela higiene, porém, mais que isso, o ato é uma reiteração formalizada do refinamento das personagens. Depois das mãos, a parte mais limpa do corpo, no período, era certamente o rosto, incluindo a boca. Os livros de etiqueta recomendavam lavar o rosto e também enxaguar a boca ao acordar.

Teoricamente, mantinham-se os bebês e as crianças pequenas bastante limpos durante esse período: os manuais medievais de cuidados com o bebê recomendavam banhá-los em água morna pelo menos uma vez, e às vezes três vezes por dia. Evidentemente, eles eram banhados mais do que os adultos ou as crianças mais velhas porque não tinham sido ainda treinados para o uso do urinol, mas também porque era muito mais fácil conseguir, aquecer e transportar água para o banho de um bebê do que para o de um adulto. (Um galão de água pesa 3,5 kg, e uma banheira medieval média para adulto comportava, pelo menos, 10 galões, o que significa que 35 kg de água tinham que ser transportados, aquecidos e descartados após o banho de um adulto.) Na realidade, bebês de camponeses e da camada urbana mais pobre, cujos pais não liam manuais de cuidados com os filhos, provavelmente não eram banhados com tanta freqüência, e suas fraldas, tampouco, trocadas com regularidade.

O mundo medieval, todavia, era incomensuravelmente menos desodorizado que o nosso. Em geral, as pessoas acostumavam-se com isso, mas os odores mais repugnantes não passavam despercebidos. Um personagem tão ascético quanto São Tomás de Aquino era favorável ao uso do incenso nas igrejas porque mascarava o odor das pessoas que, admitia ele, "podia provocar a repulsa". Pelo menos nas camadas mais altas da sociedade secular, as concepções sobre o amor cortês e a polidez chamavam a atenção para a atração que a limpeza pessoal podia exercer. E o desleixo com a aparência era motivo de comentários, sobretudo entre os mais abastados. Um contemporâneo escreveu a respeito de Bruno, irmão do sacro imperador romano Oto, o Grande, do século X: "Quando ele tomava banho, raramente usava algum sabonete ou qualquer preparação para manter a pele brilhante, o que é ainda mais surpreendente considerando que estava familiarizado com os métodos de limpeza e os confortos da realeza desde a mais tenra infância".

Em *O decamerão*, livro de histórias de Boccaccio, do século XIV, os personagens têm plena consciência do odor do próprio corpo e do próprio hálito. Este último é motivo de grande preocupação: numa das histórias, uma mulher de comportamento leviano chamada Lídia convence dois criados que, pelo fato de "suas bocas federem", eles deviam servir a mesa com a cabeça inclinada o mais que podiam para trás. Ela, então, persuade o marido de que a razão para a estranha postura deles era a halitose *dele*. O aspecto enfatizado em *O romance da rosa* e *O decamerão*, bem como em outros romances e manuais da época – de que a intimidade é normalmente mais agradável quando a pessoa amada está limpa e fresca –, pode nos parecer óbvio hoje, como teria parecido aos romanos, mas para os leitores da época medieval esta era uma idéia nova, que se infiltrava lentamente nas diferentes classes sociais.

> **ASSUNTOS PRIVADOS**
>
> Em 1518, John Colet, diretor da St. Paul's School, em Londres, equipou os banheiros de sua prestigiosa escola com mictórios. "Para outras necessidades", escreveu ele, "os rapazes deviam se encaminhar ao Tâmisa".

A mudança mais significativa na limpeza pessoal durante a Idade Média foi o ressurgimento da casa de banhos pública. Na maior parte da Europa ocidental, a instituição já estava extinta ou tinha presença mínima desde, aproximadamente, o século V. Elas reapareceram graças aos cruzados, que voltaram de suas campanhas malogradas ao Oriente com a "novidade", um costume deleitoso – o *hamam* ou casa de banhos turcos. Ironicamente, o cristianismo, que foi, pelo menos em parte, o responsável pelo fechamento das casas de banho romanas, era, agora, ainda que acidentalmente, também responsável pelo seu ressurgimento, nesta versão oriental modificada. Provavelmente, os europeus adicionaram o banho à sua lista de luxos no século XI, junto com o damasco, os espelhos de vidro, a seda e o algodão, todos descobertos no mundo árabe.

As primeiras casas de banho do período medieval, que eram adap-

> A limpeza rudimentar dos dentes incluía, no País de Gales medieval, o uso de ramos verdes e tecido de lã.

tações despojadas do *hamam*, combinavam banho a vapor e de imersão, normalmente em uma sala à parte, em banheiras de madeira redondas que acomodavam seis pessoas. Embora o banho turco normalmente não incluísse sentar-se em banheiras, isso ocorria na versão européia – talvez inspirado pela lembrança das casas de banho romanas. O *hamam*, na Turquia, jamais tornou-se um hábito diário, como acontecia entre os romanos; ele era freqüentado uma vez por semana ou a cada duas semanas. Não parece provável que os europeus da Idade Média usassem as casas de banho com freqüência maior. Em alguns casos, as casas de banho romanas foram reabilitadas e, onde eram situadas próximas a fontes de água quente, como em Baden, na Suíça, foram construídas piscinas ao ar livre, com capacidade para grande número de freqüentadores. Ocasionalmente, proprietários de casas de banho e padeiros asociavam-se, com os últimos também utilizando o calor das fornalhas dos primeiros. À medida que as casas sofisticaram as instalações, foram adicionadas salas para banhos privados e quartos com camas para o descanso após o banho.

O REI TOMA UM BANHO TURCO

"Abu Sir aproximou-se dele e esfregou seu corpo com luvas acolchoadas, raspando de sua pele rolinhos de sujeira no formato de mechas de candeeiro, que mostrou ao rei. Ele se alegrou com aquilo... Após um banho completo, Abu Sir misturou água-de-rosas à da banheira e o rei entrou nela. Quando saiu, seu corpo estava refrescado, e ele sentiu uma leveza e uma vivacidade que jamais sentira antes na vida."

As mil e uma noites

Esses confortos adicionais não estavam ao alcance de todos, mas as casas de banho medievais eram instituições democráticas que todas as classes podiam freqüentar. Da mesma forma que as empresas gratificam empregados, hoje, com massagens ou um dia de tratamento em *spas*, senhores da Idade Média recompensavam servos e trabalhadores com sessões na casa de banhos. Na Alemanha, o *Badegeld* ou "dinheiro do banho" representava uma porcentagem regular do salário, e taxas cobradas das casas de banho proporcionavam banhos gratuitos para os mais pobres. Depois de um século de seu reaparecimento, o banho tinha mudado de caráter, passando de novidade exótica a parte integrante da vida urbana ocidental.

As casas de banho reapareceram e espalharam-se rapidamente pela Europa. Londres, no século XIV, tinha pelo menos 18 estabelecimentos; em Florença, em três ou mais ruas só havia casas de banho. Em 1292, com uma população de 70 mil habitantes, Paris tinha 26 casas de banho, e seus proprietários constituíram uma associação. As casas de banho públicas eram especialmente comuns na Alemanha. Lá, mesmo

Escrevendo na década de 1920, Marcel Poète, historiador de Paris, observou em relação aos habitantes do período medieval: "Os parisienses daquela época tinham pelo menos uma vantagem em relação aos de hoje: eles banhavam-se com uma freqüência muito maior".

antes do retorno dos cruzados o costume do banho manteve-se popular. Uma versão de banho chamado russo ou a vapor chegou à Alemanha pelo norte: Ibrahim ben Yacub, diplomata e geógrafo que no ano de 973 visitou a Saxônia e a Boêmia, descreve as saunas que por lá freqüentou.

A aceitação do banho misto cresceu e depois diminuiu na maior parte da Europa, durante a Idade Média, de maneira similar ao interesse temporário e intermitente que o costume suscitava, e de modo completamente diferente da rígida segregação do *hamam*. Quando a opinião pública assim o exigia, eram determinados ou reestabelecidos dias, horários e locais distintos para homens e mulheres. Diferentemente do que ocorre no sul, as pessoas dos países ao norte dos Alpes parecem sentir-se mais à vontade para desnudar-se: essa desenvoltura pode ter-se iniciado nas casas de banho. Uma ilustração pequena em um manuscrito alemão de 1405 mostra uma mulher entrando num desses estabelecimentos pela escada da rua, segurando um lençol à frente do corpo e com a parte de trás totalmente exposta. Hippolytus Guarinonius, médico italiano que viveu na Alemanha, criticava os vizinhos por permitir que a família, incluindo adolescentes, caminhassem nus ou seminus pela cidade, a caminho das casas de banho. Leis para garantir maior decoro nas ruas foram promulgadas, mas somente em algumas localidades e períodos elas foram respeitadas.

O desprendimento alemão e suíço em relação à nudez escandalizava os viajantes de países mediterrâneos. Em 1414, um erudito de Florença, escritor e colecionador de manuscritos antigos chamado Gian-Francesco Poggio fez uma viagem até as casas de banho suíças de Baden, próximas a Zurique. Ele descreve a próspera cidade, situada num vale, e a praça central, rodeada por 30 construções magníficas, todas elas casas de banho, públicas ou privadas. Para espanto desse italiano, embora os banhistas fossem separados por sexo, ficavam nus à vista do outro sexo. Nesta cena de prazer aparentemente inocente, os usuários daquelas termas "contem-

Retrato suíço de uma casa de banhos ao ar livre em Baden mostra espectadores e banhistas vestidos, nus e seminus (mas sempre com a cabeça coberta).

plam, conversam, fazem apostas e desanuviam a mente, e ali permanecem enquanto as mulheres deixam a água e a ela voltam em nudez completa e à vista de todos".

Janelas com barras, no muro que separava os sexos, permitiam que os banhistas de ambos os lados pudessem admirar e mesmo tocar uns aos outros. Dividido entre a surpresa, os pensamentos lascivos e a admiração, Poggio maravilha-se por ver maridos que não se ofendem quando a esposa é tocada por estranhos, e homens que misturam-se, nus ou quase nus, com parentes e amigos do sexo feminino. "Todos os dias, eles banham-se três ou quatro vezes," escreve o rapsodo, "e passam a maior parte do dia cantando, bebendo e dançando... É agradável observar as jovens já maduras para o casamento e na plenitude das formas atraentes, com rostos que impressionam por sua nobreza, em pé, movimentando-se como deusas."

Ilustrações do período corroboram a descrição das casas de banho de Baden feita pelo embasbacado Poggio. Um manuscrito francês feito para o Duque de Burgúndia, no final do século XV, retrata na iluminura que o ornamenta uma cena elegante, numa casa de banhos que atende casais. Homens e mulheres, tendo o turbante como única peça sobre o corpo, comem e bebem em banheiras para dois. Um casal de turbantes em um aposento anexo se encaminha para um quarto. Outro desenho, polonês, oferece imagens mais grosseiras e satíricas da vida nas casas de banho: duas jovens servas massageiam a cabeça e o corpo de um monge

> "Uma mulher deseja ir a Baden, mas não quer que seu marido a acompanhe."
>
> Canção suíça tradicional

tonsurado sentado em uma banheira, enquanto um segundo religioso, deitado confortavelmente num banco, repousa a mão sobre o seio de uma terceira serva, que segura um jarro d'água.

As mais refinadas casas de banho podiam servir de salão para banquetes; nelas, trovadores podiam tocar e cantar e os patronos, nus porém usando elaborados adornos na cabeça, e, no caso das mulheres, jóias e maquiagem, comiam e bebiam de bandejas que flutuavam ou pranchas que atravessavam as banheiras. Casas de banho eram inevitavelmente deleitosas e ficaram rapidamente conhecidas como bons lugares para o galanteio. Poggio assim resume as possibilidades eróticas dos banhos em Baden: "Todos os que desejam fazer amor, os que querem casar, ou simplesmente buscar prazer, todos vêm para cá, o lugar em que encontram o que procuram".

> **OS SACERDOTES NAS SAUNAS A VAPOR**
>
> "Parece-me ser uma divindade má
> Que com as saunas a vapor tem tal afinidade"
>
> Balada inglesa do século XIV

Em poemas e histórias medievais, homens e mulheres propensos à prática do adultério freqüentemente usam as casas de banho para encontros ou como álibi ou como ambos. Em *O romance de Flamenca*, que é ambientado no *spa* francês de Bourbon l'Archambault, as casas de banho oferecem a discrição que casos extraconjugais requerem. Interessante pela descrição detalhada e realista de uma cidade com *spa*, e dos costumes do século XIII, esse romance provençal é também um estudo sobre ciúme patológico.

Enlouquecido com as suspeitas sobre as virtudes da mulher Flamenca, o lorde local, Archambault, deixa de cuidar da própria aparência: "Com a cabeça sem lavar e a barba por fazer, ele apareceu, como um feixe de aveia

Monges medievais poloneses desfrutando dos confortos de uma casa de banhos.

mal-amarrado". (De maneira significativa, quando Archambault recobra a sensatez no final da narrativa, lava a cabeça.) Mantida a sete chaves por Archambault, Flamenca é seduzida por um belo e elegante estrangeiro chamado William, que ela encontra na missa. Quando ele a persuade a encontrá-lo na casa de banhos, ela recorre à desculpa típica, junto ao marido – diz sofrer uma dor torturante que somente os banhos podiam aliviar. Archambault, de início, sugere uma dose diária de noz-moscada, mas ao final cede e ordena ao proprietário que "limpe sua casa de banhos e deixe-a fresca". As banheiras são esvaziadas e lavadas; os servos de Flamenca juntam bacias e ungüentos. Flamenca supõe que seu encontro com William acontecerá numa das salas reservadas, dentro da casa de banhos. Mas William, hospedado num dos hotéis ao redor das fontes minerais, havia, espertamente, cavado um túnel que liga a casa de banhos a seu quarto, e ali os amantes se encontravam diariamente.

Flamenca e William nunca usam a casa de banhos, mas servos e servas dela o fazem, e de maneira cômoda: dois por sala. Flamenca dispensa-os, de modo a poder ficar sozinha com William, e o narrador comenta:

> Eles buscam as casas de banho por prazer e esporte,
> Que eles possam encontrar casas de tipos variados,
> Lá dentro, quartos amplos e limpos,
> Onde Alice e Marguerite,
> Quando surgirem, possam, de fato,
> Não ser mais servas...

Amantes também banham-se em uma das histórias de *O decamerão*, que faz uma descrição tão idílica de uma casa de banho – ou *bagnio*, como ele era chamado na Itália – quanto qualquer outra da literatura. Convidado a juntar-se a uma mulher rica chamada Madame Biancofiore num aposento reservado na casa de banhos, um florentino de nome Salabaetto encontra duas escravas da senhora carregando um grande colchão e uma cesta repleta de roupas. Elas estendem o colchão sobre um estrado e cobrem-no com lençóis finos, travesseiros e uma colcha. Então, as escravas despem-se, entram na banheira e lavam-se. Quando Madame Biancofiore chega, ela e Salabaetto iniciam o banho: "Sem deixar que mais ninguém colocasse um dedo sobre ele, Madame, toda maravilhada, lavou Salabaetto com as próprias mãos, com almíscar e sabonete com aroma de cravo-da-índia; então ela deixou-se ser lavada e esfregada pelas escravas". Envoltos em lençóis com perfume de rosas, os banhistas são carregados para a cama, para suar um pouco. Então, perambulam nus, saboreando vinho e doces, enquanto as escravas borrifam-nos com água perfumada com rosa, jasmim, flor de laranja e de limão. Finalmente, Madame Biancofore dispensa as criadas e os dois fazem amor. Quando chega a hora de partir, eles vestem-se, deliciam-se com mais vinho e doces, lavam as mãos e o rosto com água aromatizada e deixam este paraíso terreno.

Entre as indiscrições íntimas e os serviços sexuais profissionais, a distância não era grande. Logo depois que as casas de banho ressurgiram, reapareceram relatos de que prostitutas ocupavam-se de seu comércio em lugares onde pessoas respeitáveis, incluindo crianças, iam banhar-se. Além da água quente e do vapor, os clientes podiam normalmente encomendar comida, bebida e servos complacentes. O termo "sauna a vapor" ou "casa de banhos a vapor", que originalmente referia-se ao calor úmido das casas de banho, gradualmente passou a significar casa de prostituição. Contanto que os demais freqüentadores dessas casas não se sentissem incomodados ou ameaçados em seus banhos, a atividade paralela da prostituição, discreta e bem regulamentada, não era considerada problema. Na França do século XV, por exemplo, nenhum sentimento particular de vergonha associava-se ao contato freqüente com prostitutas, e era comum que uma casa de banhos, além de suas finalidades precípuas, fosse também uma casa obscena ou *casa de tolerância*, de classe ligeiramente mais refinada que os bordéis.

À medida que o tempo passou, padrões mais rígidos de moralidade e medos recorrentes de crimes e da propagação da sífilis fizeram com que as saunas fossem mais fiscalizadas. Na segunda metade do século XII, Henrique II reconheceu formalmente o bairro londrino de Southwark, onde concentravam-se as casas de banho, como de prostituição legal. Mas em 1417, precavendo-se com relação à desordem que reinava nelas, o Conselho Municipal de Londres proibiu as casas de banho, "com exceção daqueles lares que possam ter suas saunas particulares, para limpeza". A proibição revelou-se impossível de ser executada. Outras leis, no século XV, também tentaram, em vão, regulamentar o funcionamento dessas saunas.

As margens da tradução alemã da Bíblia do imperador Wenzel (1378-1419) eram decoradas com gravuras dele, mesmo sendo banhado e tendo o cabelo lavado por graciosas criadas em vestidos transparentes.

A popularidade dos banhos públicos inspirou os mais afortunados a terem sua própria casa de banhos particular. Em tempos remotos, ao final de uma viagem penosa a uma mansão ou castelo, os convidados eram habitualmente recebidos com o oferecimento do necessário para que lavassem mãos, rosto e pés. Na Idade Média, este costume de hospitalidade evoluiu

Um bailio suíço, comodamente imerso em uma banheira, prestes a ser interrompido por um não-convidado – o marido de uma das mulheres. Extraído de *Schweizer Chronik*, de 1586.

para o oferecimento de um banho completo. Os mais grandiosos palácios, como o do papa, em Avignon, ou o do Duque da Bretanha, em Suscínio, tinham duas salas de banho, aquecidas por hipocaustos, no subsolo ou na parede. Uma dessas salas era usada para banhos a vapor e a outra acomodava uma ou mais banheiras. Muito ocasionalmente, uma residência particular também era equipada com um sistema de bombas e canos para trazer água. Mas a maior parte das casas de banho particulares dependia dos servos para retirá-la de poços ou rios, bem como para aquecê-la, encher e esvaziar as banheiras e descartá-la. Por esse motivo, geralmente, a sala de banho ficava, nas moradias, ao lado da cozinha.

Por volta de 1430, John Russell, que trabalhava como administrador para Humphrey, Duque de Gloucester, escreveu seu *Boke of nurture* (Livro da educação e formação). Elaborado como manual de etiqueta para pajens e servos, ele traz instruções sobre vários assuntos, desde como manusear o alimento (somente com a mão esquerda) até cutucar o nariz (não o faça). Para o servo que está à disposição de seu mestre no quarto, os conselhos de Russell são detalhados. De manhã, ele deve pentear o cabelo de seu senhor com um pente de marfim e trazer água morna para que ele lave as mãos e o rosto. A seção intitulada "Um banho ou o assim chamado banho a vapor" fornece instruções passo a passo para aqueles momentos em que o mestre deseja ter o corpo lavado. O servo deve "fechar" a banheira prendendo lençóis impregnados com ervas doces e flores ao teto e trazer esponjas para que o mestre se recoste ou sente na banheira. Usando uma bacia cheia de ervas frescas e quentes, o servo deve banhar o mestre com uma esponja macia e então o enxaguar com água de rosas morna. Finalmente, deve enxugá-lo e levá-lo para a cama, para aliviar suas preocupações. Embora não haja menção a nenhum sabão ou sabonete (o primeiro era usado para lavar roupas, mas raramente o corpo, na Inglaterra do século XV), este é um banho quente, diferente dos medicinais. Quando há necessidade do banho medicinal, o servo deve ferver o que parece um poderoso chá de ervas como: altéia, malva, verônica, escabiosa, aparina,

Numa pequena gravura francesa do século XV, uma mulher banha-se ao ar livre enquanto o marido se despede. Um beijo dado por um cavaleiro com armadura parece desconfortável, mas ninguém parece constrangido com a nudez da banhista.

confrei, linho bravo e outras, todas juntas. O mestre deve sentar-se nessa infusão, e Russell promete: "Deixe que ele permaneça na água mais quente que conseguir suportar, e seja qual for a doença que tiver, será curado".

Ainda mais do que nas casas de banho públicas, um certo grau de tolerância com a nudez vigorava entre a família durante o banho doméstico.

> **O CHAMADO DO HOMEM DO BANHO NO SÉCULO XIV**
>
> Chamando-o para o banho, meu senhor,
> E adentre no vapor sem mais demora,
> Nossa água está quente, isso não é mentira.

Uma história do final da era medieval alemã ilustra este fato: quando um servo chegou a um castelo, num dia de outono, com uma mensagem para o senhor, lhe foi dito: "Entre na sala de banhos, ele está lá dentro; a sala está quente". Supondo que o senhor estava se banhando, o servo tirou as próprias roupas e entrou nu, para desalento de seu mestre e dos seus familiares. Na verdade, eles estavam usando a sala quente como ante-sala até que a sala de recepção usual se aquecesse. Mas, evidentemente, como mostra o comportamento do servo, se o senhor estivesse no meio do banho, o aparecimento de um mensageiro nu teria sido considerado perfeitamente normal.

Tal qual em Roma, por mais confortável que uma sala de banhos de uma mansão ou castelo medieval fosse, uma casa

> **PRESENTEANDO DURANTE A DINASTIA TUDOR**
>
> Em 1539, após notar que Felipe da Bavária limpava os dentes com uma espécie de alfinete, Madame Lisle mandou que buscassem um tipo de palito de dentes para ele. Ela possuia o objeto há sete anos.

de banhos pública a sobrepujava quanto à diversidade de acomodações e da sociabilidade possível. No século XVI, o Conde Froben Christof von Zimmern reivindicou a criação de casas de banho públicas. Foram os encantos desses estabelecimentos que, notou ele com desdém, haviam seduzido a aristocracia alemã, tirando-a do isolamento de seus castelos. "Nossos ancestrais costumavam viver em altas montanhas, em seus castelos e palácios", escreveu. "Naquela época, a lealdade e a fé ainda existiam entre eles. Mas hoje estamos abdicando de nossas fortalezas nas montanhas, não moramos mais nelas; em vez disso, desejamos viver nas planícies, reivindico de modo a que não precisemos percorrer distâncias longas até as casas de banho."

Embora fossem imensamente populares, as casas de banho no século XV e início do XVI passaram a ser vistas cada vez mais como lugares que perturbavam a paz e estimulavam o mau comportamento. Mas, embora a má reputação as tenha feito perder clientes, o que as prejudicou mais foi a doença e não o pecado. A peste bubônica foi a pandemia mais catastrófica que o mundo já conheceu. Na metade do século XIV, ela matou um de cada três europeus em apenas quatro anos. A Peste Negra, como foi chamada, em razão dos característicos caroços negros supurados que surgiam na virilha, axilas e pescoço de suas vítimas, surgiu na Ásia e veio para a Europa com os ratos. Em 1347, essa peste invadiu a Itália, Espanha, França, Inglaterra, Alemanha, Áustria e Hungria, avançando, algumas vezes, a quatro quilômetros por dia. Quando o primeiro surto terminou, 25 milhões de pessoas haviam morrido.

Ninguém descreveu com maior propriedade o flagelo da Peste Negra aos indivíduos e à sociedade do que Boccaccio, logo depois de ela ter devastado Florença. As 100 histórias de *O decamerão* são tão alegres, despreocupadas e festivas que é fácil esquecer que as pessoas que as narram tinham fugido para o campo, perto de Florença, temendo pela vida, e que contavam histórias para distrair-se do horror que as cercava. Antes de começar as histórias – literatura escapista, em mais de um sentido da palavra –, Boccaccio fornece um relato desapaixonado, quase clínico, da doença. A despeito das preces, cortejos e tentativas de saneamento de última hora, a peste espalhou-se descontroladamente por Florença, sob o olhar impotente de médicos e sacerdotes. Pacientes geralmente morriam no terceiro dia após o aparecimento dos caroços fatais, alguns grandes como maças (tratavam-se de nódulos linfáticos inchados), e qualquer pessoa que houvesse tocado algum objeto manuseado pelo doente corria o risco de contrair a infecção.

A condição precária dos doentes era suficientemente horrível, mas Boccaccio ficou ainda mais perplexo com o terrível efeito da peste nos membros ainda saudáveis da sociedade. Ele assistiu à população, tomada pelo pânico, descartar rapidamente a civilidade e a piedade, e substituí-las por algo pior que a barbárie. Irmãos fugiram de irmãos doentes, esposas distanciaram-se dos maridos, e até mães, dos próprios filhos. As respeitadas e tradicionais práticas do luto, de as mulheres chorarem no interior da

Vítimas da Peste Negra tinham ínguas – caroços negros supurados na região da virilha, axilas e pescoço.

casa onde o falecido era velado e os homens reunirem-se respeitosamente na soleira da entrada, foram abandonadas, e os cadáveres passaram a ser depositados em covas comuns, para enterros em massa, sem cerimônia ou assistentes.

Outro observador florentino, Marchionne di Coppo Stefani, elaborou uma imagem inesquecível numa descrição desses enterros. Todas as manhãs, escreve ele, quando as covas recebiam nova carga de corpos recém-mortos, os coveiros jogavam uma camada de terra sobre eles, para, na manhã seguinte, mais corpos serem depositados no local, e então mais uma camada de terra, "do mesmo jeito que se faz lasanha, com camadas de massa e queijo". Em Avignon, como não havia mais terreno disponível para enterrar os mortos, o papa declarou o rio Ródano espaço consagrado, de forma a que os cadáveres pudessem ser nele descartados.

UMA CARTA ENVIADA DA FRANÇA

"As mulheres daqui são um tanto quanto sujas, com freqüência têm alguma coceira nas mãos e vários outros tipos de sujeira; em compensação, têm rosto bonito, um corpo adorável e mostram charme quando falam; além disso, estão muito dispostas a serem beijadas, tocadas e abraçadas."

De Guido Postumo para Isabella d'Este, 1511

Em 1348, Felipe VI, da França, pediu à Faculdade de Medicina da Universidade de Paris que investigasse as origens da peste. A influente publicação *Opinion*, da instituição, apontou como causa uma possível conjunção desastrosa de Saturno, Júpiter e Marte, que teria feito vapores infectados com a doença elevarem-se da terra e das águas para envenenar o ar. Pessoas susceptíveis, então, respiravam o ar venenoso, ficavam doentes e morriam. E quem era suscetível? Alguns dos riscos tinham sido reconhecidos na Grécia e em Roma: a obesidade, a intemperança, um espírito excessivamente impetuoso. Então, os professores adicionaram um elemento novo, que deve ter causado medo aos corações medievais: os banhos quentes, que tinham efeito perigosamente umedecedor e relaxante sobre o corpo. Já que o calor e a água criavam aberturas através da pele, a peste podia facilmente invadir o corpo.

UM SANTO NA CASA DE BANHOS

Certo dia, o então bebê Tomás de Aquino (c. 1225-74) acompanhava a mãe à casa de banhos em Nápoles, carregado pela ama-de-leite. Incapaz de abrir um dos punhos do bebê, a ama foi obrigada a banhá-lo e vesti-lo sem que ele abrisse essa mão. Ao chegar em casa, a mãe forçou a pequena mão do bebê, apesar de ele protestar com lágrimas, e descobriu que o futuro santo tinha na mão uma prece para a Virgem Abençoada.

Durante os 200 anos que se seguiram, a cada vez que a peste ameaçava voltar, surgia a proclamação: "Casas de banho e os próprios banhos, imploro a vocês que os evitem, ou então morrerão". Ainda assim, alguns resistiam a esse apelo. Em 1450, durante uma das epidemias da doença, quando Jacques Des Pars, médico de Charles VII, pediu o fechamento das casas de banho parisienses, tudo que conseguiu foi enfurecer os proprietários desses estabelecimentos, a ponto de ter de fugir para Tournai. Mas, por volta da metade do século XVI, foi decidido que as casas de banho francesas seriam fechadas durante as epidemias. "Os banhos a vapor e as casas de banho devem ser proibidos", escreveu o cirurgião da Corte, Ambroise Paré, em 1568, dando voz a uma opinião então corrente, "pois quando o banhista emerge, a carne e o corpo, de uma maneira geral, estão amolecidos e os poros, abertos. Como resultado, os vapores nocivos podem penetrar rapidamente no corpo e causar a morte súbita, como tem sido freqüentemente observado." Infelizmente, os mais abalizados conselhos médicos da época provavelmente condenaram muito mais pessoas, pois quanto mais sujas elas estavam, maior era a probabilidade de se tornarem hospedeiras da *pulex irritans*, a pulga que, como hoje se considera, transmitia o bacilo dos ratos para os humanos.

A imagem alarmante do corpo fragilizado proporcionou desdobramentos duradouros. Mesmo quando a peste já não representava mais ameaça, a "porosidade do corpo" fazia com que a água fosse considerada um perigo para quem tomava banho, pois a pessoa podia contrair sífilis ou mesmo doenças até então desconhecidas ou ainda não identificadas. Mulheres podiam até engravidar com o esperma que flutuava na água do banho. Além da possibilidade de impurezas penetrarem o corpo por meio da água, o importante equilíbrio dos humores podia romper-se com a abertura dos poros que "a umidade causava". Preocupações em relação a essa vulnerabilidade afetaram tanto a moda quanto a higiene. Já que os poros podiam estar vulneráveis mesmo quando secos e não-aquecidos, as roupas deviam ser macias, compactamente tecidas e justas – tafetá e cetim para os ricos, linóleo e juta ou cânhamo para os pobres. O algodão e a lã eram tecidos que ofereciam demasiado espaço, e as peles, um excesso de locais para os venenos se alojarem. Como a peste foi recorrente em diferentes partes da Europa quase que anualmente, até o início do século XVIII, os temores em relação à epiderme por demais permeável continuaram por cerca de 350 anos.

François I fechou, em 1538, as casas de banho francesas. Em 1546, Henrique VIII determinou o fechamento das saunas em Southwark. Em 1566, a Assembléia dos Estados Gerais de Orleans proibiu as casas obscenas da França – a definição incluía no *rol* destes estabelecimentos quaisquer casas de banho ainda em operação. "Há 25 anos, nada estava mais na moda em Brabante do que as casas de banho públicas", escreveu Erasmo em 1526. "Hoje não resta nenhuma delas, a nova peste nos ensinou a evitá-las." Durante aproximadamente 500 anos, a água proporcionou conforto, prazer, camaradagem, tentação – e limpeza. Agora, na maior parte do continente, ela era um inimigo a ser evitado a todo custo. Os dois séculos que sucederam o lamento de Erasmo estão entre os mais imundos da história européia.

QUATRO

UMA PAIXÃO PELO LINHO LIMPO
1550-1750

A maioria dos americanos lava o rosto pelo menos uma ou duas vezes por dia e não nos ocorreria mencionar tal detalhe banal em uma carta. Entretanto, no início do século XVIII, lavar o rosto não era um evento habitual. Esta é a razão pela qual, em um dia quente de agosto, na França, no ano de 1705, Elisabeth Charlotte, a Princesa Palatina, sentiu-se realizando algo fora do comum.

A princesa nascida na Alemanha era viúva do Duque de Orleans (irmão mais novo de Luís XIV) e mãe de três filhos crescidos. Ela havia feito uma longa viagem por estradas poeirentas até o castelo real em Marly e chegara coberta de suor, considerando que sua maquiagem estava um desastre. Ela não resolveu o problema do corpo suado lavando-o, mas trocando a camisa, ou roupas de baixo, e o vestido. Seu rosto, no entanto, estava difícil de ser ignorado. Segundo ela mesma, parecia que "estava usando uma máscara cinza", de tanta poeira que o cobria. Então, a princesa fez algo tão singular que não teve como não relatá-lo para a posteridade:

"Tive que lavar meu rosto, estava muito empoeirado", ela justifica para um correspondente, registrando uma informação valiosa. Os jardins de Marly eram famosos por suas fontes, mas essa água era, antes de tudo, um espetáculo. "A água fluía em abundância nos jardins do Castelo de Marly," escreve Georges Vigarello, um historiador da limpeza francesa, "mas o líquido raramente tocava a pele daqueles que lá moravam."

Enquanto evitava molhar a pele, exceto em emergências, como no caso da Princesa Palatina, a corte francesa devotava-se à fachada elegante. Dos estilos almofadados e fechados do século XVI aos nunca suficientemente audaciosos decotes do século XVIII, essa foi uma época de cuidadosa atenção para com a aparência, para com a auto-apresentação, tão elegante quanto possível, em toda a Europa.

Em 1576, o músico italiano Hieronymus Cardanus reclamou que homens e mulheres "estavam todos infestados de pulgas e piolhos, que as axilas de alguns deles cheiravam muito mal, que outros tinham fortes odores nos pés e que a maioria tinha um hálito horrível".

Mesmo assim, a realidade do corpo sujo por baixo da roupa constantemente ameaçava despedaçar a graciosidade superficial. Algumas verdades eram tão comuns que já não desconcertavam ninguém.

O pintor holandês do século XVII Gaspar Netscher pintou um quadro de uma senhora rica em casa, com os filhos. Na cena, uma empregada espera ao fundo do quarto ricamente mobiliado e a jovem senhora, que está no centro da obra, chamada *Cuidado de mãe*, usa uma camisa brocada e uma saia de cetim ornamentada de brilhantes. Contudo, ela segura uma escova na mão: está procurando piolhos na cabeça do filho pequeno. Este era um tema comum na pintura do século XVII. Não é de surpreender que tanto crianças quanto adultos, do mais privilegiado até o mais pobre, vivessem infestados de piolhos, lêndeas e pulgas.

Embaixo do rico claro-escuro de veludos e sedas estavam corpos que ficavam às vezes mais de anos sem banhar-se. Na corte francesa, onde a paramentação diária do monarca era uma cerimônia coreografada minuciosamente, os aristocratas se perfumavam para não sentir o cheiro uns dos outros. O século XVI não foi notavelmente exigente quanto à limpeza mesmo nos mais altos níveis sociais: Elizabeth I da Inglaterra banhava-se uma vez por mês, como ela dizia: "quer eu precise ou não". Mas, o século XVII foi muito pior: espetacularmente sujo, até mesmo desafiadoramente sujo. O sucessor de Elizabeth, James I, declarava abertamente que lavava apenas os dedos das mãos. O odor do corpo de Henrique IV da França (1553-1610) era notório, assim como o de seu filho Luís XIII. Este se orgulhava de dizer: "Pareço-me com meu pai, cheiro a axilas".

O ensaísta francês Michel de Montaigne, pelo que se sabe, lamentava o desaparecimento do banho, mas falava dele, ao final do século XVI, como uma prática totalmente extinta. "Em geral, considero a prática do banho saudável," escreveu ele, "mas acredito que não causamos nenhum mal à nossa saúde quando abandonamos este costume... de lavar nosso corpo todos os dias. Portanto, não posso imaginar que nos tornamos piores ao manter os membros do corpo cobertos e nossos poros entupidos de sujeira." Contudo, manter o corpo coberto e os poros obstruídos passou a ser não só o padrão, mas o objetivo. As autoridades médicas do reino permaneceram fiéis à crença medieval de que os poros bloqueados, em particular, protegiam o corpo de infecções. Mas quando novas epidemias ocorreram, nos séculos XVII e XVIII, a infecção espalhou-se por toda Europa. Cem mil londrinos morreram na Grande Praga de 1665. Um terço da população de Estocolmo pereceu na epidemia de 1710-11, assim como metade da população de Marselha, em 1720-21.

Mesmo quando a epidemia não era um risco, o medo da água, que começou no fim da Idade Média, generalizou-se cada vez mais. Os médicos acreditavam que os banhos ameaçavam o corpo de várias maneiras desconcertantes. "O banho, exceto por razões médicas, quando absolutamente necessário, não é somente supérfluo, mas muito prejudicial aos homens", advertia o médico francês Théophraste Renaudot em 1655. "O banho

Mulher tentando pegar uma pulga, de Georges de la Tour, c. 1638. As realidades do corpo sujo ameaçavam constantemente a graciosidade superficial.

ADEQUADO PARA UMA RAINHA

No dia de Ano-Novo, Elizabeth I recebeu um presente da senhora Twist, a lavadeira da corte: "quatro panos para os dentes (para limpá-los), de um tecido grosso holandês, decorados com seda preta e com as bordas de renda de bilros". Sua Majestade também recebeu palitos de ouro e ela possuia também uma pinça para tirar o cerume dos ouvidos, feita de ouro e decorada com rubis.

enche a cabeça de vapor. É um inimigo dos nervos e ligamentos, deixando-os de tal modo soltos que muitos homens que nunca sofreram de gota passaram a sofrer depois de tomar banho."

Ciente desses perigos, o filósofo e ensaísta inglês Francis Bacon (1561-1626) inventou um banho de 26 horas que em teoria limitava a penetração nociva, ou "aquosa", no corpo, enquanto estimulava o "aquecimento e eficácia através da umidificação". Ele conseguiu esse "equilíbrio delicado", ou pelo menos acreditou que conseguiu, primeiramente protegendo o corpo com óleo e pomadas antes da imersão. Em seguida, o banhista sentava-se na água por duas horas. Ao sair, ele se envolvia em um pano impregnado com resina, mirra, substâncias aromáticas utilizadas como prevenção contra infecções e açafrão, cujo objetivo era fechar os poros e enrijecer o corpo amolecido pela água. Após 24 horas, a pessoa removia o pano e aplicava uma camada final de óleo, sal e açafrão.

Na extraordinária receita de Bacon, a água é algo a ser relutantemente utilizado, e com as devidas precauções, mas pelo menos tem uma função. Mais freqüentemente, em particular no século XVII, a água era totalmente evitada, exceto para uma lavagem superficial das mãos. A boca podia ser enxaguada rapidamente e o rosto devia ser limpo com um pano seco. A cabeça e o cabelo deviam ser lavados "somente com o maior cuidado", de acordo com Jean Liebault, autor de um trabalho popular francês sobre o embelezamento do corpo, publicado primeiramente em 1582 e novamente em 1632. Em vez de ser lavado, ele recomendava que, antes de dormir, o cabelo fosse esfregado com farelo de trigo ou talco, que devia ser removido pela manhã, com uma escova.

O que era visível precisava de atenção, mas somente o que era visível. No início do século XVI, manuais de etiqueta e saúde repetiam a ênfase dos compêndios medievais sobre lavar as mãos e o rosto, mas omitiam instruções sobre como lavar o corpo. O moderno erudito Daniel Roche estudou centenas de manuais franceses de etiqueta, chamados *civilités*, publicados entre 1500 e 1839, e encontrou instruções somente para limpeza de mãos, rosto, cabeça e cabelo até meados do século XVIII. A essa altura, os pés começam a ser mencionados. A partir de 1820, os *civilités* começaram a recomendar que o resto do *iceberg* – o corpo – fosse lavado, com um banho.

Estes eram os preceitos. As pessoas os seguiam? O mínimo possível; principalmente a higiene seca recomendada pelas autoridades devia ser conveniente, para a grande maioria, uma vez que a água para um banho ainda era difícil de obter. Temos poucas descrições da rotina de banhar-se em casa, e a maioria apenas dos banhos praticados pela elite. As memórias de viagens e a literatura epistolar são geralmente boa fonte de descrição da vida diária, pelo menos daqueles aspectos que o viajante acha incomum ou interessante o suficiente para anotar. Mas, devido ao descaso geral dos europeus com a higiene, naquele tempo, as memórias das jornadas continentais relatam mais pormenorizadamente o estado dos lençóis e a presença de percevejos do que comentam a (in)disponibilidade de água para banhar-se.

> CONSELHOS PARA A PRIVADA
>
> "Imaculada e desagradável ninfa,
> permaneça limpa e generosa,
> Recupere toda minha satisfação
> Utilizando um suave papel na retaguarda
> E esponjas na vanguarda."
>
> "Canção", John Wilmot,
> Conde de Rochester, c. 1680

Durante o tempo que o inglês Fynes Moryson viajou pela Alemanha, em 1592, ficou encantado que as criadas de uma pousada de aldeia lhe mostraram lençóis que consideravam limpos, uma vez que, as garantiram, ninguém havia dormido neles recentemente, exceto uma mulher de 90 anos. Por outro lado, os únicos lugares em que Moryson conseguiu água para lavar os pés foram Lübeck e as cidades prussianas de Danzig e Elbing. Os viajantes concordam, de modo geral, que ruas e casas nos Países Baixos e na Suíça eram as mais limpas de toda a Europa, mas os corpos holandeses e suíços não recebiam a mesma atenção. Visitantes franceses, por exemplo, escandalizavam-se quando viam os holandeses comerem sem primeiro lavar as mãos.

> "Andei por quase toda a cidade ontem.
> Uma incógnita, minhas sandálias
> Ficaram sem nenhum ponto de sujeira,
> e você
> Pode ver as criadas holandesas lavando o
> Calçamento da rua com mais dedicação
> Do que as nossas têm para com nossos
> aposentos."
>
> Senhora Mary Wortley Montagu, *Cartas*,
> Rotterdam, 3 de agosto de 1716

O costume de banhar-se, considerado tão exótico pelos europeus que motiva narrativas de interesse quase antropológico, volta à baila, na Europa, apenas depois que a oriental Levante integra-se aos roteiros de viagem ocidentais. Um médico suábio, Leonhard Rauwulf, que visitou Tripoli em 1570, descreve os elaborados procedimentos de limpeza aos quais foi submetido numa casa de banhos pública dessa cidade. Depois de suar, banhar-se e passar por uma vigorosa massagem que terminou com o massagista ficando em pé sobre suas omoplatas, Rauwulf foi colocado aos cuidados de outro atendente. Primeiro, este aplicou aos pêlos do corpo do médico um preparado depilatório de arsênico, cal virgem e água. Depois, usando um pano áspero feito de fibras de cordas, o lavou por completo, com sabão, terminando na cabeça. O toque final foi a aplicação de *malun*, um pó cinza que não só limpava o cabelo como fazia com que ele crescesse. O comentário de Rauwulf sobre essa experiência marcante é insólito: os mulçumanos, explica ele, têm a obrigação religiosa de se banhar com freqüência, especialmente antes de ir à mesquita – "lavam-se dos inúmeros pecados que cometem diariamente", argumenta, concluindo que ou a religião deles era surpreendentemente escrupulosa ou eles eram extraordinariamente pecaminosos – ou as duas coisas.

UM BANHO DIVINO
Quando um inglês caiu na água, um dia, um turco disse: "Agora Deus te lavou".

O inglês Henry Blount, cujo livro *Voyage into the Levant* (Viagem ao Levante) foi publicado em 1636, teve uma reação semelhante ante os padrões de limpeza turcos. A primeira coisa que os turcos faziam ao ocupar uma cidade, Blount relata, é construir casas de banho públicas, que eles subsidiavam, para que qualquer homem ou mulher pudesse se banhar por menos de dois centavos. Blount observou como fato incomum que "o homem ou mulher que não se banha duas ou três vezes na semana é considerado asqueroso". Depois de urinar ou "fazer outro exercício impuro da natureza", este povo extremamente peculiar lavava-se. Se um cachorro tocava na mão de um deles, eles a lavavam; antes de orar, lavavam o rosto e as mãos, algumas vezes também a cabeça e os genitais. Assim como Rauwulf, Blount entende a higiene dos turcos como resultado de circunstâncias especiais, comentando que a limpeza, em "países quentes e para homens que comiam muito", era necessária para evitar as doenças. Aqueles que

Surpreendida no banho. Mas nada demais é revelado: a higiene íntima de uma senhora fina, no século XVII, limitava-se às mãos e, ocasionalmente, aos pés.

viviam em clima mais temperado, ele sugere, tinham menos necessidade de se banhar. Não se sabe se ele considerava a dieta inglesa carregada de carne bovina menos "bruta" do que a turca, composta, principalmente, de carneiro, arroz e iogurte.

Para europeus como Blount e Rauwulf, uma cultura onde as pessoas se banhavam várias vezes por semana e lavavam regularmente os órgãos genitais era exótica e até mesmo bizarra. Contudo, o olfato europeu, embora impreciso, podia ainda ofender-se com odores egrégios. Todos na corte de Luís XIV sabiam sobre o mau hálito do Rei Sol. Sua senhora, Madame de Montespan, freqüentemente reclamava do mau hálito do rei e, para proteger-se, se envolvia em nuvens de perfumes fortes. O rei, por sua vez, detestava o perfume dela. Pelo menos uma pessoa, a mesma Princesa Palatina forçada a lavar o rosto, achava que Madame de Montespan, apesar de apreciar a aplicação de cremes e perfumes no corpo nu, era completamente suja.

Enquanto os mais pobres não tinham meios para se lavar por inteiro, os médicos dos aristocratas os proibiam de banharem-se. Desde que o mais abalizado conselho médico asseverava que as secreções corporais proporcionavam uma camada de proteção, reis e rainhas banhavam-se tão esparsamente quanto os camponeses mais pobres. Quando Luís XIII da França nasceu, em 1601, o médico da corte registrou o histórico, nada extenso, dos banhos dados na criança. Com seis semanas, a cabeça dele foi massageada. Com sete, passaram manteiga e óleo de amêndoas em sua rica capa de berço. O cabelo do bebê não foi penteado até ele completar nove meses. Com cinco anos suas pernas foram lavadas pela primeira vez, em água morna. E ele só tomou seu primeiro banho com quase sete anos: "Banhou-se pela primeira vez na banheira junto com Madame [sua irmã]".

Tomar banho, para os adultos da família real, não era prioridade. Quando Luís XIV se levantava, o cirurgião-chefe, o médico-chefe e sua enfermeira entravam no quarto juntos. A enfermeira o beijava, de acordo com o Duque de Saint-Simon, e o médico e o cirurgião "o secavam e freqüentemente trocavam a camisa dele, porque ele costumava suar demais". Um criado pessoal borrifava um pouco de destilado de vinho em suas mãos e o rei enxaguava a boca e esfregava o rosto com um pano. Isto completava sua higienização.

Ele não era um monarca que desprezasse o exercício físico: depois de sua rotina matinal, Luís costumava cavalgar, praticar esgrima, dançar ou realizar exercícios militares tão energeticamente que retornava para seus aposentos transpirando abundantemente. Mas o monarca suado não se lavava; em vez disso, trocava de roupas. Era vestindo roupas limpas, particularmente, uma camisa lavada, que Luís XIV mostrava a si mesmo e aos outros que estava "limpo". Ele e o irmão Philippe eram considerados especialmente exigentes porque trocavam de camisas três vezes ao dia.

> "Não é digno de um homem modesto e honrado preparar-se para fazer suas necessidades fisiológicas na presença de outras pessoas, nem se vestir, depois, na presença de outros. Do mesmo modo, ele não lavará suas mãos ao voltar de lugares reservados para a sociedade decente, uma vez que a razão para que se lave causará pensamentos desagradáveis nas pessoas."
>
> Giovanni Della Casa, *Galateo*, 1558

Para o século XVII, o linho limpo não era um substituto para o banho do corpo com água – era *melhor* do que isto, mais seguro, mais confiável e baseado em princípios científicos. O linho branco, os sábios acreditavam, atraía e absorvia o suor. Como alguém escreveu, com confiança mistificadora: "Entendemos a razão pela qual o linho remove a transpiração de nosso corpo: é porque o suor é gorduroso ou salgado e impregna estas plantas mortas [a fibra da qual o linho é feito]". Em 1626, o arquiteto parisiense Louis Savot pensou acrescentar banheiros a seus projetos de castelos feudais e mansões classicamente inspirados, mas ao final decidiu que eram desnecessários. "Podemos ficar sem banhos, ele explica, "porque usamos linho, que atualmente serve para manter o corpo limpo de modo mais eficiente que os banhos e banhos de vapor dos antigos." De acordo com a explicação de Savot, que é a de sua época, gregos e romanos precisavam de banhos porque não conseguiam entender as propriedades de limpeza do linho.

No século XVIII, Samuel Johnson, cuja vestimenta humilde era notória, ao defender um amigo, o poeta Christopher Smart, que fora internado em um manicômio, postulou que ele mesmo "não tinha nenhuma paixão pelo linho". Uma das acusações contra Smart era, como Johnson colocou, que "ele não amava o linho limpo".

As classes média e alta do século XVII realmente tinham paixão pelo linho limpo. Hoje em dia, apreciamos o encanto e a conotação revigorante dos trajes brancos e do linho para roupa de cama – o popular perfume de Estée Lauder, *White line*n (linho branco), lançado em 1978, juntou-se em 2006 a um ainda mais impecável chamado *Pure white linen* (puro linho branco), personificado por Gwyneth Paltrow – mas nossos ancestrais levavam o assunto muito mais a sério.

> **AS NOITES DE MADRI E O URINOL**
>
> "Às onze da noite, todos esvaziam aquelas coisas na rua, e por volta das dez da manhã do dia seguinte está tudo seco... Dizem que isso é recomendado pelos médicos, pois consideram o ar tão penetrante e refinado que este modo não o corrompe com aqueles vapores prejudiciais e mantém o ar controlado."
>
> Cortesão inglês, 1623

Com base no "linho fino e branco", Fynes Moryson classificou as mulheres de Brabante como as mais limpas dos Países Baixos. Quando Marie Adelaide, filha do Duque de Savoy, ficou noiva do Duque de Borgonha, foi enviada à corte francesa para ser educada. Madame de Maintenon, que era responsável por ela, avaliava a limpeza da menina de 12 anos pela sua necessidade de usar linho. "Dão roupas de baixo de linho novas a ela toda semana", escreveu Madame para a mãe da garota, referindo-se às criadas de Adelaide, "porém, ela é muito mais limpa e asseada do que a maioria das crianças e raramente precisa de roupas limpas."

O linho em questão, tanto para homens quanto para mulheres, era uma camisa, ou blusa, tipo bata, que chegava até os joelhos. (Uma vez que as mulheres inglesas não usavam calcinhas até o século XVIII, a bata era sua única roupa de baixo. Por volta do século XVI, as mulheres do continente já usavam calções de seda ou linho como roupa de baixo.) Uma história sobre uma linda aristocrata da Renascença, Mary of Cleves, retrata esse período em que o linho novo era considerado como solução para a limpeza e retinha, pelo menos, alguns odores corporais. Na festa de seu casamento com o Príncipe de Condé, a princesa de 16 anos dançou bastante, por longas horas. Quando retirou-se para seus aposentos, a fim de se refrescar, ela trocou de camisa. Como de costume, não há menção ao uso de água, muito menos de sabão, simplesmente à troca da vestimenta de linho. Logo em seguida, o Duque d'Anjou (mais tarde Henrique III) entrou para escovar o cabelo e confundiu a camisa úmida e descartada da princesa com uma toalha. Sob a influência dos feromônios produzidos por ela, enquanto limpava o rosto apaixonou-se pelo cheiro e pela mulher.

> Um jovem que cortejava uma garota camponesa austríaca colocou seu lenço sob uma das axilas durante uma dança. Quando o objeto de sua afeição ficou suada com o exercício, ele elegantemente limpou o rosto dela com seu lenço. A transpiração dele foi bem-sucedida onde tudo mais tinha falhado, e ela apaixonou-se instantaneamente.

Como o linho tornou-se emblema da limpeza e, portanto, de refinamento, as camisas de homens e mulheres também ficaram cada vez mais à vista. Depois de um longo tempo sob a lã e as peles na Idade Média, uma borda finamente arrematada aparece em volta do pescoço nas últimas décadas do século XV. Nos retratos de homens e mulheres elizabetanos feitos por Hans Holbein, uma extensão maior de linho expõe-se à luz do dia, sob trajes com decote em V ou redondo. No século XVII, a camisa aparece sozinha – para homens, ostentando golas ou sob um cachecol, no pescoço, com as mangas abrindo-se, pelos cortes, armadas como balões a partir da parte de baixo do dobelete; e para as mulheres, com franzidos esportivos e decotes profundos, e mangas inteiras que se estendiam para além das mangas dos vestidos.

Mesmo com a evolução da moda, continuou a ser importante expor o linho. Em 1711, o *Spectator* descreve como um galã inglês desabotoou seu elegante colete de seda "para permitir que víssemos que ele estava usando uma camisa limpa franzida até a cintura". As pessoas tinham mais camisas do que qualquer outra peça de roupa, e durante todo o século XVIII o número delas, por indivíduo, continuou a crescer. No fim desse século, Casanova encontrou um jovem erudito italiano na Inglaterra que assim resumiu sua rotina: "Trabalho com literatura, vivo completamente sozinho, ganho o suficiente para minhas necessidades. Moro em pensões mobiliadas, tenho doze camisas e as roupas que uso e estou plenamente satisfeito". As doze camisas são um detalhe crucial, provando que ele tinha linho suficiente para manter uma aparência distinta.

Casanova também descreve um jovem parisiense educado e de nível social mais alto: "Ele pode cavalgar, tocar flauta, lutar esgrima, dançar o minueto, responder educadamente, apresentar-se graciosamente, falar sobre bobagens com encanto, trocar seu linho todos os dias e vestir-se elegantemente". A troca diária do linho exigia o concurso de criados – uma das principais obrigações das camareiras ou dos criados era cuidar das roupas de baixo de seu senhor. Um manual francês sobre serviços domésticos de 1691 sublinha especificamente que a criada era responsável pelo linho da senhora. Com relação à pele por baixo do linho imaculado, ela precisava saber tão-somente como preparar um banho para os pés e a pasta de limpar as mãos.

A camisa de linho começa a aparecer, como no *Retrato de um jovem* do século XVI, que mostra Ambrosius, irmão de Hans Holbein.

Como banhar o corpo era uma coisa que só muito raramente se fazia, este ato deixou de ser tema para os pintores. No lugar das xilogravuras e iluminuras, retratando cenas calorosamente sensuais em casas de banho, surgiram longos poemas em forma de imagens ao linho. A Holanda do século XVII, em particular, proveu cenas tanto externas, de panos em campos alvos, quanto internas celebrando o branco puro, precisamente pilhas de linho bem dobrado. Em 1663, Pieter de Hooch pintou duas mulheres colocando cuidadosamente uma pilha de linho recém-lavado num baú em destaque, na entrada principal de uma casa. O quadro *The linen chest* (O baú de linho) é cheio de ângulos retos, sugerindo o modo de vida ordenado da burguesia holandesa – o chão, as janelas e as portas são todos azulejados e, acima de tudo, o baú quadrado e seu precioso e aprumado conteúdo. Em contraste, um cesto redondo de lavanderia é retratado próximo da porta, com o linho sujo descuidadamente jogado aparecendo sobre a borda, simbolizando a imundície e bagunça a serem evitadas.

Naturalmente, havia variações nacionais e peculiaridades que coexistiam com o desgosto geral dos europeus pelo banho com água. Na Espanha, as preocupações dos primeiros cristãos com a influência corrupta do banho e as dos últimos medievais, com as pragas, ressurgiram com a ocupação árabe. Como os mouros eram limpos, os espanhóis decidiram que os cristãos deviam ser sujos. Muitas casas de banho mouras foram destruídas por ordem de Fernando e Isabel, depois da reconquista de Granada, em 1492, mas algumas permaneceram até Felipe II as destruir definitivamente, em 1576. Os mouros convertidos ao cristianismo não tinham permissão para tomar banho e uma evidência condenatória, durante a Inquisição, era a acusação freqüentemente feita tanto contra mouros quanto contra judeus de que o réu "tomava banho".

> "Para eliminar o mau cheiro das axilas, que fedem como bodes, é útil esfregar a pele com um mistura de rosas."
> Receita francesa do século XVI

Os padres espanhóis eram instigados a interrogar minuciosamente as penitentes sobre o banho privado e a não absolver aquelas que se lavavam regularmente. Isabel, filha de Felipe II, tornou-se heroína nacional quando fez voto, em 1601, de não trocar a camisa até que o cerco a Ostend terminasse. Isso levou 3 anos, 3 meses e 13 dias, e durante esse período o branco de sua roupa de baixo amarelou-se.

Em contraste, países de língua alemã, e onde os banhos públicos eram um costume particularmente querido, foram mais lentos no seu banimento do que espanhóis, franceses e ingleses. Isto aconteceu com as casas de banho da Europa oriental em geral, que, nas palavras do historiador Fernand Braudel, "havia um tipo de inocência medieval". Tanto os proprietários quanto os clientes de casas de banho alemãs, austríacas e suecas enfrentaram o medo usual do contágio e as freqüentes manifestações violentas contra os pecados da carne supostamente nelas cometidos. Assim como a AIDS inflamou a crença, entre alguns grupos religiosos, de que a moléstia seria uma punição pela imoralidade sexual, muitas pessoas consideravam que a peste era um castigo divino ao pecado, especialmente ao comportamento pecaminoso nas casas de banho. Contudo, na Alemanha, a preocupação com a peste trabalhou tanto a favor quanto contra: os banhos, a cura de ansiedades e as sangrias aconteciam todos nas casas de banho e eram terapias populares durante as epidemias. Em algumas aldeias, as casas de banho estabeleceram áreas separadas para tratar daqueles que sofriam da "doença francesa" (sífilis). Viena, Frankfurt e Bamberg, assim como outras cidades, fecharam suas casas de banho durante as epidemias, mas em outras cidades elas permaneceram abertas.

A Guerra dos Trinta Anos (1618-48) forçou o fechamento de muitas casas de banho alemãs; algumas nunca mais reabriram. Outras recuperaram seus equipamentos das ruínas do pós-guerra e foram reconstruídas, como a casa de banhos de Heidenheim, que reabriu em 1652. O fornecimento de lenha, já escasso, à época, era mais um problema freqüente. As casas de banho eram consumidoras vorazes: até o início do século XVI, a casa de banhos de Winterhur consumia aproximadamente 30 metros cúbicos da floresta do município por dia. Uma vez que a escassez de lenha começou a fazer com que os proprietários das casas de banho tivessem que comprar seu combustível, eles – que não tinham permissão legal para aumentar a taxa de entrada – foram forçados a fechar em determinados dias e a passar a cobrar taxas, regularmente, das crianças, para continuar nos negócios. Por volta de 1557, em Gerolzhofen, casais tinham de pagar a taxa de entrada até mesmo para bebês de colo. As dificuldades enfrentadas pelas casas de banho em Basel ilustram como sobreviver quando a lenha se tornou escassa. No século XV, a cidade tinha carorze casas de banho; por volta de 1534, havia apenas sete delas; no começo do século XVII, seis; e por volta de 1805, apenas uma permanecia. Apesar de todas estas vicissitudes, muitas casas de banho alemãs persistiram, especialmente nas regiões montanhosas mais conservadoras, onde os camponeses continuaram a usar tanto os banhos como os remédios tradicionais a eles associados.

Mesmo em países em que o idioma alemão não era falado, as pessoas não evitavam completamente a água. Homens de todas as classes nadavam em rios e lagos quando o tempo estava ameno, assim como algumas mulheres. Nadar nos rios era um passatempo concorrido entre os espanhóis. Na época em que o sabão era ainda um luxo raro, a mesma expressão, em vários idiomas europeus, era usada para a ação de banhar-se e nadar (em inglês, os termos *swimming suit*, traje para nadar, e *bathing suit*, traje de banho, ainda são sinônimos), e "banhar-se" em água natural estava bem próximo de lavar o corpo todo. Muitos europeus ainda acreditavam na superstição – resquícios da crença pré-cristã ligada ao solstício de verão – que lavar-se ao ar livre durante a festa de São João Batista (24 de junho) protegia o banhista de numerosas enfermidades por todo um ano. Quando Thomas Platter, um suíço que estudava medicina em Montpellier, foi observar as multidões mergulharem no mar, na noite da festa, em 1596, relatou que havia um número "estarrecedor" de mulheres. Embora não apreciassem muito o banho doméstico, como veremos adiante, tanto Henrique IV quanto Luís XIV eram excelentes nadadores. Durante o verão, Ana da Áustria e suas damas de companhia passavam várias horas do dia imersas no Sena, modestamente cobertas com vestidos largos de musselina, que ficavam enormes na água. Tantos parisienses nadavam no Sena que, em 1688, uma associação empreendedora chamada Villain delimitou os locais mais freqüentados com cordas e passou a alugar cabines cobertas com lona para as pessoas usarem a toalha e trocar de roupa e camisa.

Todavia, a bem da verdade, a água fria nunca foi considerada tão perigosa quanto a água quente. Para imergir em água quente, você tinha que ser imprudente ou alemão – ou estar doente. Recomendar que pessoas doentes mergulhassem em banhos considerados perigosos para as saudáveis é algo paradoxal, mas era o caso nos tratamentos desesperados. Como a água "podia infriltrar-se no corpo saudável e perturbar o equilíbrio do espírito", médicos e pacientes esperavam que um banho cuidadosamente prescrito e bem monitorado pudesse também restaurar o equilíbrio do espírito no corpo adoentado. Enfatizava-se que tal terapia era arriscada e devia ser feita sob supervisão profissional, provável motivo pelo qual Guy Patin, médico francês do século XVII, discute sobre banhos em seus textos médicos, mas não em seus trabalhos gerais sobre saúde.

Em um dia de primavera em 1610, o Rei Henrique IV enviou um mensageiro à casa de seu superintendente das finanças, Duque de Sully, em Paris, solicitando sua presença no Louvre. Para consternação de todos, Sully estava tomando banho. Ele se preparou para obedecer imediatamente à ordem real, mas seus assessores imploraram para que o Duque não arriscasse a saúde saindo de casa. Até mesmo o mensageiro foi contra sua saída, dizendo: "Meu senhor, não abandone o banho, pois como o rei se preocupa muito com a sua saúde e depende dela, se soubesse que o senhor estava em tal situação, teria vindo até aqui ele mesmo". "Tal situação", ou seja, um homem tomando banho em casa, exigiu que o mensageiro retornasse ao Louvre para explicar a complicação ao rei. Não querendo tratar o assunto de forma leviana, o rei, por sua vez, consultou o próprio médico, André Du Laurens. Este declarou que o Duque ficaria vulnerável por vários dias após o banho. O mensageiro retornou e comunicou a Sully: "Meu senhor, o rei ordena que o senhor termine o banho e o proibe de sair hoje, uma vez que o sr. Du Laurens o previniu de que isto pode colocar vossa saúde em risco. Ele ordena que o senhor o espere amanhã em seu camisão e touca de dormir, perneiras e chinelos, para que não lhe suceda nenhum mal como resultado de seu recente banho". Normalmente, sua Majestade não ia até a casa de seus ministros, nem lhes ordenava para recebê-lo em trajes de dormir – porém, um banho não era uma ocorrência normal.

Quando Luís XIV teve desmaios, sobressaltos e convulsões, seguidos por uma erupção no peito, os médicos reais o sangraram oito vezes. Durante sua convalescença, no desejo de reanimar o corpo exausto, os médicos decidiram dar um banho no rei – mas não antes de ordenar várias precauções, incluindo um expurgo e uma lavagem intestinal um dia antes, assim como um descanso extra. Mesmo assim, o rei desenvolveu uma dor de cabeça, e "com um comportamento total de seu corpo bastante diferente do que tinha sido nos dias anteriores". Guy-Crescent Fagon, médico pessoal do monarca, abortou, então, o tratamento. No ano seguinte, pela segunda e última vez na vida do rei, Fagon prescreveu um banho, novamente sem sucesso. Resumidamente, ele comentou a experiência: "Ao rei nunca agradou a idéia de acostumar-se ao banho em seus aposentos".

LIMPEZA EM VERSALHES
Logo depois que Luís XIV morreu, em 1715, um novo regulamento decretou que as fezes deviam ser removidas dos corredores de Versalhes uma vez por semana.

Considerando que o banho em casa era tão preocupante, uma alternativa era o *spa*. (Lugares com nascentes minerais teriam recebido a denominação *spa* a partir do século XVII, ou mesmo antes, em honra à famosa nascente quente de *Spa*, perto de Liège, na Bélgica.) A crença nos poderes curativos das águas das nascentes minerais vinha do tempo dos gregos. Os romanos freqüentavam esses *spas* quando era possível, para aproveitar as vantagens das nascentes minerais, uma vez que os médicos o aconselhavam. E os banhos minerais medievais em Bourbon-l'Archambault e Baden, entre muitos outros, além de recreativos, eram reconhecidos como curativos. Mas na Renascença, como a freqüência natural e popular às antigas casas de banho tornara-se problemática, para não dizer impossível, uma nova atitude surgiu na Itália em relação aos banhos minerais. Em vez de permitir que os amadores fizessem o que queriam, os médicos propuseram-se a recuperar os ensinamentos gregos e romanos sobre esses banhos terapêuticos e reivindicá-los como responsabilidade profissional. Insistiram que o conhecimento sobre os banhos, ou balneologia, naquele tempo, já era uma ciência com fundamentos lógicos e metodologia própria.

Como constataram os médicos italianos, os *spas* no fim do século XVI e início do XVII estavam longe de ser lugares ordenados e disciplinados. Um escritor suíço reclamou que os visitantes de Baden não obedeciam às regras, comiam durante o banho e permaneciam na água dia e noite, "como se estivessem em represas". Quando Fynes Moryson visitou Baden em 1592, relatou que o enxofre na água tinha efeitos prodigiosos em mulheres estéreis, assim como para aqueles que sofriam de "dores de cabeça insuportáveis e dores de estômago acompanhadas de constipação". Mas Baden não era apenas terapêutica: a cena que Moryson descreve, de homens e mulheres, frades e freiras juntos na água, separados literalmente por apenas por uma tábua, que lhes permitia conversar, jogar cartas e se tocar, é, na essência, o mesmo espetáculo que no século XV tanto escandalizou Poggio Florentino.

Não é que faltassem regras e regulamentos para os banhos na Renascença, mas os freqüentadores sentiam-se livres para ignorá-los. Michel de Montaigne era cético quanto aos médicos, mas tinha esperança de que as águas minerais reduzissem ou curassem suas pedras no rim. Procurando alívio nos *spas* franceses, italianos e suíços em 1508, ele adorava desafiar as ordens médicas. Em Plombières-les-Bains, ignorou o purgativo prescrito, bebia nove copos d'água toda manhã, em vez do um ou dois recomendados, e banhava-se dia sim, dia não, em vez de duas ou três vezes ao dia, como havia sido prescrito. Em La Villa, perto de Florença, insistiu em banhar-se e beber a água no mesmo dia, em vez de fazê-lo em dias alternados; insistia também em banhar a cabeça enquanto estava na água, ao contrário da prática consagrada.

> "Monsieur Leibnitz deve ser muito inteligente, o que o torna uma companhia muito agradável. É raro os eruditos serem limpos e não cheirarem mal, assim como que tenham bom humor."
>
> Elisabeth Charlotte, Princesa Palatina, 1705

Apesar dos freqüentadores teimosos, como Montaigne, a campanha dos médicos italianos relacionada aos *spas* teve sucesso, e a clientela que buscava tratamento médico nos *spas* italianos e franceses aumentou. Deliberadamente ascéticos quanto às dietas e à vida social, os *spas* se tornaram fontes de renda para os médicos. Comerciantes, advogados, padres e freiras reuniam-se freqüentemente neles. Enfermos pobres banhavam-se ocasionalmente, valendo-se de donativos ou graças a atos individuais de caridade, mas esses locais de tratamento normalmente acomodavam uma clientela rica e desocupada. Uma cura podia demandar de três a seis semanas e, freqüentemente, envolvia temporadas de tratamento anuais. Na França, onde o *spa* ganhou merecida fama no século XVII, o patrocínio real assegurou seu sucesso. Acreditava-se, popularmente, que as águas de Forges eram responsáveis pelo nascimento de Luís XIV (embora seus pais, Luís XIII e Ana da Áustria, tenham visitado o *spa*, por causa da infertilidade, em 1633, e ele tenha nascido apenas em 1638). A esposa de Luís XIV, Madame de Montespan, fazia viagens freqüentes a Bourbon-l'Archambault, e quase todos os membros da corte (exceto o próprio rei) ocasionalmente visitaram um dos principais *spas* da França – Bourbon, Vichy ou Forges.

> **O TRATAMENTO DOS *SPAS* PARA A INFERTILIDADE**
>
> "Se você quiser que sua esposa conceba filhos, mande-a para as casas de banho e fique em casa."
>
> Provérbio italiano

Madame de Sévigné, a aristocrata cujas cartas, brilhantes, para a filha trazem vida à França do século XVII, foi uma típica freqüentadora de *spas*: ela esperava curar uma enfermidade específica e respeitava de modo rigoroso a autoridade dos médicos. Em 1676, sofrendo reumatismo, ela viajou oito árduos dias em sua carruagem pessoal até Vichy. O regulamento, padrão em toda a França e inspirado na prática italiana, instruía beber a água sulfurosa de Vichy, banhar-se nela e submeter-se ao chuveiro ou bomba. Madame de Sévigné relata que seu reumatismo melhorou muito e que voltou a Vichy, no ano seguinte, para continuar o tratamento. Dez anos mais tarde, quando tinha mais de 60 anos, viajou de novo para Bourbon-l'Archambault. Desta vez, seu médico lhe proibiu os chuveiros (muito fortes para seus nervos) e limitou-a aos banhos de imersão e a beber a água, e a submeteu a uma dieta rigorosa que, "infelizmente", não permitia molhos ou guisados. Uma simples olhada nos "aleijados, mancos e semimortos que buscam alívio no calor de ebulição dessas nascentes" a convenceu de que ela era uma das pessoas mais saudáveis por lá.

> **A ÁGUA DOS *SPAS* TEM AÇÃO RÁPIDA**
>
> "Depois de beber a água, você sai para um passeio a pé pelo campo. As senhoras de andar elegante apóiam-se no braço de sua criada ou de seu galã e, como a água age prontamente, causando abundante desarranjo do instestino, é um curioso espetáculo observar todas elas disparando, aos olhos de todos, e até mesmo competindo umas com as outras, pois não há muitos arbustos ou árvores que lhes proporcionem privacidade."
>
> Thomas Platter, Balaruc, perto de Montpellier, 1595

Na década de 1680, aproximadamente na mesma época em que Madame de Sévigné seguia as orientações de seus médicos em Vichy e

Bourbon, a incansável inglesa Celia Fiennes viajava pela Europa, visitando, também, seus *spas*. Ao contrário dos *spas* franceses e italianos, as cisternas da Inglaterra, como aquelas nos países que falavam alemão e na Bélgica, eram locais tanto de prazer quanto de terapia. Alguns visitantes dos *spas* ingleses — como Tunbridge Wells, Scarborough e Epsom — procuravam cura, mas outros estavam lá para cortejar, passear, dançar, jogar cartas ou boliche e apostar.

O principal local para tomar banhos na Inglaterra era Bath, um refúgio saudável desde o período pré-romano, e que era conhecido na Idade Média como Akemancastra (cidade do homem doente). Assim como muitos visitantes de Bath, Celia Fiennes esperava divertir-se e não curar-se. Sua imersão, como registrou em seu diário, parecia uma dança barroca requintadamente compassada. As senhoras desceram aos vários tanques guiadas por dois acompanhantes masculinos que abriram o caminho e foram acompanhadas também por uma ou duas mulheres guias, "pois a força da água é tão forte que pode derrubar-nos". Meio século antes, em Bath, banhistas de ambos os sexos ficavam nus, mas por volta de 1680 as damas usavam uma enorme camisola de lona amarela engomada. E os cavalheiros, calças e colete feitos do mesmo material. Depois de andar um pouco, segurando às argolas fixadas nas paredes, conversando com os conhecidos e observando os doentes receber jatos d'água escaldantes (os aleijados os recebiam nas pernas, os paralíticos, na cabeça), o banhista se desloca vagarosamente para a saída. Depois de transpor uma porta para a privacidade de uma escada, mas ainda na água, Celia, assim que as criadas acima dela, na escada, colocam um camisão de dormir sobre sua cabeça, deixou a camisola de lona cair. Recatada e calorosamente foi, então, colocada em uma cadeira de Bath e carregada para seus aposentos.

Montaigne procurou alívio para suas pedras nos rins em *spas* suíços, franceses e italianos.

TEMOS QUE SOFRER: MADAME TOMA UM BANHO

> "Comecei a operação da bomba hoje", escreveu Madame de Sévigné para a filha em 2 de maio de 1676.
>
> "Não é uma versão piorada do purgatório. O paciente fica nu em um pequeno compartimento abaixo do nível do chão e uma mulher aponta um tubo de água quente que lá há na direção que você desejar. Este estado natural no qual não usamos nem uma folha de parreira é muito humilhante. Eu queria que minhas duas damas de companhia tivessem me acompanhado, para que pudesse ver alguém conhecido. Atrás de uma cortina fica uma pessoa encarregada de manter o nosso ânimo por meia hora; calhou-me um médico de Gannet... Pense em um jorro de água fervendo caindo sobre cada um de seus membros! Primeiro, o jorro é aplicado em todas as partes do corpo, a fim de estimular nossa essência vital, em seguida, é aplicado nas juntas afetadas; mas quando chega na nuca, o calor cria uma sensação inesperada que é impossível descrever. Este, contudo, é o ponto principal. É necessário sofrer e nós realmente sofremos; somos escaldados quase até a morte e depois colocados em uma cama quente onde suamos abundantemente, e esta é a cura."
>
> Menos drástico, mas também desconfortável, o tratamento incluía beber água sulfurosa, quase fervendo, às seis horas, toda manhã. Os pacientes (e ninguém ia a Vichy se não estivesse enfermo, pois o regime era muito desagradável), então, andavam de um lado para o outro para auxiliar a eliminação da água, conversando o tempo todo sobre o sucesso de seus esforços. O médico que acompanhava Madame de Sévigné por trás da cortina, enquanto passava pela bomba, também ele ajudava a ler durante os dois difíceis dias de transpiração: ela escolheu um curso de Descartes, para a edificação de ambos.

A ESPOSA DO REI E MADAME DE SÉVIGNÉ COMPARAM OS *SPAS*

"Madame de Montespan conversou comigo sobre sua viagem a Bourbon e me pediu para lhe contar sobre Vichy e dar minha opinião sobre o local. Ela disse que tinha ido a Bourbon com esperança de curar uma dor no joelho, mas, em vez disso, voltou com dor de dente... Achei que suas nádegas continuam bastante achatadas... mas, falando seriamente, sua beleza é de tirar o fôlego."

Madame de Sévigné, 1676

Vivendo num mundo que considerava a água uma fonte de doenças, Montaigne, Madame de Sévigné e Celia Fiennes parecem viajar para outro planeta quando vão para La Villa, Vichy e Bath. Nenhum deles expressa qualquer tipo de objeção a mergulhar na água quente,

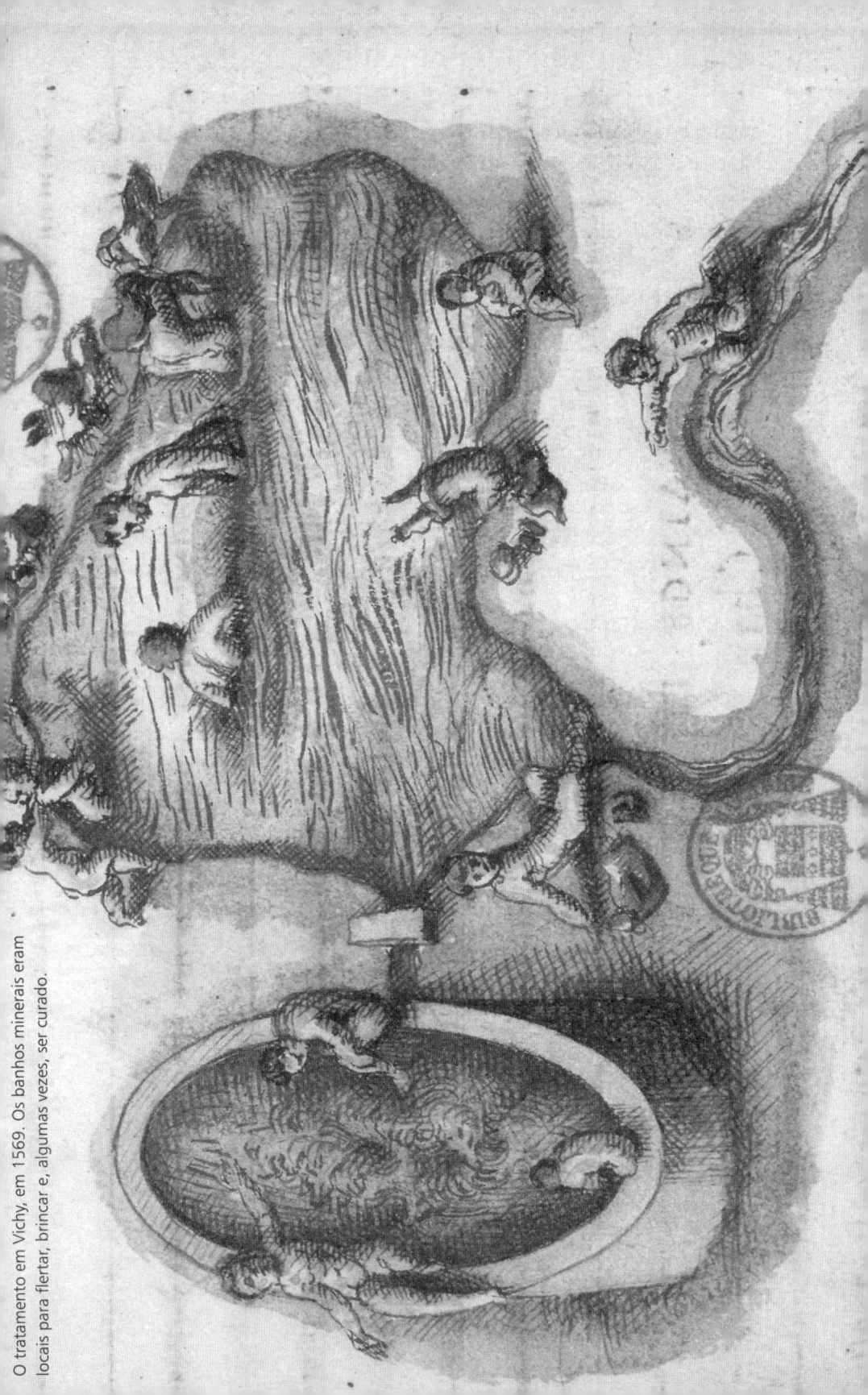

O tratamento em Vichy, em 1569. Os banhos minerais eram locais para flertar, brincar e, algumas vezes, ser curado.

mesmo esta estando maculada com sujeira e sangue de pessoas doentes. No caso de Montaigne e Madame de Sévigné, a esperança de alívio físico e a aprovação da autoridade médica (embora Montaigne a desprezasse em todos os detalhes) eram decisivas. Os freqüentadores de *spas* ingleses, como Fiennes, parecem estar um passo adiante, porque aparentam ir para as casas de banho por puro prazer.

Montaigne, Madame de Sévigné e Celia Fiennes, no entanto, não se banhavam para limpar-se. Parece que, mesmo quando a água se tornou menos amedrontadora, os europeus continuaram a negar a ligação entre água e higiene – exceto no caso da limpeza das mãos e, mais raramente, do rosto. Mas, os *spas*, que tanto prezavam a aprovação médica quando a sociabilidade dos banhos, assumiram o papel de legitimar a água. Sua clientela sofisticada e proeminente freqüentava as águas como algo que proporcionava saúde, não como uma ameaça. Este subterfúgio, em conjunto com o fim dos surtos de peste e a evolução intelectual, que antes exaltava apenas a natureza e a vida simples, inauguram uma nova era na história da limpeza.

> **TANTOS CORPOS LINDOS JUNTOS**
>
> Apesar da presença de "senhoras muito lindas" em Bath, Samuel Pepys se preocupava: "parece-me que não pode ser limpo juntar tantos corpos na mesma água".
>
> Diário, 13 de junho de 1668

CINCO

A VOLTA DA ÁGUA
1750-1815

O dia amanhecia, corria o século XVIII, uma visitante desconhecida entrou no banho turco para mulheres de Sophia: Lady Mary Wortley Montagu, jovem esposa do embaixador inglês em Constantinopla. No traje de montaria rigorosamente feito sob medida com o qual viajava, ela deve ter parecido exótica para as aproximadamente 200 mulheres turcas que se banhavam no estabelecimento, já que todas elas estavam, como descreve Lady Mary: "no estado natural", ou seja, completamente nuas. As mulheres pressionaram a visitante a tirar e roupa e banhar-se, e ela não teve como recusar. Em dado momento, uma delas levantou o vestido da inglesa e expôs o espartilho com barbatanas de osso. A mulher turca "recuou rapidamente, bastante amedrontada", descreve Lady Mary. "Depois comentou com as companheiras que os maridos, na Inglaterra, eram certamente muito piores do que no Oriente, porque amarravam as esposas em caixas pequenas, no formato do corpo dela".

Todas concordaram que "isto era uma barbaridade, e tiveram pena das pobres inglesas, tratadas como escravas na Europa".

> "As mulheres inglesas negligenciam as partes ocultas do corpo mais que as de muitas regiões da Itália."
> John Shebbeare, médico inglês, 1755

Lady Mary apreciou ironicamente a simpatia equivocada das turcas, e encantou-se sinceramente com a hospitalidade e graciosidade delas, assim como com sua beleza. Em suas cartas, descreve tão ricamente o fausto da casa de banhos, com seus bancos de mármore, almofadas e tapetes deslumbrantes que, inspirado nessas missivas, o pintor francês Ingres retratou várias cenas, inclusive o quadro *Le bain turc* (o banho turco), de 1863. A própria Lady Mary admirou os banhos com olhos de artista, tendo cogitado da possibilidade de um pintor de retratos famoso de Londres, Charles Jervas, entrar às escondidas:

> Imagino que sua arte teria sido muitíssimo aprimorada se ele pudesse ver as lindas mulheres nuas em diferentes posições, algumas conversando ou trabalhando, outras bebendo café ou suco de fruta, muitas negligentemente deitadas em almofadas, enquanto as escravas (geralmente lindas garotas de 17 ou 18 anos) escovam os cabelos delas de várias maneiras graciosas. Em resumo, a casa é um tipo de café para essas mulheres; nele, todas as notícias da cidade são comentadas, os escândalos inventariados etc. Elas usufruem dessa diversão uma vez por semana, por no mínimo 4 ou 5 horas.

Apesar de liberal e encantadora, Lady Mary não era turca, mas inglesa. Ainda que atribuísse a pele branca e suave das turcas à limpeza, ela própria, pelo menos na meia idade, era notoriamente suja. Diz a história terem comentado com ela, em uma ópera: "Querida, como suas mãos estão sujas!" E que ela teria retrucado, de forma indiferente: "O que não diriam se vissem meus pés!" Em 1740, Horace Walpole reclamou que a touca dela, imunda, não cobria inteiramente os cabelos sebosos da *lady*; e vinte anos mais tarde, o mesmo Walpole observaria objetivamente que Lady Mary estava mais encardida que nunca.

A sujeira de Lady Mary era comentada sem dúvida porque ela era aristocrata pois, de modo geral, madame estava dentro do padrão da maioria das mulheres inglesas da época. As *ladies* usavam então espartilhos de couro ou osso, algumas vezes por décadas, sem nunca lavá-los. Suas anáguas acolchoadas, também nunca lavadas, eram usadas até reduzirem-se a farrapos imundos e sebosos. Thomas Turner, comerciante de secos e molhados de Sussex, sustentava, na metade do século, a opinião de que um homem devia banhar-se regularmente a cada primavera – desde que junto com a sangria anual. E seu ponto de vista não era incomum. Estar mais alto na escala social, como a reputação de Lady Mary deixa claro, não era garantia de estar mais limpo. James Boswell, membro erudito da pequena nobreza fundiária escocesa e biógrafo de Samuel Johnson, lavava-se tão raramente que seu odor era infame. Os criados do Duque de Norfolk procuravam banhá-lo quando ele desmaiava de tanto beber. Quando sóbrio, ele nunca lavava mais do que as mãos e o rosto.

Ricos e pobres, homens e mulheres viviam próximos da sujeira, dos excrementos e do mau cheiro dos outros. A tradicional saída das senhoras da sala, após o jantar, nas requintadas casas inglesas, permitia que os cavalheiros abrissem o aparador *Chippendale**, ou um painel deslizante na parede, retirassem o urinol e se aliviassem sem interromper a conversa. Lorde Chesterfield conhecia um homem que arrancava algumas páginas de seu exemplar de Horácio antes de ir ao banheiro, e os lia enquanto defecava. Ao terminar, se limpava com os poemas. O fato de se limpar não significa absolutamente que ele fosse mais meticuloso do que os contemporâneos neste quesito.

Contudo, a mudança estava no ar e veio da camada mais alta da sociedade. Costumes ancestrais alteravam-se – pelo menos para alguns aristocratas, a pequena nobreza e membros da classe média esclarecida – e a velha aversão à água dos séculos anteriores diminuía. As causas, tão amplas quanto o Romantismo e tão prosaicas quanto a popularidade das vestimentas de algodão, são várias, e o gosto inglês pelo banho frio é um assunto tão bom para começarmos quanto qualquer outro.

> **RETIRANDO A ROUPA DE BAIXO**
>
> "[O Marquês d'Argens] vinha usando um colete de flanela por baixo da roupa há quatro anos e não ousava tirá-lo por medo de resfriar-se. O rei [da Prússia] trocou um medo por outro, alertando-o de que, se ele persistisse usando o colete, sua transpiração seria inteiramente interrompida e ele inevitavelmente morreria. Então o marquês aceitou tirá-lo. Mas o tecido estava tão grudado que pedaços de sua pele sairam junto."
>
> James Boswell, 1764

---

* Estilo de mobiliário rococó que floresceu na Inglaterra no século XVIII. (N. dos T.)

Uma das primeiras recomendações importantes sobre esta prática "desanimadora" aparece após o período clássico na obra de John Locke, escrita em 1693, *Some thoughts concerning education* (Alguns pensamentos sobre educação), que dá conselhos sobre a formação de meninos. Nela, Locke recomenda lavar os pés dos garotos todos os dias, com água fria, e calçá-los com sapatos tão finos que deixem a água entrar e sair. "É recomendado para a limpeza", escreve Locke sobre sua idéia, "mas o meu objetivo é a saúde". Ele afirmava que mergulhar as pernas e pés dos mais jovens em água fria fortalecia e proporcionava a eles mais energia. Embora Locke fosse médico e também filósofo, sua teoria tinha mais a ver com o que acreditava do que com conhecimento fisiológico. A educação clássica do escritor o familiarizara com a ancestral associação entre água quente e efeminação e água fria e virilidade, e ele estava enfaticamente do lado dos que apregoavam as virtudes da água fria, como Horácio e Seneca.

Em 1701, outro médico, Sir John Floyer, publicou *The history of cold bathing* (A história do banho frio), fazendo declarações muito mais extravagantes sobre a imersão em água fria. O enredo constitui-se, em sua maior parte, de histórias gregas, romanas e de povos do norte, que banhando-se em água fria elaboraram um catálogo de curas extraordinárias. As crenças de Floyer não inspiram mais confiança do que as de Locke. Floyer atribui ao "terror e à surpresa" da imersão em água fria a restauração da saúde de aleijados, tuberculosos e paralíticos. E explica como o simples ato de banhar-se em imersão "excita o espírito sonolento e faz contrair todos os tubos e veias membranosas, através das quais todas as sensações ficam mais vivas e todas as ações do corpo mais fortes, e o espírito insípido é poderosamente provocado".

Além de provocar o espírito insípido, havia algo patriótico no banhar-se em água fria. "Uma forma de governo fria combina com países gelados", escreve Floyer, conectando a prática à "longevidade e energia da cultura dos povos do norte". Os britânicos que se afastavam de produtos importados

---

BANHO AO ESTILO RUSSO

Catarina, a Grande (1729-1796), proibiu o banho misto; portanto, nenhum homem tinha permissão para entrar no banho com as mulheres, "exceto pintores ou médicos necessários, que iam até lá para realizar estudos. Freqüentemente, amadores assumiam um ou outro desses títulos para conseguir entrar."

do sul como vinho, café, chá, temperos e tabaco e mergulhavam em água fria viviam como a natureza desejava.

BANHO FRIO

> Na segunda parte do livro *Banho frio*, o médico dr. Edward Baynard, colega de Floyer, garante que um banho frio no perdedor fará com que ele vença se a corrida for realizada novamente. Embora banho frio seja recomendação tradicional para desejo ardente, Baynard, compelido pela franqueza, admite que ele tem efeito contrário. Um banhista cujas paixões foram dominadas versejou:
>
> "O banho frio oferece este bem exclusivamente,
> Faz com que o velho John abrace sua querida Joan calorosamente,
> Proporciona um tipo de ressurreição
> De alegrias enterradas pela perdida ereção
> E tudo se renova e volta a gentileza
> De uma esposa que estava desgostosa,
> Desinteressada e o tratava com frieza".

A obra *História do banho frio* foi escrita para leitores que reconheciam as alusões e admiravam citações excêntricas em latim. John Wesley, fundador do Metodismo, ao contrário, usou linguagem popular na obra *Primitive physick: or, an easy and natural method of curing most diseases* (Medicina primitiva: ou, um método fácil e natural de curar a maioria das doenças). Depois de sua publicação, em 1747, o manual vendeu 21 edições em quatro décadas. Estava sempre à venda nas capelas metodistas. Para Wesley, assim como para outros defensores do simples e do natural, o "primitivo" era bom. Os remédios caseiros que postulava variavam de uma pasta de mel e cebola, para curar calvície, até a introdução de pequenos pedaços de pão embebido em vinho nas narinas, para moderar apetite voraz. O banho frio era a prescrição mais importante: a relação de doenças e mazelas curadas por ele, da cegueira à lepra, enchia uma página.

> "A senhora Watts, tomando banho frio 22 vezes por mês, curou-se inteiramente de cólicas histéricas, desmaios e movimentos convulsivos, transpiração contínua e vômitos, dores flutuantes nos membros e na cabeça, com total perda de apetite."
>
> John Wesley, *Medicina primitiva*

Em um sermão que fez em 1791, Wesley adaptou um provérbio hebreu para o inglês e cunhou uma frase que se tornou modelar para mães e professores de escola: "A limpeza está próxima da pureza". Embora hoje a frase seja utilizada como exortação a crianças que precisam tomar banho ou limpar as unhas, a limpeza mencionada por Wesley era a da vestimenta. De modo semelhante, *Medicina primitiva* raramente se preocupava com a higiene pessoal. A casa, as roupas e a mobília deviam ser "tão limpas e agradáveis quanto fosse possível", mas, para os corpos, ele recomendava como freqüentes apenas o barbear-se e a lavagem dos pés. Bebês deviam ser mergulhados em água fria todas as manhãs até os oito ou nove meses, para evitar "raquitismo, delicadeza e fraqueza", mas depois deste período somente mãos e pés deviam ser imergidos.

Os banhos frios que Wesley recomendava eram em água comum, assim como os recomendados por Floyer, porém, ele também defendia banhos de mar, especialmente para os paralíticos. No início do século XVIII, este conselho soava bizarro, já que as pessoas tinham medo do mar e só entravam nele como último e desesperado recurso, depois de serem mordidas por um cachorro louco. Mergulhava-se e nadava-se em rios e lagos, mas não no mar. Por centenas de anos, o mar foi aterrorizante, imenso e imprevisível, além de, supostamente, lar de monstros horríveis. Com o progresso do século XVIII, uma atitude diferente começou a preponderar. Uma nova forma de sensibilidade proclamada com especial eloqüência na obra de Edmund Burke, de 1756, *Origin of our ideas of the sublime and beautiful* (Origem de nossas idéias sobre o sublime e belo), glorifica o que era obscuro e alarmante. Durante a Renascença, porque o mar as assustava, as pessoas o achavam feio. Agora, pela mesma razão, começavam a achá-lo sublime.

Cuidadosamente, as pessoas começaram a visitar vilas, no litoral, a conhecer barcos e acessórios, a observar os pescadores trabalhando com água pela cintura antes de encarar o mar. As casas desses pescadores ficavam de costas para o mar, os ricos começaram a construir residências de frente para ele. As paisagens marítimas – as marinhas

---

Uma crença romântica sobre o mar era que as jovens senhoras que o viam pela primeira vez deviam sucumbir. Quando Charlotte Brontë viajou para Bridlington, onde viu o mar pela primeira vez, "ela só conseguiu falar depois de derramar algumas lágrimas".

eram anteriormente um tema bastante menosprezado – começam a parecer fascinantes e tornam-se tema de inúmeros quadros.

CHOREM MUITO POR MIM

> Até mesmo a insanidade real (o que, de fato, foi porfiria) podia ser aplacada com banhos de água salgada. Em 1789, depois de seu primeiro surto de loucura, o Rei George III, esposa e filhas viajaram para Weymouth. A vila inteira foi decorada com placas "Deus salve o Rei". Algumas mulheres que trabalhavam nos banhos (responsáveis por guiar, despir e vestir os banhistas) usavam a frase estampada numa faixa presa à cintura, outras a levavam na touca. Havia uma banda e quando a cabeça real submergiu todos gritaram: "Deus salve o grande Rei George, nosso rei". Sempre que sua saúde o permitia, o rei voltava anualmente a Weymouth.

Em 1750, o dr. Richard Russell publicou um volume em latim intitulado *Dissertation on the use of seawater in diseases of the glands* (Dissertação sobre o uso da água do mar em doenças das glândulas). Neste trabalho, ele descreve centenas de problemas glandulares, em detalhes vívidos, quase todos curados, total ou parcialmente, com o uso de água do mar. Inesperadamente, este compêndio de milagres tornou-se um *best-seller:* uma versão inglesa pirateada vendeu cinco edições em dez anos. O historiador Jules Michelet celebra Russell como "inventor do mar" – epíteto um tanto exagerado mas em alguns aspectos verdadeiro. Russell provou, para a satisfação do século XVIII, que o mar não era somente sublime, mas também saudável. Construiu uma casa magnífica de frente para o Canal da Mancha, em Brighton, que até então era um local deserto e que floresceu, sob sua influência, para um dos maiores balneários da Inglaterra. Seus pacientes recebiam instruções para banhar-se no mar, de preferência às cinco horas da manhã, no inverno, e também para beber a água. Alguns eram massageados com algas marinhas e enxaguados com água do mar aquecida.

> **UM LAXANTE SALGADO**
>
> "Um quarto de água do mar é geralmente suficiente para causar três ou quatro evacuações intensas em adultos."
>
> Richard Russell, *Dissertação sobre o uso da água do mar*

Em seu romance *Sanditon,* que se passa no litoral e que Jane Austen deixou inacabado, ela ridiculariza bastante as contraditórias afirmações sobre os poderes da água salgada e do ar marítimo. Juntos, relata ela, são "quase infalíveis, um ou outro encarregando-se de todos os desarranjos do estômago, dos pulmões e do sangue; são também antiespasmódicos, antirreumáticos e antissépticos, pulmonares e biliosos; eles são benéficos, suavizantes, relaxantes, fortificantes e revigorantes, aparentemente conforme se deseja, às vezes um, às vezes outro". A maior parte destas propriedades terapêuticas era comum à água fria.

Mas, embora suas promessas fossem dúbias, Floyer, Wesley, Russell e outros defensores da água fria foram pessoas que influenciaram no retorno da água ao cotidiano humano. A popularidade dos *spas* de água mineral no século XVII começava a ser reabilitada, em grande medida pelas classes superiores e pela aristocracia. Agora, no século XVIII, esta volta à popularidade acelerava-se com os médicos garantindo a pessoas de todas as classes que a água mais próxima, comum, de poço, rio ou mar, era saudável – o oposto do que vinha sendo dito nos últimos 400 anos. Entrar na água para melhorar a saúde foi a brecha pela qual a cunha da limpeza instituiu o banho.

No romance satírico de Tobias Smollett *The expedition of Humphry Clinker* (A expedição de Humphry Clinker), uma família viaja por *spas* e locais de banho da Inglaterra. Embora os *spas* de água quente estivessem começando a aparecer quando Smollett escreveu, em 1771, o chefe da família fictícia, Matthew Bramble, fica revoltado com as repugnantes condições de higiene de tais locais. Em um deles, descreve pacientes nos últimos estágios da tuberculose caminhando como fantasmas pelo poço quente.

> "Eles podem dizer o que for, mas é dez vezes melhor voltar de Bath do que ir para lá."
>
> Horace Walpole, em carta ao naturalista George Montagu

Quando Bramble entra na água em Bath e encontra uma criança coberta de úlceras, ele se queixa: "Vamos supor que a substância destas úlceras, flutuando na água, entre em contato com a minha pele quando os poros estão todos abertos; eu me pergunto quais seriam as conseqüências..."

Felizmente, para Bramble, havia uma alternativa mais saudável em Scarborough, onde, sob ordens médicas, os ingleses mergulhavam no Mar do Norte. Até mesmo em julho, quando Bramble não consegue parar de "soluçar e gemer" por causa do frio, mas esta é uma provação que ele prefere à de ter que mergulhar na água plena de doenças dos *spas* minerais. Smollett descreve senhoras e cavalheiros entrando nas máquinas de banho de Scarborough – coches aquáticos onde os homens se despiam e as senhoras usavam vestes de banho de flanela. Depois do banho embarcado, os banhistas são levados pela máquina de volta à praia e desembarcam vestidos. Sobre este "banho nobre", o sobrinho de Bramble escreve: "Vocês não podem imaginar o enorme bem-estar que proporciona, como revigora cada tendão da estrutura humana".

O excêntrico e hipocondríaco Matthew Bramble parece-se com seu criador de várias maneiras. Como médico, paciente e escritor, Smollett foi devotado à água fria e limpa durante toda a vida. Nascido em Dumbartonshire, a oeste da Escócia, cresceu nadando no rio Leven. Depois de trabalhar como aprendiz em cirurgias, mudou-se para Londres e começou uma vida literária que incluiu ficção, história e jornalismo. Em 1752, em *An essay on the external use of water* (Ensaio sobre o uso externo da água), ele critica as condições insalubres de Bath. Sua descrição da água imunda é suficientemente repugnante, e essa condição era freqüente. O que mais desapontou os entusiastas de Bath, no romance de Smollett, foi ver publicada a afirmação de um médico de que os minerais presentes nas água do *spa* faziam pouco mais que bloquear os poros e produzir uma camada extra na pele. Essa subversão de uma convicção de séculos denota uma importante alteração no conhecimento considerado científico, de que tampar os poros preservava o equilíbrio crítico dos fluídos corporais e evitava a entrada de doenças. Agora, com uma nova doutrina dos fluídos corporais ganhando força e uma nova visão da transpiração, os contemporâneos de Smollett passam a acreditar, cada vez mais, que os poros devem permanecer abertos. Basicamente, é essa "nova" idéia que leva a adoção do banho regular adiante.

Smollett insistia que a água comum, "o elemento em si", sem minerais, melhorava inúmeros desarranjos. Com seus 45 anos, abatido e doente, sofrendo de asma e do que parece ter sido um começo da tuberculose, ele teve muitas oportunidades para testar sua crença. Passou dois anos, de 1764 a 1766, morando no Continente. Embora tivesse pesquisado reminiscências dos banhos romanos – relatando com repulsa que as mulheres lavavam roupas imundas nos banhos em Nimes – ele considerava a água quente um elemento suspeito e comodista. As pessoas que viviam em países quentes, ele admitia, precisavam de banhos de limpeza, "especialmente antes da descoberta das propriedades do linho". Entretanto, melhor teria sido, para os romanos, que mergulhassem no Tibre em vez de na água quente, "uma luxúria copiada dos efeminados asiáticos e que debilita as fibras já muito relaxadas devido ao clima quente".

> "É para o bem de sua saúde ou é por sua própria escolha que o senhor toma banhos? O senhor nasceu sob o signo de Peixes?"
>
> Julie de Lespinasse, escritora, 1769, ao Marquês de Condorcet, quando este lhe revelou que ele mesmo se banhava ocasionalmente

Smollett tinha um caráter inflexível. Em Bolonha, no norte da França, ele nadou no mar diariamente por 50 dias. Isto lhe provocou "uma friagem na cabeça", mas a febre e as dores súbitas no peito das quais ele sofria desapareceram e sua resistência e ânimo aumentaram. Em Nice, onde ele ficou por dez meses, Smollett nadava regularmente no Mediterrâneo. Começou no início de maio. Os moradores locais observavam estarrecidos o inglês alto e magro. "Eles achavam muito estranho que um homem aparentemente tísico mergulhasse no mar, especialmente quando o tempo estava frio; além disso, alguns médicos prognosticavam que morte imediata decorria do ato." Embora ele tenha continuado a perder peso, Smollett tinha certeza que seu esquema de banhos justificava os riscos. "Estou respirando mais livremente do que alguns anos atrás," ele escreveu de Nice, "e meu espírito está muito mais alerta."

Observando Smollett banhar-se, alguns oficiais suíços instalados em Nice resolveram seguir seu exemplo e, logo em seguida, alguns outros habitantes fizeram o mesmo. A narrativa de 1766 de Smollett, *Travels through France and Italy* (Viagens pela França e Itália), na qual ele descreve brilhantemente o clima em Nice e os banhos de mar, popularizou bastante a cidade entre os ingleses. O *Hôtel d'Angleterre* tornou-se centro de ingleses no exílio. Tanto que, em 1786, um visitante de Nice fez a seguinte queixa: "A vizinhança toda tem ares de balneário inglês". Os franceses consideravam este banho de mar mal orientado uma excentricidade inglesa, somente por volta de 1830, aproximadamente 60 anos depois da "invasão inglesa", eles começam a se aventurar na água salgada.

Embora Smollett elogiasse a água fria por suas qualidades curativas, ele também se interessava pela limpeza. Considerava os padrões de higiene italianos e franceses ridiculamente inadequados. E ressaltava, assim como fizeram vários outros viajantes, que os apartamentos em Versalhes eram "escuros, mal mobiliados, sujos e feios", e que os franceses "nem mesmo têm equipamentos de limpeza". Alguns franceses iluminados, Smollett admitia, estavam começando a imitar os ingleses – mas somente naqueles pontos onde a superioridade inglesa era inegável. Sua lista de "superioridades" era interessante, incluindo o serviço postal a um centavo a carta e uma nova informalidade nas vestimentas. Além disso, havia boatos, em Paris, sobre casas com suprimento de água encanada, proveniente do Sena, assim como as cidades inglesas estavam cada vez mais fazendo com seus rios. "Eles até mesmo adotaram a nossa prática de banhos frios", Smollett escreveu, "que é tomado de modo muito conveniente, em casas de madeira, construídas nas margens dos rios". Essas novas casas de banho cobravam valores baixos pela entrada e tinham cômodos separados e confortáveis para homens e mulheres.

(Uma outra inovação inglesa foi a privada dentro de casa, uma vez que ela normalmente ficava fora. Tal acomodação surgiu aproximadamente em 1770 e ficou conhecida na França como *lieu à l'anglaise* ou "o assento inglês". As tentativas francesas de copiar as privadas inglesas nem sempre foram bem-sucedidas, considerando o relato do que Smollett presenciou em Nimes. A dona da hospedaria tinha instalado a privada para conveniência dos viajantes ingleses, mas os franceses, "em vez de usar o assento, faziam suas necessidades no chão", e elas tinham que ser recolhidas três ou quatro vezes ao dia. Tal atitude evidenciava um "nível de bestialidade", escreveu Smollett, pior até mesmo do que o observado em Edinburgh, uma cidade conhecida por sua imundície.)

> **UMA VISÃO SUÍÇA DE LONDRES**
> "Uma das conveniências de Londres é que todos podem ter água em abundância. (...) Em todas as ruas existe um reservatório de madeira de carvalho, e uma rede de canos de chumbo conectada a ele leva água para todas as casas. Cada indivíduo pode ter uma ou duas fontes em sua casa."
> César de Saussure, 1726

Apesar do maravilhoso clima de Nice, dois anos no estrangeiro foram suficientes para Smollett. "Estou ligado ao meu país", ele escreveu quando se preparava para retornar à Inglaterra, "porque ele é a terra da liberdade, limpeza e conveniência." Deixando de lado a lealdade de Smollett, a Inglaterra realmente parecia ser assim para muitos europeus. Suas liberdades constitucionais e a presença de uma numerosa classe média a colocava como extraordinariamente iluminada. A limpeza e a conveniência pareciam andar lado a lado com a liberdade, pois os cidadãos ingleses exigiam água corrente, privadas internas, roupas de algodão laváveis e um nível de conforto cotidiano pouco usual no Continente. Na segunda metade do século XVIII, o modo de ser inglês – a auto-confiança e as vestimentas feitas sob medida, o jeito relativamente despreocupado dos ingleses, especialmente das mulheres, e seus jardins campestres informais – estavam *à la mode* no Continente, especialmente na França. E o fato do banhar-se em água fria ser um costume inglês sem dúvida ajudou a divulgar a prática do outro lado do Canal.

A palavra inglesa *loo* para privada pode ter vindo de: 1) *lieu à l'anglaise*, o termo francês para privada; ou, 2) *gardez l'eau* (cuidado com a água!), termo usado para alertar os pedestres que urinóis estavam sendo esvaziados das janelas acima para a rua.

~

Embora a Versalhes de Luís XIV incluísse um impressionante *appartement des bains* com uma imponente banheira de mármore, o Rei Sol, como já vimos, não gostava de banhar-se. Mas, seu herdeiro, Luís XV (1715-74), gostava: em seus cômodos particulares havia uma sala de banhos com duas banheiras, uma para se ensaboar e outra para se enxaguar. Em sua época, o cômodo de banho tinha mudado de nome e de natureza: diferente do *appartement des bains*, a nova *cabinet des bains* era íntima, revestida com madeira lavrada de cor clara e equipada com uma banheira móvel, de cobre, que se podia deslocar tanto para perto da janela como da lareira, conforme desejasse o banhista. Em 1751, quando a esposa de Luís XV, Madame de Pompadour, projetou uma casa para ela própria chamada Bellevue, incluiu um toucador e um cômodo íntimo próximo ao quarto dela, com uma privada e um bidê. Uma ala que fazia fronteira com o pátio tinha um apartamento de banhos suntuoso para o rei e Pompadour, decorado com quadros nudistas de François Boucher, *Toilet of Venus* (a toalete de Vênus) e *Bath of Venus* (o banho de Vênus).

Para os ingleses, a água fria e a limpeza estavam associadas ao vigor e virilidade características dos povos do norte. Os franceses nutriam um interesse mais hesitante pelas mesmas coisas, às quais adicionavam a atração romântica pelo natural. Sua orientação era Jean-Jacques Rousseau. Rosseau contrapôs a simplicidade ao estratagema, a liberdade ao constrangimento, o campo à cidade. E tornou-se particularmente influente depois de publicar, em 1762, sua obra sobre educação, *Emile*. Embora vozes progressistas já viessem alertando por décadas que não se mantivessem os bebês enfaixados e afastados das mães para serem amamentados por estranhas, foi *Emile* que fez chegar essa informação a uma parte significativa da classe média educada e da aristocracia. Até mesmo Maria Antonieta tornou-se discípula de Rousseau, que a inspirou no desejo de amamentar o primeiro filho.

O pouco que sabemos sobre os hábitos de limpeza pessoais de Rousseau sugere que ele foi uma criança de seu tempo, ainda usando, pelo menos parcialmente, linho novo em vez de água. Quando jovem, deixou de se enfeitar com luvas brancas e de usar a espada, vendeu seu relógio e decidiu viver uma vida simples, porém, seu guarda-roupa de camisas finas de linho durou mais do que essa transformação. Ele as tinha comprado em Veneza e gostava muito delas. Como ele mesmo dizia, o que tinha começado como artigo de limpeza tornara-se de luxo. E ele nunca pôde renunciá-las: na noite de Natal de 1751 alguém o livrou de sua "dependência", como ele a chamava, roubando-as. Como ele havia mandado lavar todas elas, não menos de 45 camisas estavam dependuradas para secar no sotão quando o ladrão entrou. "Esta aventura me curou da paixão pelo linho puro," escreveu Rousseau, "e, desde então, uso somente roupas de material comum, mais adequadas ao restante de meus trajes."

> **UM COSTUME ESQUISITO**
>
> O biógrafo William Hickey escreve sobre um velho chinês que conheceu em Canton, China, em 1769: "Todas as manhãs, entre seis e sete horas, regularmente, [ele] tomava um banho frio, no qual permanecia quase uma hora, e se enrolava em um roupão bem largo, depois deitava-se em um tipo de sofá, onde outros homens o lavavam com xampu. Este é um costume comum na China, assim como na Índia... Muitos europeus gostam demais do hábito."

Outros hábitos de higiene de Rousseau não eram requintados. Quando encontrava dificuldades para sair e urinar, necessidade que parece ser, para ele, sempre freqüente e urgente, escrevia a amigos reclamando. Em público, tinha de esperar que alguma senhora educada parasse de falar para desculpar-se. Mais de uma vez, tinha se dirigido a uma escada para se aliviar, como era costume tanto na França quanto na Itália, naquela época, e encontrado mais senhoras. Dos quintais, reclamou que sempre estavam cheios de empregadas e criados irritantes. "Não encontro uma única parede ou cantinho adequado ao meu propósito!", ele reclamava. "Logo teremos que urinar na frente de todos e sobre alguma perna nobre de meias brancas."

> "Cada um tem suas próprias regras para o banho: alguns tomam banho a cada oito dias, outros, a cada dez, outros, uma vez por mês, e muitos banham-se uma vez por ano, por oito ou dez dias seguidos, quando o tempo está adequado."
>
> M. Dejean, *Traité des odeurs* (tratado sobre odores), 1777

Embora Rousseau tenha escrito muito pouco sobre limpeza, especificamente, ele elogiava o asseio entusiasticamente quando o encontrava, e lastimava sua ausência. Por várias vezes em *The confessions* (As confissões), ele elogia a "limpeza encantadora" de uma casa ou pessoa. Desconcertava os contemporâneos por preferir jovens senhoras em vez das moças de família pobre. Admitiu que a limpeza pessoal e a delicadeza delas exerciam sobre ele uma atração poderosa. Rousseau, que cresceu em Genebra, nunca superou a primeira impressão que teve "das pequenas ruas imundas e fedorentas" de Paris, nem o "ar de sujeira" que achava se desprender da cidade. Para ele, estar limpo era usufruir a pureza da naturalidade que associava à vida no campo. (Aqueles que conheçam mais detalhadamente o cotidiano de uma fazenda do século XVIII podem duvidar dessa imagem do escritor.)

Sua discussão mais longa sobre limpeza aparece nas primeiras páginas de *Emile*. Elogiando Tétis, que mergulha o filho nas águas do Estige para torná-lo invulnerável, Rousseau recomenda a prática – simbólica e literalmente – aos pais modernos. Sigam a natureza, diz ele, isso fortalece crianças com todo tipo de problemas. Em vez de banhar o recém-nascido em água quente com vinho, como era a prática francesa, os pais deviam deixar a criança desenvolver sua resistência natural gradualmente.

Lavem os filhos freqüentemente, a sujeira deles mostra a necessidade em se fazer isto. Se forem limpos somente com panos, a pele deles ficará machucada; mas, conforme eles crescem e ficam mais fortes, reduza gradualmente o calor da água, até que finalmente possa banhá-los, tanto no inverno quanto no verão, com água fria e até mesmo gelada. Para evitar riscos, esta mudança deve ser vagarosa, gradual e imperceptível; portanto, você pode usar o termômetro para obter a temperatura exata.

Este hábito de banho, uma vez estabelecido, nunca mais deve ser interrompido; ou seja, deve ser mantido pelo resto da vida. Eu o acho valioso não somente em termos de limpeza e saúde, mas também como meio de tonificar e deixar os músculos flexíveis e acostumados a suportar calor e frio extremos, sem risco ou esforço.

Não há necessidade de médicos, Rousseau insiste: "A higiene é somente a parte útil da medicina e é mais uma virtude do que uma ciência".

Quando Emile cresce e escolhe uma amiga, Sophy, a limpeza dela é uma de suas virtudes principais. O que alguns poderiam então considerar impertinência – Sophy não gosta de cozinhar porque "as coisas nunca estão limpas o suficiente para ela", e de cuidar do jardim, porque acha que o esterco tem um cheiro desagradável –, Rousseau vê como indício do refinamento natural da menina. A mãe de Sophy lhe ensinou tudo sobre higiene desde muito pequena:

> De acordo com ela, a limpeza é uma das obrigações essenciais da mulher, uma obrigação especial, da mais alta importância e imposta pela natureza. Nada era mais revoltante do que uma mulher suja, e não se deve culpar o marido que se cansar dela. Ela insistia fortemente nesta obrigação quando Sophy era pequena, exigia absoluta limpeza pessoal, das roupas, de seu quarto e de seu banheiro, e isto tornou-se um hábito, até absorver metade de seu tempo e controlar a outra metade; tanto assim que ela pensa menos em como fazer algo do que em como fazê-lo sem se sujar.

Sophy se parece excepcionalmente com as pessoas modernas moldadas e oprimidas pelos anunciantes e que têm fobia de germes e sujeira, mas Rousseau nega que exista algo que afete ou exagere a atitude dela. "Nada entra no quarto dela, a não ser água limpa; ela não conhece perfumes, somente o aroma das flores; seu marido nunca encontrará algo mais doce do que sua respiração... Sophy é mais do que limpa, ela é pura." Sophy é, em resumo, como a própria natureza – ou pelo menos como a natureza de cheiro suave idealizada e glorificada por Rousseau.

Durante boa parte dos séculos XVII e XVIII, a corte de Versalhes tinha tentado distanciar-se o mais possível da natureza. Eles adotaram uma paródia de frescor, usando mangas largas, ruge, talcos e óleos. Tentaram mascarar o cheiro penetrante do suor com perfumes fortes de almíscar, âmbar-gris e rosa-mosqueta. Brocados, veludos e cetins, que não podiam ser lavados, eram cortados e almofadados para esconder e distorcer a forma natural do corpo.

Mas, na terceira parte do século XVIII, até mesmo aqueles mais próximos do rei estavam avançando gradualmente para algo diferente. Em 1775, Jean-Baptiste Gautier d'Agoty pintou Maria Antonieta. O cabelo cheio de talco da rainha foi penteado até uma altura vertiginosa e costurado com pérolas, fitas, diamantes e penas; a forma real de seus braços, cintura e quadris é impossível de se perceber sob a armação do vestido. Somente oito anos mais tarde ela sentou-se para outro retrato. Desta vez feito por Louise Vigée Le Brun, o quadro surpreende por sua informalidade: o cabelo está solto e com pouco talco, a rainha veste um vestido simples de musselina branca e um chapéu de palha *à l'anglaise*. Esse traje agradou o pequeno povoado em Le Petit Trianon, um conjunto de construções rústicas com um rebanho de vacas suíças onde Maria Antonieta fingia viver uma vida simples. Um de seus últimos melhoramentos para a vila foi um moinho que ela instalou em 1789. Dizem que estava ao lado dele quando o mensageiro chegou para comunicar à rainha que a anarquia estava se aproximando de Versalhes.

O retrato *Maria Antonieta usando um vestido na corte*, 1775. A corte em Versalhes escondia o corpo real por trás do ruge, das mangas largas e de uma carapaça de brocado e túnicas de cetim.

A simpatia da rainha pelos ideais de Rousseau não a salvou, mas o espírito dele mostrou persistir de modo magnífico. Ele morreu em 1778, antes da Revolução

Francesa, portanto. Com a queda da monarquia, no entanto, suas crenças tornaram-se até mesmo mais atraentes. Agora, o artifício do *ancien régime* era pior que obsoleto: estava associado a uma tirania desatenta e arrogante. Houve um breve período, especialmente intenso durante o Terror, quando ser sujo pareceu revolucionário e, ainda, virtuoso. Helen Maria Williams, uma inglesa que vivia na França, escreveu em 1793 que o antigo termo *muscadin*, que significava "almofadinha perfumada", voltara a ser usado para designar "homens que tivessem a audácia de aparecer com a camisa limpa", porém, isto não durou muito. No novo mundo que surgia, cabelos e rostos limpos pareciam mais progressistas e naturais do que o antigo e esplendoroso encardido.

Sugerindo a primavera, até mesmo os perfumes se tornaram mais leves e florais, distanciando-se das essências oriundas de animais, populares no século XVII. A moda desse século optou pelo uso do algodão – tecidos de algodão estampados, calicós indianos e musselinas –, e as silhuetas mais simples tornaram a lavagem da roupa mais fácil e os corpos sujos mais perceptíveis. Mais tarde, quando o vestido justo de mangas curtas usado no Império entrou na moda, no início do século XIX, muito mais passou a ser revelado. Deste período testemunhou a Duquesa d'Abrantes: "Uma mulher elegante não fica dois dias sem banhar-se".

Como dizem os franceses: *L'appétit vient em mangeant*, ou o apetite surge quando se começa a comer. Um certo cuidado com a limpeza que está na moda desperta o desejo por mais limpeza. Nas cartas e diários da segunda metade do século XVIII, os escritores comentam sobre a limpeza das pessoas ou sobre a falta dela, especialmente sobre o cheiro ruim que acompanhava a higiene inadequada. Foi como se os narizes, insensibilizados por um fedor de séculos, durante os quais ninguém tomava banho, se tivessem sensibilizado com o número relativamente pequeno de pessoas com cheiro de limpeza. Em sua biografia, a Margravina de Bayreuth reclama que Elisabeth von Braunschweig-Bevern, esposa de Frederick II e sua cunhada, "tinha um cheiro terrivelmente forte". O Sacro Imperador Romano Joseph II escreveu sobre o futuro cunhado, Rei Ferdinand IV, de Nápoles, que, embora ele fosse feio, não era de todo repulsivo: "Ele é limpo, exceto pelas mãos; e, pelo menos, não cheira mal".

Assassinato no banho *à la française*. Em 1793, o líder revolucionário Jean Paul Marat estava em seu *sabot*, ou banheira, para acalmar uma persistente irritação de pele, quando Charlotte Corday o apunhalou até a morte.

Quando a Princesa Josephine de Savóia estava para se casar com o Duque de Provença, irmão de Luís XVI, o embaixador da França insistiu que ela cuidasse melhor dos cabelos e dos dentes. "É embaraçoso para mim discutir tal assunto", ele escreveu para o pai da princesa, "mas esses meros detalhes, para nós, são assuntos vitais neste país". Semelhantemente, quando uma princesa alemã, Caroline de Brunswick, viajou para a Inglaterra para firmar o que se transformaria em um casamento desastroso com o Príncipe de Gales, seu acompanhante, Lorde Malmesbury, relatou que ela descuidava tanto de sua *toilette* que "ofendia as narinas com esta negligência". Ele se desesperava para conseguir que ela tomasse banho e trocasse a roupa de baixo com freqüência maior, para atender aos padrões da corte inglesa.

> "Banhos por razões de saúde, por voluptuosidade ou limpeza quase nunca são tomados no inverno. A primavera e o verão são as estações mais adequadas."
>
> *Le médicin des dames*, 1771

Ao mesmo tempo, mais pessoas estavam tomando banho de forma regular e ensinando os mais jovens a cuidar da própria limpeza. Quando as cartas de Lorde Chesterfield para o filho ilegítimo foram publicadas, após sua morte, em 1774, Samuel Johnson menosprezou conselhos como observar "os princípios morais das prostitutas e as maneiras dos mestres de dança". Entretanto, no fim do século XVIII, as *Cartas* eram consideradas pérolas de sabedoria. Numerosas edições ensinaram os princípios de Chesterfield impressas como livros de etiqueta em que o Lorde ensina ao filho, repetidamente, sobre limpeza, especialmente a pessoal. Ele preocupa-se em particular com o cuidado da boca e dos dentes, uma vez que o próprio Lorde, aos 53 anos, já os tinha perdido todos. Se o filho adolescente não lavava a boca todas as manhãs e após as refeições, ele o advertia: "Sua boca não somente ficará com mau hálito, o que é muito desagradável e indecente, mas seus dentes vão doer e cair, o que, além da grande dor, causará uma grande perda". O corpo todo também devia ser lavado, pelas mesmas razões. "A limpeza completa do corpo é tão necessária para a saúde quanto para não ser desagradável às outras pessoas", ele escreveu em 1749. "Lavar-se e esfregar o corpo e os membros repetidamente com uma escova de fricção contribuirá tanto para a saúde quanto para a limpeza."

As autoridades "canonizaram" a água – *Le Tableau de Paris* entoava: "O que proporciona um estilo real a uma mulher: limpeza, limpeza, limpeza" – mas sua repercussão na vida da maioria das pessoas daquele período é difícil de ser avaliada. Um ponto marcante é o número de casas de banho públicas em Paris. No início do reinado de Luís XIV, em 1643, havia duas, geralmente usadas para encontros eróticos, remoção de pêlos e banhos a vapor curativos. Por volta de 1773, havia nove casas de banho públicas e, por volta de 1830, o número havia crescido para 78. Mas, as opiniões permaneceram divididas sobre quando e mesmo se alguém devia banhar-se – com a dúvida adicional: o banho devia ser de água quente ou fria? Comparados com os ingleses e alemães, os franceses foram lentos para dar as boas-vindas ao retorno da água. Os alemães, que nunca tinham renunciado ao gosto pela água quente, agora tomavam banhos de água fria com entusiasmo. Em geral, espanhóis e italianos mantiveram-se no período distante dos banhos frios.

> "Lave bem as orelhas todas as manhãs, e assoe o nariz com o lenço quando puder fazê-lo; mas, a propósito, não olhe para ele depois."
>
> Lorde Chesterfield, *Cartas*

Mesmo assim, a higiene, para europeus ocidentais bem educados e com conhecimento de mundo, tornou-se importante. Toda esta mudança aconteceu vagarosamente e de início foi, provavelmente, mais teórica que real. Havia banheiras e bidês, assim como há *Jacuzzis* e saunas, atualmente, nos Estados Unidos: eram opções de conforto ao alcance da classe média alta. O importante foi que a opinião pública passou a valorizar esses equipamentos e a procura por eles cresceu.

Submergir o próprio corpo nu na água ainda parecia estranho para muitas mulheres, ao contrário de para os homens. Uma solução para o problema do pudor foi cobrir a água do banho. Em 1772, o manual *Le médecin des dames, ou l'art de les conserver em santé* aconselhava dissolver amêndoa em pó, farelo, farinha ou resina em aguardente de vinho e, em seguida, misturar essa poção à água do banho. As mulheres usavam um roupão para tomar banho ou, caso não o tivessem, ficavam com as roupas de baixo. Quando Elizabeth Montagu encontrou uma banheira na casa do Duque de Bulstrode, onde estava hospedada em 1741, escreveu para a mãe: "Eu lhe peço que procure meu vestido de banho, até agora tenho usado minha camisa e o gibão!"

Maria Antonieta tomava banho quase todas as manhãs, geralmente numa banheira, em seu quarto. Para o banho, a rainha usava uma camisa de mangas longas feita de flanela inglesa. Ela tomava o café-da-manhã na banheira, apoiando a bandeja na borda rígida. "Seu pudor, durante todo o processo de limpeza, em particular, era extremo", escreve Henriette Campan, uma de suas damas de companhia. Quando saía da banheira, "ela exigia que uma das criadas de banho [a rainha tinha duas] segurasse um pano aberto à frente dela, para que as outras criadas não pudessem vê-la".

⁓

Nos últimos anos da década de 1780, um jovem inglês chamado Arthur Young, viajou pela França e pela Itália. Assim como outros viajantes, ele prestava muita atenção aos padrões de higiene e decoro dos locais que visitava. O hábito continental de cuspir dentro de casa e o triste estado das "casas de necessidades", ou privadas, o escandalizaram, assim como a falta de vergonha com que homens e mulheres se aliviavam em público. Apesar destes maus hábitos, Young constatou que: "Os franceses são mais limpos com seus corpos e os ingleses, com suas casas". Opinião minoritária, uma vez que a maioria dos observadores do século XVIII, ingleses ou não, consideravam tanto as casas inglesas quanto os ingleses mais limpos do que os franceses. Young baseou seu julgamento, pelo menos parte dele, em uma pequena peça de mobília que declarou ser universal em todas as moradias francesas, modestas ou grandiosas: o bidê. No que ele estava redondamente enganado, pois os bidês permaneceram incomuns até o século XX. Somente as moradias mais ricas e luxuosas do século XVIII os tinham. Mas ele estava certo em classificar a "cadeira da limpeza", como era chamado o bidê, de peça significante da mobília.

Embora a maioria das pessoas associe os bidês com a França, e a palavra francesa seja utilizada no inglês, espanhol e italiano [e no português também], foram os italianos que inventaram esse recipiente oblongo que, apoiado em uma estrutura ou gabinete, foi projetado para lavar as "partes íntimas" – área dos genitais e do ânus – de homens e mulheres. Os bidês apareceram primeiro na França, no século XVI, mas permaneceram raros até meados do século XVIII. Daí para a frente, começam a ser cada vez mais citados em livros de narrativa de carpinteiros e nos inventários das mansões e palacetes. Geralmente, embora a peça em si fosse ainda de cerâmica ou estanho, os gabinetes que a envolviam eram luxuosas peças de marcenaria utilizadas pelo senhor aristocrata e sua esposa.

Assim como as estrelas de cinema do século XXI são presenteadas por estilistas ambiciosos com sapatos, bolsas e roupas, a esposa do rei recebia presentes como jóias, bibelôs e bidês. Em 1751, Madame de Pompadour recebeu um bidê revestido com jacarandá-cabiúna e arremates de bronze feito pelo marceneiro Duvaux. Pierre de Migeon,

APELIDOS PARA O BIDÊ
- Cavalinho higiênico (Itália);
- Violão higiênico (Espanha);
- Estojo de violino (França);
- Pequeno indiscreto (França).

outro marceneiro de prestígio, a presenteou com um bidê de nogueira equipado com frascos de cristal; a tampa e a parte de trás da peça eram forradas com couro vermelho fixado com tachas de ouro. Uma das últimas amantes de Luís XV, Madame du Barry, tinha um bidê de prata.

Em 1760, quando Maria Antonieta tinha 15 anos, viajou de Vienna para a França para casar-se com o herdeiro do trono francês. As "modernas" conveniências de sua carruagem incluiam um bidê forrado com veludo vermelho bordado em ouro. Os homens os usavam tanto quanto as

Por volta de 1880, "cavaleiro do bidê" era a gíria francesa para alcoviteiro.

Mulher do século XVIII com uma perna de cada lado de seu bidê, em gravura de Louis-Léopold Boilly.

mulheres e os marceneiros projetavam bidês cada vez mais engenhosos, como um bidê duplo, em que dois se sentavam de costas um para o outro, um bidê duplo "em paralelo", como um sofá para duas pessoas, e um que se convertia em cadeira.

Por bom tempo o bidê permaneceu rebuscado e, acima de tudo, francês. Em 1752, um escritor inglês referiu-se a ele como a "máquina que as damas francesas usam quando realizam sua abluções". Uma persistente suspeita anglo-saxônica de que a limpeza dos órgãos genitais levava a comportamento voluptuoso (até mesmo sexo oral) manteve a "cadeira da limpeza" do outro lado do Canal. Mas sua popularidade, embora limi-

> Em agosto de 1785, Samuel Kempton, latoeiro, artesão do cobre e ferreiro, ofereceu-se para fornecer aos nova-iorquinos "aquelas verdadeiramente úteis máquinas chamadas bidês, tão usadas na Inglaterra e na França", consideradas especialmente eficientes contra a esterilidade e a imbecilidade, e bastante úteis na "renovação das partes danificadas por excessos de luxúria".

tada, indicava que outras partes do corpo, e não mais simplesmente só as mãos e o rosto, precisavam ser limpas, e que a água era o meio ideal para fazê-lo. *Le médecin des dames* aconselhava a lavagem diária das "partes naturais" da mulher, com plantas aromáticas ou essências adicionadas à água. Em 1763, *Le conservateur de la santé* foi mesmo explícito sobre as áreas que precisavam ser lavadas com freqüência:

> Se a transpiração ou suor permanecer nestas partes (axilas, virilha, área púbica, genitais, períneo ou entre as nádegas), a quentura as inflamará e, além do cheiro desagradável resultante, e que se espalha, parte dessas exalações, e da substância da qual elas são formadas, é carregada por veias absorventes e levada para a circulação, onde poderá somente causar danos, levando os fluídos corporais ao estado de putrefação.

Evidenciam-se no texto as velhas crenças na permeabilidade do corpo e na importância dos fluidos corporais – o perigo é que o suor irá entrar novamente no corpo e irritar ou putrefazer os fluidos corporais – mas, agora, tais crenças coexistem com uma nova fé no poder da água para evitar esses danos.

Nada ilustra a nova importância da água e do banho melhor do que seu papel na vida de Napoleão e Josefina. Ambos de origem plebéia, dos confins do mundo francês – ele da Córsega, ela da Martinica –, adoravam banhos quentes e aromáticos. As diferentes moradias em que viveram sempre possuiam banheiro, o que era relativamente raro em 1795, quando se estabeleceram em sua primeira casa, uma moradia pequena com jardim, na rua Chantereine número 6, perto de Tuileries. Josefina decorava o banheiro como cabines de primeira classe, ostentação que seguiu até o fim do casamento deles. Ela começava o dia com um longo banho de imersão, usando óleos e perfumes cuidadosamente escolhidos.

Napoleão tinha vários bidês, um folheado a prata, equipado com frascos de cristal e uma caixa também folheada a prata para as esponjas. Mas sua verdadeira paixão era uma banheira a vapor onde geralmente passava duas horas, todas as manhãs, enquanto um ajudante lia jornais e telegramas para ele. Quando as coisas ficavam tensas, ele demorava mais no banho: quando a Paz de Amiens foi quebrada, em 1803, seu banho se estendeu por mais de seis horas. Um século antes, Luís XIV tinha evitado a água. O monarca da França não começava o dia sem um banho de imersão prolongado.

———

No entender de Lorde Byron, três homens marcaram sua época: ele mesmo, Napoleão e o melhor de todos: Beau Brummell. É uma lista irônica: dois realizadores e um almofadinha arruinado, exilado por dívidas de jogo. Típicos de sua era, todos os três adoravam tomar banho. Byron era bom nadador, Napoleão era devotado aos banhos e Brummell, em palavras de outro admirador, "foi um grande reformista que ousou ficar limpo na época mais suja de todas".

Provavelmente, nunca saberemos o que tornou o jovem George Bryan Brummell fanático por limpeza, assim como não entenderemos por que o Príncipe de Gales e a sociedade londrina se impressionaram tanto com ele. Neto de lojista e filho de um escriturário instável, Brummell, que nasceu em 1778, foi um improvável campeão da limpeza que se trajava sempre discretamente. Na sociedade aristocrática do fim do século XVIII, à qual aspirava, homens de limpeza duvidosa usavam cores brilhantes e tecidos vistosos e os jornais escreviam sobre moda masculina com tanto entusiasmo quanto sobre a feminina. Por volta de 1810, quando Brummell, vestido de modo simples, tornou-se padrão de elegância, os que gostavam de andar na moda usavam casacos azuis simples, calças pretas e camisas brancas. Sem o colorido do pavão e os enfeites extravagantes que disfarçavam a sujeira, eles aprenderam a usar sabonete, água e escova.

> "Suas roupas pareciam se encaixar uma na outra com perfeição de corte e harmonia de cores... Ele era uma personificação do frescor, da limpeza e da ordem."
>
> Virginia Woolf, "Beau Brummell"

Pouco do que ocorreu com ele pode ser considerado normal. "Buck" Brummell, como era chamado, entreteu os colegas de classe em Eton com seu espírito sarcástico. Anos depois, todos se lembrariam ainda de sua gravata branca, da imponência de seu andar e da aflição que ele tinha de passar por ruas sujas em dias de chuva. Fora isso, ele era um jovem comum, que deixou Oxford com 16 anos e juntou-se ao Décimo Hussardo, comandado pelo Príncipe de Gales. Brummell não era nem particularmente bonito nem especialmente brilhante, mas, de algum modo, sua indiferença, seus modos graciosos e seu carisma indefinido cativaram o sofisticado príncipe de 36 anos.

Brummel manifesta seu caráter – aparentemente nascido maduro – por algumas frases famosas. Sobre sua moderação revolucionária no modo de se vestir, disse: "Você nunca está bem vestido usando algo engomado demais, justo demais ou elegante demais". Sobre sua aparência completamente asseada, explicou: "Sem perfumes, mas com muito linho puro, muito mesmo, e lavagem campestre". Lavagem campestre refere-se à limpeza do linho, não à do corpo, mas um corpo escrupulosamente limpo foi a base sobre a qual Brummell construiu sua elegância. Sua toalete diária levava três horas: começava lavando o corpo; depois de se barbear, ele se esfregava com uma "escova para fricções" feita com pêlos da costa do porco – um *estrigil* da Regência – até a pele ficar vermelha como se ele estivesse com escarlatina. Em seguida, com um espelho de dentista e uma pinça, removia qualquer pêlo estranho do rosto. Usava casaco e calças simples, embora feitos sob medida, com linho branco engomado por baixo, o qual ele trocava pelo menos três vezes por dia. Exceptuando-se seu asseio e limpeza, nada havia de extraordinário em Beau Brummell.

Entretanto, a Londres elegante dava o melhor de si para imitá-lo: anedotas sobre a devoção de Brummell à limpeza eram comuns. Levava com ele, em suas viajens, o próprio urinol, por ter passado, uma vez, pelo "horror" de ter de usar um deles, numa casa de campo que visitava, com uma teia de aranha. (Quando da venda de seus bens, esse recipiente, em um estojo portátil de mogno, com tampa forrada em tecido, constava do catálogo.) Dizem que em seu clube de Watier ele se opôs à admissão de cavalheiros "rurais" por ter certeza de que as botas deles cheirariam a esterco e graxa. Uma estória sobre quando hospedou-se no Castelo de Belvoir é exemplar: no *hall* dos quartos do palácio ficava dependurado um grande sino, para ser tocado somente em caso de incêndio. Meia hora depois de a família real e convidados terem se recolhido, o sino começou a soar tão alto que não só acordou todos, no castelo, mas também os vizinhos. Confusão armada, todos acorreram ao saguão ainda em trajes de dormir, mas não havia incêndio nenhum. Só Brummell que, com seu jeito afetado, declarou de modo complacente que "realmente, meus queridos, sinto muito tê-los perturbado, mas o fato é que meu criado se esqueceu de me trazer água quente".

Havia, obviamente, algo neurótico nesta obsessão de Brummell com a higiene, assim como uma certa ironia. Ao mesmo tempo, "novas" idéias sobre a sujeira ser repugnante o favoreceram. A ênfase com que Lorde Chesterfield demandava limpeza preparou o caminho para Brummell. Até mesmo a exaltação da limpeza de Rousseau encontrou eco no almofadinha que partilhava com o francês pelo menos alguns valores – Brummell e a Sophy de Rousseau teriam apreciado condoer-se com a dificuldade que era ficar perfeitamente limpo na época.

Embora o Príncipe de Gales e Brummell tenham se desentendido em 1812, provavelmente por exageros da língua ferina de Brummell, foram as dívidas de jogo que tornaram impossível para ele viver na Inglaterra. Em 1816, ele escapou dos credores e fugiu para Calais. Sua vida no exílio foi horrível. Ele continuou com os rituais de limpeza, mesmo quando levado à prisão por dívidas, em Caen, em 1835. A perda da liberdade não o preocupou tanto quanto a privação de seu espelho de dentista, pinça, jarro e bacia, a vasilha para barbear-se e cuspir, sabonetes, pomadas e água de Colônia. A chegada de seus apetrechos de toalete à prisão o animou bastante. Um francês estarrecido descreveu o cuidado com que ele lavava diariamente todo o corpo, gastando de 12 a 15 litros de água e dois de leite. Entre duas e quatro da tarde, ele aparecia no pátio da prisão perfeitamente penteado e usando linho imaculado.

Depois que foi solto, suas dívidas cresceram no mesmo ritmo em que a saúde declinou. Dezesseis meses antes de morrer de sífilis, que provavelmente o afligia havia anos, seus intestinos paralizaram-se e ele perdeu o controle do *esfíncter*. O homem que temia morrer de "imundície", como declarou quando privado de seu aparato de limpeza, não conseguia mais manter-se limpo. Felizmente, seu estado mental tinha se deteriorado tanto que ele não parecia consciente dessa condição. Assistido por irmãs de caridade em uma instituição para doentes mentais, ele morreu aos 62 anos, em 1840.

O maior legado de Brummell, a gravata branca engomada, mal foi lembrada depois que ele se foi. Sua espirituosidade, tão admirada em seus dias de Londres, não está à altura daquela dos epigramas de Oscar Wilde. O nome Brummell permanece como símbolo de figura masculina elegante, mas sua verdadeira realização foi o amálgama do cavalheirismo com a limpeza. De acordo com William Jesse, biógrafo de Brummell, no começo do século XIX, quando o almofadinha iniciava sua trajetória, pentes, escovas de cabelo e de unhas "não eram quase utilizadas pelos membros dos clubes da St. James's Street". Em 1886, quando Jesse escreveu a biografia, elas podiam ser encontradas nos banheiros de todos os clubes de Londres. Limpeza e sujeira tinha trocado de lugar: agora a última era considerada excêntrica.

SEIS

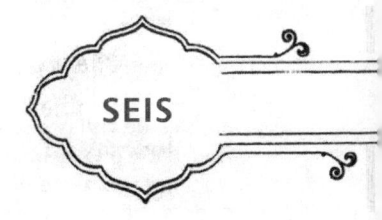

BANHOS E COMO TOMÁ-LOS
EUROPA, 1815-1900

Charles Dickens nasceu para ser limpo. Meticuloso, perspicaz, requintado, ele gostava de coletes espalhafatosos e inspecionava regularmente o quarto dos filhos, procurando a menor evidência de desordem. Também era um campeão da modernidade: um progresso era como as pessoas consideravam a limpeza no século XIX. No verão de 1849, o romancista alugou uma casa na Ilha de Wight, para passar férias com a família. Ele relatou a amigos ter quase enlouquecido um carpinteiro nativo, e chocado "turistas ocasionais", com a construção de uma grande cabana de madeira, na praia, a qual converteu uma cachoeira local em "banho de chuveiro! [...] Que tomávamos todas as manhãs, para grande espanto dos nativos". O escritor sentava-se sob o "chuveiro", numa grande banheira perfurada nas laterais e no fundo. Embora tomasse banho frio diariamente em Londres – um costume, ainda, de uma minoria – esse chuveiro improvisado o animou muito mais.

Como resultado, quando comprou sua casa em Tavistock Square, em Londres, em 1851, Dickens mandou construir um banheiro caro e refinado, com uma banheira e um chuveiro frio. No esboço que fez para o arquiteto, a banheira e o chuveiro, protegido por cortinas à prova d'água, parecem, curiosamente, modernos, embora a estrutura seja toda de madeira. Dickens destaca a coisa mais importante: "um chuveiro da melhor qualidade, sempre provido com água fria à vontade". Banhos de água quente não o interessavam, escreveu ele, mas os de água fria "tornaram-se indispensáveis para mim. E, sem qualquer depreciação dos banhos mornos, os frios, com certeza, não podem faltar".

> Quando Dickens projetou estantes e livros falsos para disfarçar a porta que ligava a sala de visitas a seu escritório, inventou, entre outras, uma coleção de sete volumes jocosamente intitulada: *A sabedoria de nossos ancestrais*. As obras dessa coleção: *Superstição, O quarteirão, Ignorância, A estante, Doenças, O poste e Sujeira*.

Ele também solicitou ao arquiteto que a latrina, normalmente instalada nos banheiros, ficasse separada. "Acho (no meu modo de sentir)", escreveu ele, "que qualquer banhista ficaria mais satisfeito e tranqüilo se ela não ficasse no caminho... Não confio o suficiente em minha força de vontade para começar bem o dia depois de contemplar tal apetrecho. Afetaria meu estômago."

Dickens conseguiu seu chuveiro de primeira, com uma pressão d'água tão forte que, na intimidade, a família o referia por "o demônio", mas a um custo bem alto. No primeiro mês de casa nova, a água acabou no banheiro duas vezes. Dickens mandou um recado indignado à empresa fornecedora: o inspetor enviado disse que uma caixa d'água adicional, com 1.200 a 1.600 litros de capacidade, seria necessária. Descrevendo-se de modo brincalhão como "indefeso e apavorado," o escritor encomendou o segundo reservatório imediatamente.

Deixar a água fria cair sobre a cabeça era ainda tão polêmico que a herdeira Angela Burdett Coutts, amiga do escritor e colaboradora nos projetos de caridade de que Dickens participava, mostrou-se preocupada com a segurança de ele banhar-se assim. Agradecendo a preocupação dela, Dickens respondeu: "Realmente acredito que tais banhos são extraordinariamente benéficos para mim. Há apenas um ligeiro baque na cabeça; depois, sinto uma disposição incrível, capaz de suportar qualquer fadiga, razão pela qual os tomo... Acho que funcionam como um revigoramento – como um repositor de energia... Você ainda não viu como esse apetrecho espantoso está instalado aqui!"

Nem todos partilhavam o entusiasmo de Dickens com o "apetrecho espantoso" ou com o banho em si, mas cada vez mais pessoas estavam experimentando a imersão. Enquanto reuniam coragem ou aguardavam a instalação dos encanamentos necessários ao banho de chuveiro, ou de banheira, as pessoas continuavam a limpar-se por partes, utilizando bacia e jarro para lavarem-se em pé, ou sentadas em uma banheira pequena, em que se esfregavam com esponjas. Ao final, o banho completo de banheira ou chuveiro tornou-se o padrão de limpeza, mas, para a maioria dos europeus, isto só aconteceu no século XX. O costume de submergir o corpo na água e o lavar perdeu-se como prática, e as pessoas o recuperaram de modo vagaroso e experimental. Nos parece cômico, hoje, o artigo escrito por um médico em 1861, intitulado "Banhos e como tomá-los", mas o público gostava dessas orientações profissionais sobre higiene familiar.

Manuais de higiene multiplicaram-se na primeira metade do século; os cientistas anteviam um mundo novo onde a limpeza e a saúde fariam mais pela humanidade do que tinham feito em séculos. A doutrina predominante desde a Idade Média, a teoria miasmática, postulava evitar que as doenças se espalhassem por meio dos maus odores, do ar abafado e do material putrefato. Obviamente, a limpeza limitava a expansão dos "miasmas", porém agora, uma nova razão para manter-se

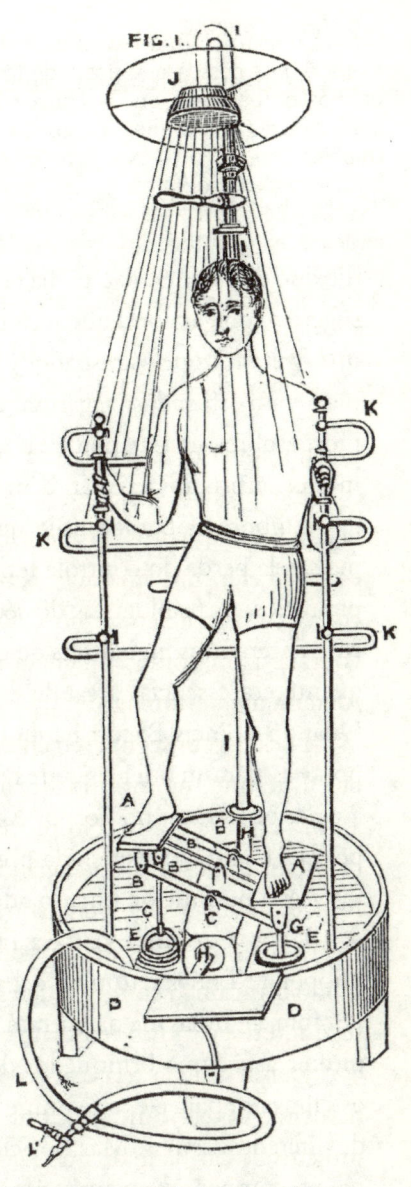

Banho de chuveiro de Bozerian, 1878. Exercício e também higiene: nesta invenção britânica, a pessoa que se banha movimenta a água pedalando.

A GRANDE DIVISÃO

"Você é uma pessoa que gosta de tomar banhos de banheira ou de chuveiro? É impossível detalhar a diferença exata entre os dois."

Michel Tournier, Le miroir des idées, 1994

limpo vinha à baila. No início de 1830, a descoberta da função respiratória da pele chamou a atenção de cientistas em ambos os lados do Atlântico. Se os poros fossem obstruídos pela sujeira, dizia-se, o dióxido de carbono não podia sair através da pele: experiências com animais sugeriam que as conseqüências dessa obstrução eram calamitosas. Cavalos que tiveram os pêlos raspados e foram, em seguida, cobertos com alcatrão morreram asfixiados, vagarosamente. Se cola era adicionada ao alcatrão, a morte sobrevinha de maneira mais rápida. Lamentavelmente, no período muitos outros animais também foram cobertos com verniz e morreram.

Embora saibamos hoje que tais mortes tenham decorrido muito mais pela perda do controle térmico do corpo do que por problemas respiratórios, os fisiologistas do século XIX que realizaram tais experiências convenceram os higienistas de que a limpeza regular dos poros com água quente era essencial à saúde e até mesmo para a manutenção da vida. Quando Francis Bacon banhou-se, no século XVII, tomou precauções notáveis para manter os poros fechados, a fim de evitar ao máximo que a água penetrasse no corpo. Agora, os médicos declaravam o oposto: a pele suja, ainda considerada protetora e fortalecedora pelos camponeses, interferia no funcionamento adequado do corpo.

Depois de uma visita à Inglaterra na década de 1860, o francês Hippolyte Taine relatou ter achado as casas inglesas de muito mau gosto. Por fora, algumas lhe pareceram delicadas demais e outras, excessivamente pitorescas, "como brinquedos de papel-cartão pintado". Por dentro, não ostentavam, para ele, o requinte francês da combinação de cores e mobília de diferentes estilos. Mas ele achou que o que deixavam a desejar na aparência, compensavam em conforto e praticidade oferecidos, especialmente nos quartos. Sobre a penteadeira do quarto da casa de campo inglesa em que se hospedou, Taine encontrou um jarro grande, um pequeno e um médio para a água quente, duas bacias, um prato para a escova de dentes, dois pratos para o sabão e um jarro d'água para beber, com um copo; listou ainda ter encontrado, na prateleira abaixo uma banheira rasa, de zinco, para o banho de esponja da manhã, e próximo dessa banheira, quatro tipos diferentes de toalha, uma delas bem grossa. Pela manhã, um criado trouxe um jarro grande de água quente para o banho. E um tapetinho de linho sobre o qual ele devia ficar de pé enquanto se lavava. Antes do almoço e antes do jantar, o criado providenciou tudo de novo. Taine se desculpa pelos "detalhes fúteis", mas argumenta que ilustram o nível de preocupação com o conforto e o luxo dos ingleses: "Diz-se, de brincadeira, que eles passam um quinto da vida se lavando".

Na opinião de Taine, que era a de seus compatriotas franceses, a Inglaterra, desde o fim do século XVIII, era uma terra de conveniências modernas e higiene, porém, os franceses superestimavam a limpeza britânica. Em 1812, a Câmara Municipal de Londres recusou-se a financiar a instalação de um chuveiro na residência do Lorde Mayor [prefeito da cidade] porque "o requerido nunca foi exigido antes". Um diretor da universidade de Cambridge deu razão diferente para negar a construção de banheiros para os estudantes: não havia necessidade, uma vez que "os jovens ficam conosco somente oito semanas". Até mesmo a Rainha Victoria, quando fixou residência no Palácio de Buckingham, em 1837, não tinha banheiro. Ela usou parte da verba de representação para instalar água quente encanada em seu quarto, onde tomava banho de banheira.

Ter água encanada em todos os andares e múltiplos banheiros e privadas em todos os edifícios já era possível desde a metade do século XVIII, mas poucas pessoas os tinham, mesmo as mais abastadas. Esse conforto da tecnologia só se popularizou um século depois. Quando o cuidado pessoal não era particularmente importante e havia criados para carregar a água, por que perturbar a rotina doméstica com a instalação de um complicado sistema de canos, caldeiras e reservatórios? A água quente encanada começou a ser instalada nas caríssimas casas inglesas por volta de 1840, mas inúmeras

Banhar-se por causa da saúde como também pela limpeza, em casa ou no hotel – tudo é possível com o gabinete de banho portátil.

pessoas ainda mantiveram a antiga solução por décadas. Mesmo quando as pessoas que se interessavam pelas conveniências modernas, a situação não era fácil. Uma pequena caldeira a gás que aquecia a água encanada para o banho de banheira era muito popular na década de 1860, mas era muito ruidosa e perigosa, explodindo freqüentemente.

> **ABLUÇÕES ESPANHOLAS**
>
> "O Duque de Frias, em visita de quinze dias a uma senhora inglesa, alguns anos atrás, nunca usou as bacias e jarros de seu quarto; ele simplesmente esfregava o rosto com clara de ovo. Essa, recordа Madame Daunoy, era a única ablução que as senhoras espanholas faziam no tempo de Felipe IV."
>
> Richard Ford, estudante da cultura hispânica e ensaísta inglês, 1845

Não havia garantia que banhar-se, mesmo numa das majestosas mansões inglesas, fosse agradável, pelo menos segundo as lembranças de infância de Lorde Ernest Hamilton nas décadas de 1860 e 1870. Submersso num enorme tanque de ferro revestido com mogno por fora, o banhista consultava um disco de bronze e escolhia entre quente, frio ou esvaziar. Quando se escolhia água fria, um fluxo limpo e sem cor surgia por um círculo de perfurações no fundo da banheira.

A solicitação de água quente, contudo, não era atendida rapidamente, e nem com água quente. Uma sucessão de estrondos sepulcrais antecipava o surgimento de um pequeno jato d'água cor de ferrugem, cheio de centopéias e moscas-varejeiras mortas. O barulho durava aproximadamente uns dois minutos e, então, parava. Duas coisas diferenciavam a água quente da fria: a cor de ferrugem e a grande quantidade de insetos mortas da primeira. Ambas eram frias como gelo.

Não é de surpreender que estas banheiras "não fossem populares como apetrechos de limpeza". Lorde Ernest e o irmão as usavam como lago para barcos de brinquedo e, ocasionalmente, como aquário.

Felizmente, para os ingleses, havia várias maneiras de eles limparem-se; todas descritas num livro publicado em 1860, *The Habits of Good Society: A Handbook for Ladies and Gentleman* (hábitos da sociedade bem: um manual para senhoras e cavalheiros).

> Em 1849, na Academia da senhorita Browning, em Blackheath, os pais pagavam uma taxa extra para que as filhas tomassem um banho quente semanal. As "Garrets banhistas" eram duas irmãs que tomavam esses banhos.

Um banho quente, com a água a uma temperatura entre 36 e 39 graus centígrados, era ótimo para a limpeza, de acordo com o autor, anônimo, mas deixava a pessoa sem energia e prostrada. O banho frio "limpa menos, mas revigora mais". Embora fosse uma aventura perigosa, especialmente depois de a pessoa ter comido muito. E "pessoas de temperamento forte" deviam evitá-lo por completo. Quanto ao chuveiro, que era perigoso para o uso geral, quanto menos se falasse dele, melhor.

The Habits of Good Society fornece muitos detalhes sobre materiais e técnicas a utilizar para o banho "seguro": de esponja, diário. A água fria devia ser colocada em uma bacia de metal com aproximadamente 1,2 metro de diâmetro. A esponja ideal devia ser tão áspera quanto possível, com 30 centímetros de comprimento e 15 de espessura. Quando esta estivesse completamente molhada, devia ser colocada primeiro sobre o estômago: "onde a maior parte do calor se reúne durante a noite e a aplicação da água fria sobre ele acelera a circulação imediatamente". Ensaboar ou não o corpo é discutido, mas o que o autor recomenda enfaticamente é usar uma toalha grossa ou uma luva de pêlos, sem sabão. Depois do banho, recomenda que se façam exercícios, com ou sem halteres: "A melhor rotina é escolher algum objeto do quarto no qual você possa descontar seu ódio e esmurrá-lo violentamente, por uns dez minutos, até ficar coberto de suor. A esponja deve, então, ser aplicada novamente, no corpo todo. É aconselhável permanecer sem roupas o maior tempo possível; eu recomendo que todas as etapas da limpeza sejam realizadas sem elas".

As pessoas que usavam esponjas e esmurravam o abajur eram quase sempre das classes média ou alta. A classe trabalhadora ainda não tinha meios para banhar-se completa e freqüentemente, o que em determinado momento passou a preocupar as autoridades inglesas. Em algum ponto do início do século XIX, as pessoas começaram a perceber que os pobres eram muito mais sujos do que os ricos. Embora o fato pareça óbvio, foi, na verdade, uma percepção relativamente original. Quando as classes média e alta temiam a água, o que aconteceu do início da Renascença até o final do século XVIII, pelo menos, tomavam banho tão raramente quanto os camponeses e os habitantes mais pobres das áreas urbanas. Na realidade, desde que o corpo do rei era o mais precioso do reino e, portanto, merecedor de proteção maior contra a perigosa agressão da água, é possível que James I da Inglaterra e Felipe V da Espanha tenham sido muito mais sujos do que alguns de seus súditos. A grande riqueza e a posição social não tornaram o Duque de Norfolk ou Lady Mary Wortley Montagu mais limpos, nem o seu cheiro mais suave, do que o da média dos ingleses do período.

> As inglesas "lavam algumas partes do próprio corpo, mas, em detrimento do próprio conforto e o dos maridos, relutam lavar a vagina com água limpa".
>
> Dr. William Acton, 1841

Nesse período, as classes sociais começam a se diferenciar pelo que cada uma considerava grosseiro ou vulgar. Em 1804, Lady Buckingham celebrou seu aniversário com um baile para os arrendatários de sua propriedade. "Todas nós dançamos com os arrendatários", relata uma das convidadas. "Ri muito ao ver a mistura de pessoas tão diferentes. Mal podíamos respirar, porque estava muito quente e o cheiro estava insuportável." O fato de os pobres exalarem cheiro desagradável só foi notado porque Lady Buckingham e suas convidadas tomavam banho mais freqüentemente e, portanto, cheiravam "melhor". Quando William Makepeace Thackeray criou o termo "ralé", em 1849, em seu romance *Pendennis*, deu nome a uma "nova" divisão de classes.

A insalubridade, a ameaça de doenças que essa falta de higiene embutia, transformou esse assunto em particular não somente em algo desagradável, mas também ameaçador, muito mais na Inglaterra, onde a Revolução Industrial havia começado e se desenvolvia mais rapidamente do que em qualquer outra parte do mundo. Estimuladas pela crença de que cômodos sem ventilação, odores fétidos e lixo em decomposição causavam doenças, as classes médias de meados do século XIX davam os primeiros passos para instaurar a limpeza em seu lar. Todavia, as condições imundas da pobreza urbana eram muito difíceis de corrigir e perigosas não só para a classe social mais alta, mas também para a população em geral. Em seus romances, Dickens freqüentemente usa o medo do contágio como metáfora da interligação de todas as classes da sociedade. A varíola, que se espalha do miserável casebre de Jo, o limpador de chaminés, até o confortável lar da filha de Lady Dedlock, em *Bleak House* (1853), por exemplo, é um lembrete forte de que a negligência de membros "mais fracos" da sociedade a torna vulnerável em seu todo.

Neste período, a imundície das cidades industriais estava piorando. A escassez de batatas na Irlanda fez com que dezenas de milhares de irlandeses pobres migrassem para a Inglaterra, especialmente para Liverpool. Em 1841, as 27 casas da Igreja Lane, no bairro de St. Giles, em Londres, alojavam 655 pessoas. Seis anos mais tarde, acomodavam 1.095. Água contaminada e acomodações imundas favoreceram "naturalmente" o surgimento de febres, dores de barriga, tifo, difteria e outras doenças infecciosas. Mas foi o aparecimento da cólera – doença geralmente fatal, vinda da China e Índia –, em 1830, que afinal aterrorizou os ingleses e fez com que providências fossem tomadas. Como se não fosse em causa própria, mas por benevolência, a Inglaterra precisou limpar os cortiços mais pobres de Londres e ajudar os moradores em situação mais desesperadora.

No verão de 1842, após três anos de trabalho, Edwin Chadwick apresentou seu *Relatório sobre as condições sanitárias da população trabalhadora da Grã-Bretanha* na Câmara dos Lordes. Auxiliado por dúzias de pesquisadores, Chadwick, então secretário da Comissão Oficial de Assistência Social, traçou um quadro da vida miserável que famílias inteiras levavam, vivendo em cômodos sem ventilação, sem privadas que funcionassem e sem água limpa ou privacidade – pais e filhos, de bebês a adolescentes, todos dormindo em uma única cama! Chadwick cita um médico que interrogou sobre a higiene dos trabalhadores do bairro. O doutor lhe respondeu: "Em geral, os trabalhadores são extremamente sujos. Pelo fedor daqueles que opero, posso quase dizer de que rua eles vêm. Não acho que os pobres tenham consciência de que seu cheiro é desagradável para os outros. Mas estou certo de que a falta de limpeza e asseio deles, pessoal e de suas moradias, e a prevalência de doenças têm relação de causa e efeito".

Outro médico, de Chipping Norton, descreve uma cena em que marido, esposa e cinco crianças, todos com varíola, dividem duas camas em um quarto. As paredes, os lençóis e os pacientes estavam sujos; "Duas crianças estavam absolutamente encardidas", diz ele. Calmamente, relata que nas salas de dissecação costuma degustar biscoitos com um copo de

> "Não culpo o trabalhador porque ele fede, mas ele realmente fede. Isto dificulta o relacionamento social com as pessoas que têm olfato sensível. O banho matinal divide as classes muito mais do que o nascimento, a riqueza ou a educação."
>
> Somerset Maugham, *On a Chinese Screen*, 1922

"MUITO TRABALHO E ÁGUA FRIA":
OS BEBÊS DA ÁGUA

> Um dos mais populares livros sobre crianças do século XIX, *Os bebês da água*, de Charles Kingsley, apareceu em 1863 e foi reimpresso aproximadamente 100 vezes. Por trás da história de aventura, vige a convicção vitoriana de que a água fria é capaz de transformar moleques de rua imundos em cidadãos-modelo. A história se desenvolve em torno de Tom, um jovem limpador de chaminés em quem perversidades físicas, espirituais e intelectuais se entrelaçam: "Ele não sabia ler nem escrever, e não se importava com isso; nunca tomou banho, pois não havia água no beco onde morava. Nunca o ensinaram a fazer suas orações".
>
> Um dia, limpando chaminés numa casa muito grande, Tom se perde nos dutos e acaba saindo no quarto de uma senhora. Lá, vê uma banheira cheia d'água e uma garota de cabelos dourados e pele branca adormecida. Estupefado, questiona-se: "Será que todas as pessoas ficam assim quando tomam banho?" E tenta lavar um pouco de fuligem de seu pulso. Em seguida, ele se olha no espelho e se assusta com "a pequena figura feia, suja e em farrapos, de olhos remelentos e dentes brancos à mostra. Vira-se, assustado. O que este maluco baixinho e sujo queria no quarto daquela doce menina?"
>
> A conversão de Tom começa neste instante, com a percepção de que está imundo. Ele cai em delírio e não pára de dizer: "Tenho que ficar limpo, tenho que ficar limpo". Somente depois de morrer e encontrar vida nova como bebê anfíbio é que Tom renasce como ser humano que aprecia "muito trabalho e água fria". Kingsley, que era sacerdote anglicano e reformista sanitário entusiasta, termina admoestando seus jovens leitores: "Enquanto isso, vocês devem aprender suas lições e agradecer a Deus por terem muita água fria para usar, inclusive para tomar banho, como verdadeiros ingleses".

vinho, às vezes mesmo com dez corpos sendo retalhados, mas que perdia completamente o apetite durante as visitas aos doentes de varíola: "O cheiro, ao entrar nos apartamentos, é excessivamente nauseante e os quartos não têm ventilação alguma".

Os mais pobres, quanto aos hábitos pessoais de limpeza, comportavam-se de modo igualmente relapso. Uma vez, disseram a um idoso que ele tinha que tomar banho para ser admitido num asilo, ao que ele retrucou que isso equivalia "a roubar-lhe um casaco que tinha há anos". Perguntaram a um mineiro de Lancashire com que freqüência os mineiros que transportavam carvão tomavam banho, e ele respondeu: "Nenhum dos mineiros jamais tomou banho. Eu nunca lavei meu corpo; deixo que minha camisa retire a sujeira; minha camisa lhe mostrará o que estou dizendo. Lavo meu pescoço, orelhas e rosto, claro". Quanto às jovens que trabalhavam na mina, testemunhou: "Não acho que seja comum as moças lavarem o corpo; minhas irmãs nunca se lavam, é ver para crer; elas lavam o rosto, pescoço e orelhas". O padrão de limpeza dele é ainda aquele do século XVII: lavar o que se via ("é ver para crer") e deixar o linho fazer o resto. Quando o entrevistador mencionou o traje completo tradicional dos mineiros de carvão – meias brancas e camisa engomada com pregas, o trabalhador garantiu que a brancura escondia muita sujeira: "As pernas e o corpo dos mineiros são tão pretos quanto seu chapéu".

Tomando conhecimento do relatório de Chadwick, a Inglaterra teve de enfrentar a embaraçosa tarefa de melhorar o saneamento para os pobres. Consertar, aumentar, ventilar e instalar encanamentos nos bairros pobres mais antigos seria trabalho para décadas, até mesmo gerações. Construir casas de banho era mais fácil. Desde o fechamento da maioria das casas de banho públicas de Londres, no século XVI, a cidade só tinha algumas delas que, como em Paris, eram utilizadas para encontros e como barbearia, além de para banhos. No final do século XVIII, como tomar banho virara moda, algumas casas de banho comerciais – tendo o banho como único propósito – surgiram, mas com taxas altas e confortos especialmente pensados para as classes média e alta.

As casas de banho para pobres surgiram aos trancos e barrancos. Em conseqüência da epidemia de cólera de 1832, a esposa de um trabalhador de Liverpool chamada Kitty Wilkinson esticou mais varais para secar roupa em seu quintal e passou a emprestar a própria bacia de cobre para toda mulher que quisesse lavar as roupas da família. Esta talvez tenha sido a origem da lavanderia pública, uma invenção totalmente popular. A cidade de Liverpool adotou a idéia, agregou aos equipamentos de lavanderia a oferta de banhos frios e quentes e em 1842 abriu a casa de banhos "Frederick

> **CASANOVA NO SÉCULO XVIII LONDRES**
>
> "À noite eu freqüentava as casas de banho mais exclusivas, onde um homem de qualidade podia jantar, banhar-se e conhecer mulheres de boa educação e costumes livres. Há muitas deste tipo em Londres. A diversão custa apenas 6 guinéus e, com moderação é possível fazer tudo gastando 4; mas moderação nunca foi um dos meus pontos fortes."

Street Baths". Mais de 40 mil pessoas passaram pela "primeira" casa pública de banhos e lavanderias da Inglaterra durante os três primeiros anos de funcionamento.

Lavanderias e casas de banho combinaram-se naturalmente: em 1846 foi promulgada uma Lei para Casas de Banho e Lavanderias autorizando municípios e paróquias a construir e manter estas instalações. A lei determinava que as casas de banho para a classe mais baixa não podiam cobrar mais de 2 centavos por banho, fornecendo água e uma toalha limpas (a maioria dos estabelecimentos de classe média cobrava 20 centavos), e 2/3 das casas tinham que ser para atendimento da classe mais pobre. As casas de banho abertas como resultado desta lei geralmente tinham um ou dois tanques para imersão ou tanques maiores para nadar, alguns cômodos para banhos individuais privados e uma lavanderia. Em seis anos, Birmingham, Hull, Liverpool, Bristol, Nottingham, Tynemouth e Preston tinham construído casas de banho. Londres tinha treze, incluindo uma casa de banho modelo em Whitechapel, freqüentemente visitada por delegações belgas e francesas ansiosas para levar a inovação inglesa para o Continente.

Nas primeiras décadas após a promulgação da lei de 1846, a construção de casas de banho na Inglaterra progrediu vagarosamente. Havia um entrave financeiro. A sugestão de banhar-se era considerada um insulto pelos mais pobres e a cobrança inicial de um valor simbólico para o banho teve como meta facilitar um primeiro passo numa escala ideal crescente de autoconfiança. No entanto, este preço baixo não cobria os custos com manutenção e as vilas e municípios temeram aumentar sua despesa pública com mais casas de banho.

Entretanto, o maior problema enfrentado pelos construtores das casas e os higienistas militantes foi outro: a maioria das pessoas mais pobres não fazia a mínima questão de tomar banho. Se mesmo pessoas mais abastadas tiveram que aprender sobre a importância do banho, é de se supor a dificuldade de fazer os mais pobres entenderem o valor do banho para a manutenção da saúde. As instalações mais avançadas não os atraíam, ao contrário, traziam-lhes preocupações. Muitas pessoas mais velhas ainda acreditavam que tomar banho era arriscado. Uma mulher justificou numa pesquisa que "banhos eram bons para [jovens] que tinham a energia necessária para tomá-los".

Tanto jovens quanto velhos acreditavam que tomar banho era arriscar-se a pegar resfriados ou infecções. Mais homens do que mulheres utilizavam as casas de banho; em parte porque o trabalho deixava os homens mais sujos, ou talvez porque os homens tivessem menos obrigações domésticas diárias, e em parte pelo fato de que muitas mulheres da classe trabalhadora achavam que freqüentar uma casa de banho pública não era coisa de respeito.

Os mais pobres não foram os únicos a considerar as casas de banho suspeitas. Convictos e abnegados, a classe média e outros círculos religiosos da classe alta também não confiavam na possivelmente luxuriosa imersão em água quente, preferindo o banho frio, especialmente para homens. Além da questão moral e religiosa, a pequena nobreza inglesa parece não ter apreciado muito os encanamentos modernos. Como as classes médias e os *nouveaux riches* deram as boas-vindas ao gás, às privadas e à água enganada, as classes mais altas desconfiaram. Mesmo vivendo em um país frio, consideravam os "companheiros modernos" ligeiramente desajeitados, superansiosos e – pior de tudo – de classe média.

Lady Diana Cooper, filha do oitavo Duque de Rutland, nasceu em 1892, mas suas memórias do cotidiano na virada do século, no Castelo de Belvoir, em Leicestershire, lembram a era medieval. Vivia no mesmo castelo em que Beau Brummell assustara a família real com um falso alarme de incêndio. Nada fora modernizado no castelo, embora um século houvesse decorrido. Os amplos corredores continuavam gelados e a única iluminação artificial disponível vinha de velas e lâmpadas a óleo. "O gás foi desprezado", escreveu Lady Diane. "Esqueço a razão – por ser vulgar, acho." Um dos costumes mais primitivos ainda em uso era manter os carregadores de água.

> Hoje é difícil acreditar que mantínhamos carregadores de água. Na minha opinião, eles eram homens diferenciados. Foram das maiores pessoas que já vi... Carregavam um jugo de madeira nos ombros, no qual dependuravam duas tinas gigantes de água. Eles se movimentavam em um fluxo contínuo. Acima do andar térreo não chegava uma gota de água quente, e não havia nenhuma banheira; portanto, o serviço deles era

manter todas os jarros e bacias cheios, nos quartos, e trazer água quente para os banhos matinais e noturnos. Sempre ficávamos um pouco assustados com esses carregadores. Pareciam feitos de outro elemento e nunca diziam palavra, a não ser: "Carregador de água", para indicar que eram responsáveis por si mesmos.

Somente depois de 1906, quando o avô de Lady Diana faleceu e o pai dela herdou Belvoir, é que o castelo foi modernizado. "Banheiros foram instalados, os quartos e corredores passaram a ser aquecidos sem o incômodo dos carvoeiros batendo constantemente à porta, e os carregadores de água desapareceram."

É claro que os proprietários das grandes casas de campo e das mansões nas cidades pequenas inglesas puderam manter este costume antigo do carregador de água, porque havia criados para realizar o trabalho enfadonho. Mesmo quando havia banheiro no andar, as mulheres aristocratas preferiam tomar banho na privacidade do próprio quarto de dormir, ou de vestir, com ou sem a banheira de tamanho grande. Entrar num banho quente preparado à frente da lareira do próprio quarto era melhor que atravessar correndo os corredores frios só de penhoar. No final da década de 1920, Lady Fry ainda achava que "banheiros eram para criados".

Quando o assunto era banhos públicos, assim como Revolução Industrial, em geral, a Inglaterra orientava e o Continente seguia. Entre 1800 e 1850, as cidades industriais da Alemanha e da França dobraram de população. Fornecimento de água, esgoto e limpeza urbana inadequados foram os primeiros serviços a serem nelas modernizados, mas isto não foi suficiente. Oscar Lassar, médico de Berlim e um dos maiores sanitaristas da Alemanha, questionou: "Qual a vantagem de cuidar tanto de nossas cidades, para que sejam limpas, tenham sistema de esgoto, remoção de lixo regular e salubridade na ventilação quando os próprios indivíduos dispensam a limpeza pessoal básica?"

Na Alemanha, a venerada tradição das casas de banho, que remonta à Idade Média, foi quase que totalmente extinta, mantendo-se só em lugares pequenos e remotos. Contudo, a paixão romântica pela água fria e por nadar ajudou no retorno dos banhos públicos: a natação passou a integrar o treinamento básico do exército da Prússia em 1817, e a freqüência às praias públicas e casas de banho multiplicou-se por todo o país na primeira metade do século XIX. Em 1855, um grupo de empreendedores de Hamburg construiu a primeira casa de banho inspirada no exemplo inglês, e Berlim fez a mesma coisa mais tarde, ainda neste mesmo ano. No final do século, quase todas as cidades alemãs tinham construído pelo menos uma grande casa de banho pública.

> "Limpe-se por fora e também mantenha limpo seu interior, Purificando suas palavras e seus pensamentos."
>
> Escrito nas paredes de uma casa de banhos de Stuttgart

Diferentemente das inglesas, essas novas casas de banho não eram exclusiva ou principalmente para a classe trabalhadora. O *Armenbad*, ou banho pobre, era considerado condescendência. Pobres e ricos deviam banhar-se juntos, "unidos pela causa da saúde", chegou a dizer um arquiteto de Bonn. Menos idealistas, as classes médias também queriam instalações para banhar-se. Em 1881, menos de 4% das casas de Colônia tinham banheiro. Um fato mais significativo era que a maioria das mansões em construção na então mais nova e charmosa via da cidade, a Ringstrasse, também não incluia banheiro. Enquanto a classe média-alta inglesa satisfazia-se jogando a roupa suja no chão do banheiro e tomando banho em banheiras móveis, os alemães, assim como os romanos, modernos ou medievais, preferiam sair de casa para tomar banho.

Algo lembrava o banho romano – não a versão completa, imperial, mas a do banho colonial – nas novas casas de banho alemãs. (A casa de banho de Stuttgart era melhor que as dos romanos, entre outros confortos supérfluos, incluía o banho para cachorros.) Também do mesmo modo que seu antecessor romano, o banho alemão do século XIX revestiu-se de um certo orgulho cívico, parte importante da ostentação de uma cidade que atendia plenamente as necessidades físicas e espirituais de seus cidadãos.

A casa de banhos de Colônia (Hohenstaufenbad), Alemanha, inaugurada em 1885, era padrão. Construída na Ringstrasse, próxima do Teatro de Ópera e outros exemplos da arquitetura local, foi projetada em elaborado estilo renascentista. Tinha muitos murais, vitrais e afrescos; versos nas paredes celebravam a limpeza, o progresso e a continuidade do banho romano. Oferecia piscinas separadas para homens, mulheres e trabalhadores, um restaurante, uma barbearia e três diferentes tipos de banheira. A *Volksschwimmbad*, ou piscina popular, ficava na parte de trás, e não era acessada pela Ringstrasse.

Mas, esses templos cívicos, onde os abastados se banhavam com estilo enquanto os pobres entravam – literalmente – pela porta dos fundos, não conseguiram popularizar o hábito. Os mais humildes se sentiam mal nos ambientes suntuosos, as piscinas e banhos oferecidos não atendiam bem às suas necessidades. Tais piscinas eram de manutenção cara e mais usadas para o lazer do que para a limpeza. Era mesmo necessário banhar-se antes de mergulhar nelas. Banheiras e trabalhadores imundos, contudo, em nenhum momento combinaram bem, porque imersos nelas, eles, em poucos minutos, viam-se sentados na própria água suja. As estatísticas não eram animadoras: na virada do século, o alemão médio tomava cinco banhos por ano. Embora casas de banho suntuosas não se sustentassem, os municípios continuaram construindo-as – elas tinham grande prestígio e eram muito apreciadas pela burguesia.

"DIE DOUCHE ALS VOLKSBAD"

"O banho do povo é o de chuva" tornou-se o lema internacional do movimento de Oscar Lassar, que objetivava levar a limpeza às massas.

Em 1883, o médico Oscar Lassar propôs uma nova maneira de banhar-se, mais acessível à classe trabalhadora. Na Exposição de Saúde Pública de Berlim, ele expôs seu modelo de casa de banhos: boxes individuais com bocais – chuveiros simples – instalados no alto, na parede. Chuveiros rudimentares eram conhecidos dos gregos antigos e também por Montaigne e por Madame de Sévigné, mas a população, infelizmente, os associava à prisão, ao quartel e à água fria. Embora Lassar tenha conhecido os chuveiros do exército da Prússia, o "Banho do Povo" cujo modelo expôs em Berlim usava água quente. Uma instalação-padrão comportava dez pequenos boxes com chuveiro, cinco para homens e cinco para mulheres. Provavelmente inspirados nos novos mictórios públicos de Paris, esses chuveiros também deviam ser instalados nas ruas. Na exposição, dezenas de milhares de curiosos visitantes pagaram 10 *pfennigs* por uma chuveirada. O preço incluía o sabão e o uso de uma toalha e de água limpas.

Calculando que a água necessária para 33 banhos de imersão tinha um custo estimado de um marco e permitia 666 chuveiradas, Lassar sustentou que sua invenção permitia economizar mais de 66 milhões de marcos por ano. Um engenheiro sanitário americano concordou. O "banho de chuva", como era chamado o banho de chuveiro, era:

> mais simples, mais rápido, mais barato e mais higiênico, é o melhor banho completo para as casas de banho populares; o que exige menor espaço, pode ser tomado em tempo mais curto, com menor quantidade de água, gastando menos combustível para aquecê-la e demandando manutenção mais simples e a um custo menor. De pé sob um jato d'água, a pessoa pode ensaboar-se e esfregar o corpo, enxaguá-lo com mais água limpa e quente, que flui como uma chuva fina mais revigorante do pescoço para baixo... Devido a todas estas razões, o banho de chuva tornou-se o método moderno favorito e está destinado a ser o banho do futuro para as casas de banho populares.

Casas de banho com chuveiros nunca foram instaladas nas ruas, mas Viena, Frankfurt e várias outras cidades alemãs logo instalaram chuveiros em suas casas de banho públicas, oferecendo a chuveirada, geralmente, a 10 *pfennigs* cada. Por volta de 1904, 101 das 137 casas de banho públicas alemãs ofereciam chuveiros, geralmente usados com as banheiras de imersão. Embora fossem mais econômicos, os chuveiros não se tornaram tão populares quanto Lassar esperava. Talvez parecessem ameaçadores. Mesmo um banho de banheira com tempo controlado numa casa de banhos pública prometia mais conforto do que ficar em pé, nu e vulnerável, esperando um jato d'água cujo calor e potência não eram conhecidos ou confiáveis. Qualquer que seja a razão, o chuveiro nunca foi plenamente aprovado pela massa na Alemanha ou na Inglaterra.

O embate entre sujeira e limpeza tomou um rumo um pouco diferente na França. Como na Inglaterra, cientistas e médicos franceses mostravam interesse renovado pela limpeza, apoiada na França pelo surgimento de uma disciplina de higiene na Faculdade de Medicina da Universidade de Paris, no início de 1790. Não havia dúvida de que os parisienses, por exemplo, eram mais limpos no século XIX do que tinham sido no *ancien régime*. "Pomadas rançosas e pó-de-arroz escuro não mais escondem cabelos

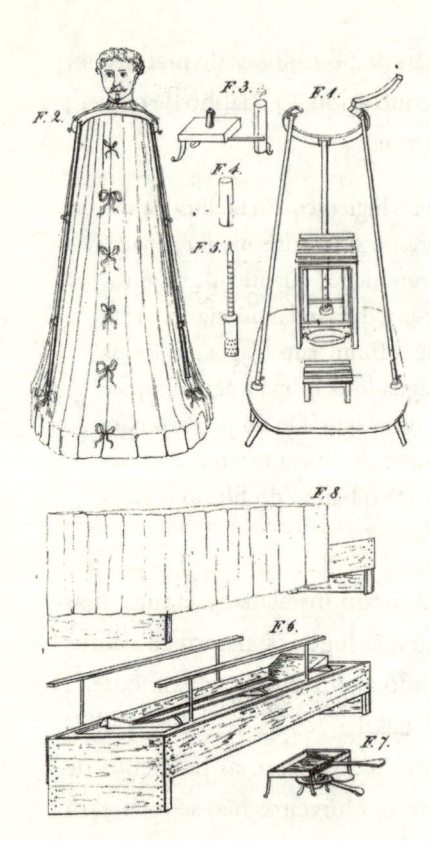

Várias maneiras de vaporizar-se: estas engenhocas complicadas passaram a ser vendidas em 1830.

negros ou loiros", escreveu um médico em 1804. "As pessoas trocam sua roupa de baixo e freqüentam os banhos públicos com muito mais assiduidade, além de usarem roupas mais simples e confortáveis."

Mas, além dessa tendência para o natural, revelada nos penteados e trajes, as práticas francesas não mudaram radicalmente. Apartamentos e casas continuaram mal equipados com água, muito mais por falta de interesse do que por incapacidade técnica de instalar água corrente. Em 1830, quando 1/3 das casas de Londres tinham canos que forneciam e drenavam água, o engenheiro-chefe do sistema de fornecimento de água de Paris ainda insistia que empreendimento de tal porte era custoso e perigoso – a umidade introduzida nas casas pelos canos duraria para sempre.

Na França, monumentos eram prioridade maior do que encanamentos, como observou Frances Trollope, uma inglesa perspicaz, quando visitou Paris em 1835. Depois de conhecer o mais novo orgulho da cidade, a Igreja de Madelena, Frances escreveu: "Acho que teria sido mais útil para a cidade de Paris investir na colocação na distribuição de água para as casas". Para que isto acontecesse, todavia, muitas outras atitudes teriam que ser tomadas. Charles François Mallet admitiu o mesmo em seu livro de 1830 sobre a distribuição de água em Paris: "É uma questão de mudar nossos hábitos, trocar a maneira avarenta com que usamos a água por um uso mais generoso deste elemento essencial para a vida e a saúde doméstica, em favor do hábito do banho que é tão benéfico para a saúde e que será, eventualmente, introduzido na França, como foi o caso, há muito tempo, de nossos vizinhos de além-mar". A alusão ao pioneirismo inglês neste assunto era quase que automática. Embora os franceses exagerassem a devoção inglesa à higiene, as objeções à limpeza eram menos intensas na Inglaterra do que na França, e lá os reformistas e sanitaristas tinham mais influência.

Tomar um banho completo em casa continuava, pelo menos até a década de 1870, quase tão difícil quanto tinha sido no século XVII. Quando a água para o banho estava pronta, freqüentemente o apartamento parisiense não oferecia lugar melhor para a banheira cheia do que os corredores. Um dia, na iluminação deficiente do corredor do apartamento de um amigo, o poeta Stéphane Mallarmé testemunhou o pintor Edouard Manet colocar educadamente o sobretudo sobre o que parecia ser uma mesa com tampo de mármore mas que, na verdade, era uma banheira cheia d'água. Mesmo quando o apartamento tinha um cômodo separado para banhos, nem sempre havia nele uma banheira. Quando Hector Berlioz morreu, em 1869, o inventário de seu apartamento registra dois cômodos para banhos mas nenhuma banheira. O banho sem banheira era tomado por partes, como lembra o escritor Edmée Renaudin:

> O médico J. A. Goullin recomendava o banho tradicional: *Saepe manus, raro pedes, nunquam caput*, ou "mãos freqüentemente, pés, raramente, cabeça, nunca".
>
> *La mode sous le point de vue hygiénique*, 1846

Trazia-se um pequeno jarro d'água. "O que lavaremos hoje?" "Bem", respondia nossa criada alsaciana, hesitantemente, "seu rosto, seu pescoço?" "Ah não! Você lavou o pescoço ontem!" "Bem, então, os braços, acima dos cotovelos. Dobre as mangas!" A higiene pessoal era feita com o corpo inclinado sobre uma bacia. Conforme o dia, lavávamos uma parte diferente do corpo.

Os banhos públicos eram mais convenientes – pelo menos em teoria. Alguns, como os Banhos Chineses, no bulevar dos italianos, em Paris, eram suntuosos, forneciam roupões aquecidos, quartos para descanso, salas de leitura e grande número de criados. Eram caros, naturalmente, de 5 a 20 francos, em meados do século XIX, quando a diária de um trabalhador era de dois francos e meio. A maioria das casas de banho era significantemente mais barata, mas estas não atraíam mais que uma pequena porcentagem da população. Em 1819, os banhos públicos em Paris venderam 600 mil banhos a uma população de 700 mil pessoas – pouco mais de um banho

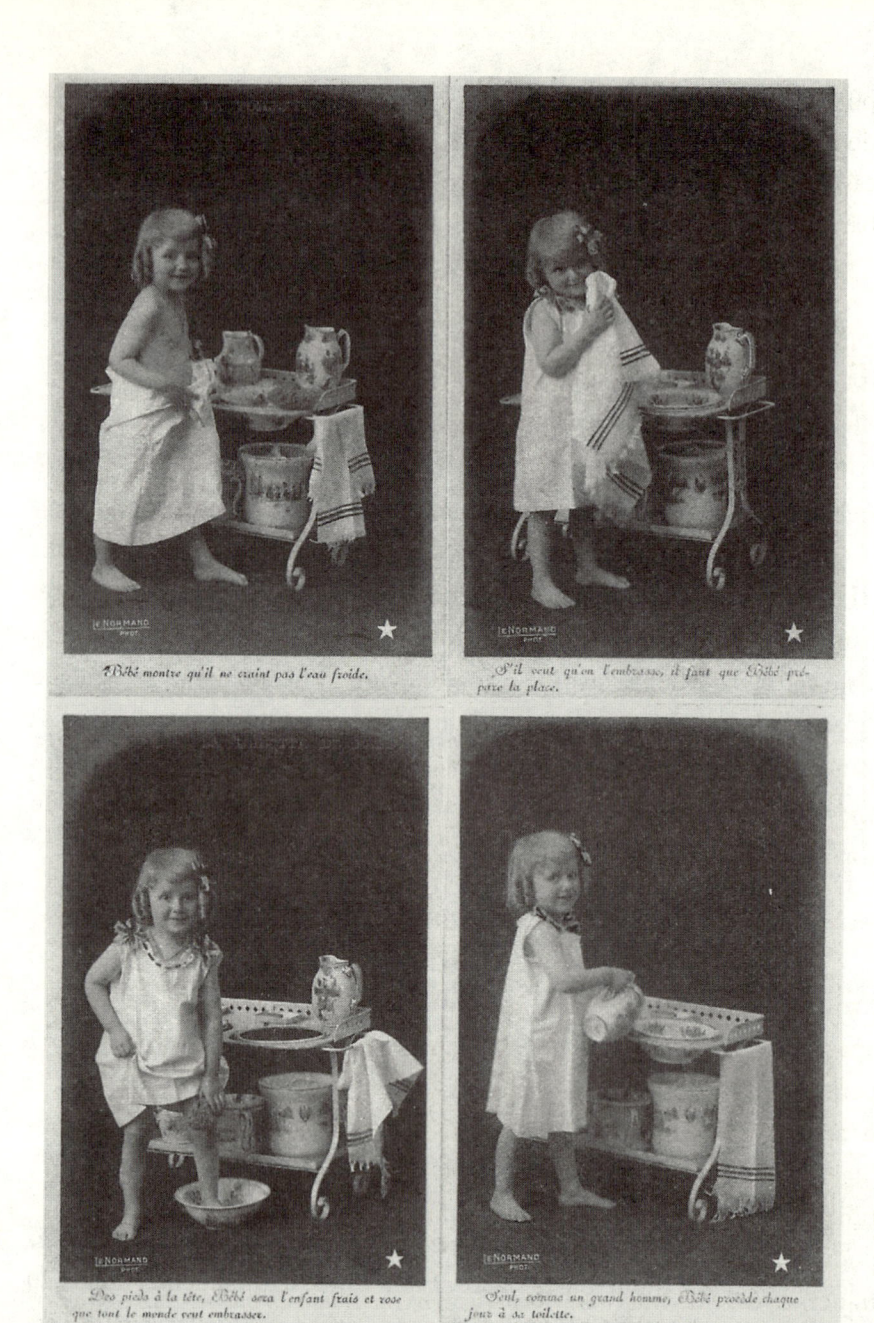

O bebê aprende a se lavar. Em vez do manuseio das camisolas de dormir, este menininho francês aprende hábitos da boa higiene, desde enfrentar a água fria até limpar o rosto – para ganhar mais beijinhos.

por ano para cada parisiense. Trinta anos mais tarde, o número de banhos do parisiense médio havia aumentado para dois por ano. Na realidade, as casas de banho ficavam em bairros ricos e burgueses, e as pessoas prósperas banhavam-se mais do que a média, e as mais pobres, menos.

BANHO EM DOMICÍLIO

> Em 1819, Monsieur Villette lançou em Paris uma inovação alemã que permitia às pessoas tomar banho na privacidade e segurança da própria casa. Um serviço chamado *bain à domicile* (banho em domicílio) entregava, na casa ou apartamento do cliente, mesmo que no último andar do prédio, todo o necessário para um banho – banheira, roupão e um lençol, água quente, morna ou fria, como desejado. Quando o banho acabava, tudo era levado embora, inclusive a água servida, geralmente escoada da banheira até a sarjeta por uma mangueira. O *bain à domicile*, uma combinação agradável de intimidade e espírito comercial, inspirou canções e histórias cômicas: uma anedota então popular dizia terem alguns gozadores encomendado vários banhos para serem entregues no meio de um jantar festivo, na casa de amigos. No entanto, embora muitos gostassem de falar sobre os *bains à domicile*, em 1838, quando a cidade tinha mais de um milhão de habitantes, somente mil desses banhos foram encomendados.

No início de 1860, a água encanada começou a fluir pelos bairros luxuosos de Paris e, em seguida, por toda a cidade. Por volta de 1880, apartamentos de classe média tinham normalmente água corrente, porém, permaneceram antigas reservas, que alguns reformistas franceses relacionaram ao catolicismo. Uma das vantagens dos ingleses, em se tratando de higiene, em teoria, foi a religião: uma vez que os protestantes não compartilhavam do puritanismo católico quanto à nudez. Para eles, lavar o corpo podia ser um ato contínuo e cuidadoso. Em sua obra sobre as mulheres francesas, *On Politeness and Good Taste, or the Duties of a Christian Woman in the World* (educação e bom gosto, ou os deveres de uma mulher cristã no mundo), publicado em 1860, a Condessa Drohojowska aconselha: "Nunca tome mais de um banho por mês. Existe, nesta propensão a sentar-se na banheira, uma certa indolência e debilidade de espírito inadequadas às mulheres". A Condessa de Pange recorda: "Ninguém na minha família

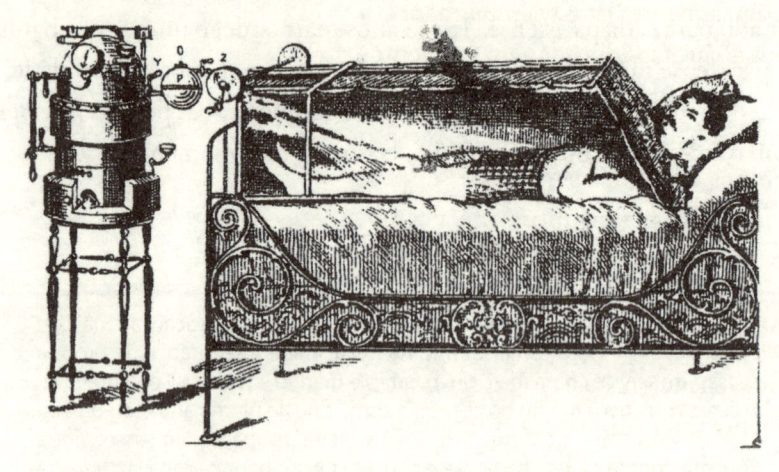

O dono deste aparato francês podia usufruir de um banho a vapor na própria cama.

toma banho!" Eles preferiam se lavar em banheiras com 5 cm d'água, ou passar a esponja no corpo em vez de afundar na água até o pescoço, porque isto parecia "pagão e até mesmo pecaminoso".

As "cortesãs" mais exclusivas, assim como as atrizes e dançarinas, que freqüentemente eram amantes de homens ricos, tinham forma por banharem-se mais freqüentemente e de modo mais suntuoso do que a média. Mademoiselle Moisset, da Opéra Comique, decorou seu banheiro com espelhos e painéis estampados, no estilo da elegante moda oriental, e tinha uma banheira de cobre prateado com gabinete de madeira ricamente entalhado. Mademoiselle Devise, que era bailarina, tinha uma banheira de cobre com gabinete de vime. La Paiva, uma prostituta famosa no final do século, forrou as paredes de seu banho turco com ônix. Sua banheira, cujo gabinete também era de ônix, era de prata, decorada com frisos de cobre. As longas e lânguidas horas que essas mulheres passavam no banho, usando óleos e aditivos requintados, tornaram este costume tão famoso quanto os próprios banheiros.

A conexão entre banho fastuoso e mulheres de má reputação tornou-se notória. Mas, mesmo sem o "exemplo" dessas atrizes e amantes, a simples idéia de uma mulher ou garota honesta submergir o corpo nu

> **DIVINO E IMUNDO**
>
> Em Paris, "os religiosos não lavam a bunda".
>
> E. e J. de Goncourt,
> *Journal*, 1895

em água quente "causava repugnância". Muitas garotas educadas em conventos eram instruídas a banharem-se usando camisa ou muda de roupa, e mesmo meninos e homens tinham de ser protegidos do "perigo moral de ficarem nus por uma hora na banheira". Um *Manual de higiene* publicado em 1844 afirma que "certas partes do corpo" (nunca mencionadas) devem ser lavadas somente uma vez por dia. Observando que algumas pessoas, especialmente mulheres, lavavam tais partes mais de uma vez ao dia, escreveu o autor que: "Não aconselhamos tal prática. Respeitamos a intimidade do higienizar-se, mas observamos que tudo que ultrapassa o limite da higiene saudável e necessária leva, de forma sub-reptícia, a resultados lamentáveis".

Um antigo banheiro francês, uma *salle de bain* gótica.

A relutância de banhar o corpo inteiro parece dever-se, em grande parte, ao puritanismo religioso. Qualquer que seja a origem dessa resistência, no entanto, o fato é que várias escritoras francesas, na segunda metade do século, tentaram convencer que limpeza e moralidade eram assuntos conexos. Relata a autora de *Le cabinet de toilette*, Baronesa Staffe, em 1893, que, seguindo o exemplo de luxuosos estabelecimentos do *demi-monde**, burguesas e aristocratas respeitáveis montaram suas próprias *cabinets de toilette*, refúgios superfemininos, geralmente numa antecâmara do quarto, ou ao lado dele, onde o sério trabalho de vestir-se e pentear-se era realizado com privacidade.

A baronesa aprovava estes santuários femininos tão suntuosos quanto caros. Ela fez um esboço de uma *salle de bain* com paredes forradas de ônix e mármore, um chuveiro atrás de uma cortina de seda, num canto, e a "banheira" – ela usa a palavra inglesa para descrever a bacia rasa colocada noutro canto da sala, pronta para o banho de esponja. As verdadeiras

---

* Ambientes freqüentados por mulheres de reputação duvidosa. (N. dos T.)

CHACUN À SON GOÜT

A *cabinet de toilette* das francesas servia mais ao luxo e conforto, feminilidade e privacidade que à higiene. Os franceses que visitaram a Exposição de Higiene de Paris, em 1900, desdenharam do modelo americano de banheiro, cheio de apetrechos fixos e aerodinâmicos e sem nenhum babado. Tais banheiros foram considerados "laboratórios" e "fábricas de banhos" por eles.

banheiras tinham torneiras para água quente, fria e morna, e eram rodeadas por prateleiras, geralmente de mármore, onde ficavam os perfumes e óleos necessários ao banho. Para descansar "da fadiga da imersão e da hidroterapia", senhoras distintas usavam um *robe de bain*, ou roupão de banho, inovador traje elegante que substituiu o penhoar ou roupão comum no qual hoje a maioria das mulheres penteia os cabelos, e para descansar podiam dispor, ainda, de uma espreguiçadeira forrada com a pele de um urso branco.

Os conselhos sobre banhos dados pela baronesa são típicos da época. Para manter os poros abertos, o que é essencial à manutenção da saúde, todos deviam tomar banho diariamente. Isto podia ser feito em uma banheira, se houvesse alguma disponível e o médico permitia o *grand bain*, ou um banho de esponja. A pessoa devia ser forte para suportar banhos frios, que só deviam ser tomados sob orientação médica. Banhos quentes podiam ser úteis para aqueles que tinham problemas com "excesso de sangue" no cérebro, porém, para a maioria das pessoas, aconselhava que a melhor opção era o banho morno, que não devia durar mais de meia hora. Depois de uma refeição completa, devia-se esperar de três a quatro horas para tomar banho, aconselha a baronesa. E "nunca se banhe com a água de outra pessoa, não importando quão saudável ela seja". ("Mães que levam os filhos para tomar banho junto com elas ignoram o fato de que este hábito é muito perigoso para estes pequenos seres, cuja pele delicada pode absorver vapores desfavoráveis e até mesmo perigosos.") Ela recomenda a fricção do corpo com uma escova ou toalha grossa. O sabão, que não era usado todos os dias, devia ser branco, muito puro e levemente perfumado ou sem perfume algum.

A baronesa é bastante eloqüente quando discute prós e contras do banhar-se. Para aqueles que achavam que a limpeza contrariava princípios religiosos, argumenta que negligenciar o corpo é que era, na verdade, pouco piedoso. E, contudo, as garotas então completavam sua educação nas escolas, nos conventos e nos internatos sabendo pouquíssimo sobre higiene – conhecimento que também as mães, freqüentemente, adquiriam sozinhas, pouco a pouco, muitas vezes passando por humilhações. Muitas dessas mulheres ajudavam a perpetuar o problema mantendo-se caladas sobre o assunto diante das filhas. Também os médicos, que segundo ela deviam pregar a pureza do corpo como os sacerdotes pregavam a do espírito, estavam falhando. A limpeza, a baronesa insiste, "nos deixa mais próximos dos anjos de luz, enquanto a sujeira nos arrasta para a imundíce original".

Muitos franceses, no entanto, mesmo os mais ricos, resistiam a este chamado angelical. Nos treze castelos que o arquiteto Edouard Dainville construiu ou reformou em Anjou, entre 1856 e 1881, ele projetou apenas dois banheiros.

> "Em vez da ridícula banheira, com seus barulhentos ribombos teatrais e que congela os pés, prefiro uma tina de madeira! Uma boa tina de madeira de Montigny, arredondada, na qual possa me sentar com as pernas cruzadas na água quente e onde possa esfregar as costas de modo confortável."
>
> Colette, *Claudine in Paris*, 1901

Nas outras onze construções, os proprietários, hóspedes e criados se viravam com bacias e jarros, ou com banhos de esponja, que era chamado, na França, de "banho inglês". (Na Inglaterra, este tipo de banho ainda é ocasionalmente chamado de "banho francês"). As coisas começaram a melhorar no final do século XIX, quando privadas e banheiros tornaram-se menos exóticos nas casas maiores. Na década de 1880, quando os Rothschilds aumentaram seu Castelo d'Armainvilliers, sete novos banheiros conjugados aos quartos foram construídos no andar dos dormitórios. Mas muitos aristocratas teimosos ainda rejeitavam as modernas instalações hidráulicas. Nos anos 1960, quando a esposa inglesa do Visconde de Baritault inspecionou Roquetaillade, o castelo do nobre – que fora elaboradamente reformado pelo arquiteto e restaurador Eugène Viollet-Le-Duc no século XIX –, contou 60 urinóis, nenhuma privada e um banheiro.

Até 1850, os parisienses pobres podiam tomar banho no Sena, durante o verão, em "praias" tumultuadas e com pouca privacidade, por *quatre sous* (4 centavos), ou sorrateiramente, e sem pagar taxa alguma, nalgum trecho isolado do rio. Hospitais e casas de banho mais simples ofereciam cômodos para banhos com privacidade em todas as estações do ano – mas havia

Soldados franceses em Vichy, usufruindo das duchas e banheiras.

"As mulheres que pinto são pessoas simples e decentes, absorvidas pelo cuidado com o próprio corpo."

Edgar Degas, sobre as mulheres retratadas durante o banho em suas obras

poucos desses estabelecimentos e os banhos oferecidos não eram exatamente agradáveis. Na França, como na Inglaterra, alguns anos antes, a chegada do cólera, em 1849, tornou a questão da higiene das pessoas mais pobres preocupante. Casas de banho públicas foram construídas na França, embora em menor número do que na Inglaterra, mas os franceses, inicialmente, não se mostraram muito entusiasmados com a novidade, como era de se prever. Os mais pobres consideravam os banhos desagradáveis e essa moralidade irritava a classe média. "Banhos prolongados produzem nas garotas e mulheres da classe trabalhadora uma suscetibilidade preocupante", alerta Bourgeois d'Orvanne, e todos sabiam dessa suscetibilidade.

O puritanismo foi somente parte do problema. De acordo com um relatório do Ministério da Educação Pública datado de 1884, uma profunda indiferença francesa para com a limpeza estava por trás desse rigor moral. Questionadas sobre a higiene nas escolas, autoridades de então deram uma resposta reveladora:

> Antes de tudo, deve-se admitir que, de todas as nações civilizadas, a nossa é uma das que menos se preocupa com a limpeza... A pergunta mais superficial é suficiente para confirmar tal fato: até mesmo entre as

classes mais ricas, a limpeza rigorosa do corpo nem sempre vai além das partes expostas. Os hábitos são piores entre a população rural. É necessário ter a experiência de nossos médicos para conhecer o terror que a simples recomendação de um banho causa na maioria dos camponeses de nosso país.

Um comitê encarregado de promover a higiene apontou um fato inegável: a grande população camponesa da França temia o banho e achava a sujeira benéfica. Provérbios populares exaltavam essa crença de que a sujeira protegia: "Pessoas que tomam banho morrem jovens". "A sujeira faz o cabelo crescer." "Se você quer envelhecer, deixe a pele ficar oleosa." Odor corporal intenso era associado a vigor sexual: "Quanto mais o bode fede, mais a cabra o ama". Os camponeses seguiam o costume tradicional de tomar banho, quando tomavam, de acordo com a estação do ano. Depois da hibernação do inverno, um mergulho no rio, na primavera, era apropriado. Só ao nascer as pessoas tomavam um banho completo; outro, só depois de mortas – assim associado ao rito de passagem final da vida, ele realmente aterrorizava. Quando um camponês chegava, doente e imundo, ao hospital, era usual e lógico que a primeira providência fosse banhá-lo. Se ele não se recuperava, o que não era raro, a rotina era culpar o banho. "Foi o banho que o matou", diziam os familiares. Ou "ele morreu durante o banho, ainda na banheira".

Os reformistas franceses da higiene pública tentaram desacreditar estas crenças folclóricas com amplas campanhas de educação pública. Distribuição de folhetos sobre higiene, colunas de saúde pública nos jornais e aulas de higiene nas escolas foram medidas adotadas por todo o país. Em sua *Encyclopédie de la santé, cours d'hygiène populaire*, publicada em 1855, J. Massé descreve cuidadosamente um banho, em detalhes e sem deixar nada de fora, a começar pelo equipamento – uma banheira pequena, uma bacia quase cheia de água fria, uma chaleira de água quente, um pedaço grande de flanela e duas esponjas largas do tipo utilizado para limpar o chão (mas sem sabão). Primeiro devia-se esfregar o corpo com um pano grosso. Em seguida, mergulhando as duas esponjas na água, uma em cada mão, a pessoa começava a lavagem. "Não pare nem por um instante", são as instruções, "e use a água de modo a realizar a operação em minutos;

assim que terminar, saia da banheira e pegue rapidamente uma toalha para se secar."

A higiene foi introduzida no currículo escolar francês em 1882, por Jules Ferry, então ministro da educação, começando com as crianças mais novas e seguindo até as séries mais avançadas. A higiene pessoal aparecia em todo o currículo, em ditados, leituras e recitações, e não simplesmente nas aulas de saúde e ciências. Um texto para ser ditado às crianças das primeiras séries dizia: "Louise não gosta de água fria. Esta manhã ela pensou que tinha se lavado porque passou levemente a flanela sob o nariz. Seu rosto continuou sujo e suas mãos também. Sua mãe não quis beijá-la neste estado".

Outro texto ditado, sobre um garoto estudioso mas imundo, questiona: "Por que as pessoas não gostam do garoto? [...] Ele cuida do cabelo?" A lição termina assim: "Conjugar: Eu conheço minha obrigação. Eu lavo minhas mãos. Eu limpo e lustro as peças de bronze".

Mas a limpeza recomendada na escola estava focada no visível, especialmente mãos e rosto. É compreensível que esses textos evitassem mencionar as "partes íntimas", genitais ou anais, mas os pés, ao menos, parte do corpo que, além das mãos e cabeça, podia ser lavada sem problemas, podiam ter sido incluídos. Mesmo a programação mínima de banhos proposta era mais conhecida por não ser cumprida nos internatos franceses. Banhar-se uma vez por mês, no inverno, como mandavam os comitês de higiene, raramente era possível. Uma pesquisa realizada no final do século XIX em *lycées* de toda a França revelou que menos da metade tinha acomodações em que os internados pudessem se banhar – algumas visitas às casas de banho municipais próximas eram consideradas o suficiente. Em algumas escolas, somente os estudantes doentes tomavam banhos completos.

> **A ESPOSA DO MINEIRO BANHA O MARIDO**
>
> "Ela começou a lavar as costas do marido pelos ombros e chegou até as nádegas; tinha então tomado gosto pela atividade e conversava com ele, não deixando uma única parte do corpo sem ser lavada, fazendo-o brilhar como as três caçarolas na limpeza de domingo. [...] O banho sempre terminava deste modo – ela o deixava excitado esfregando-o fortemente e depois passando a toalha por todo o corpo, acariciando os pêlos em seus braços e peito. Para os homens da vila, este era o momento mais esperado, a hora em que se faziam mais crianças do que o planejado."
>
> Emile Zola, *Germinal*, 1885

A aprovação e aceitação popular das casas de banho públicas que surgiram de modo tão débil na França do século XIX foi lenta e parcial. As lavanderias anexas a elas, por outro lado, foram um grande sucesso, sendo mais "defendidas" do que os banhos – essa prioridade dada às roupas, em vez de ao corpo, nos faz lembrar da França de Luís XIV. Em relação à lavagem do corpo, a situação na França melhorou com a importação do chuveiro alemão, no início do século XX. A reserva tradicional com relação aos banhos persistiu – um desenho num jornal do período mostra uma criada ajudando sua senhora no banho doméstico, em uma banheira móvel, e sendo questionada por ela: era verdade que a criada tinha que se lavar em público? Uma amiga da senhora havia lido que era assim, no jornal: "Mas isto é indecente!" Apesar das reservas, os chuveiros públicos municipais popularizaram-se quase que de imediato na França, atraindo muito mais mulheres do que na Inglaterra. Em 1908, metade dos 150 mil clientes dos chuveiros municipais eram mulheres. Os estabelecimentos com chuveiros públicos, uma característica tradicional dos bairros operários, continuaram a ser instalados em distritos e vilas mais pobres da França até o final da década de 1930. No decorrer do século XIX, os franceses, especialmente aqueles que moravam nas cidades, fizeram um enorme progresso em relação à limpeza. Mas neste quesito e naquele período, eles e os europeus em geral estavam sendo superados, em muito, por um país que consideravam pioneiro, arrogante e rude – a América.

SETE

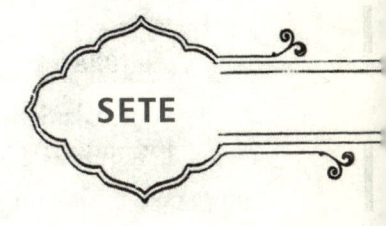

COMPLETAMENTE MOLHADOS
AMÉRICA, 1815-1900

Os Drinkers eram bem-sucedidos protestantes da Filadélfia. No final do século XVIII, 1798, o patriarca da família, Henry, instalou um chuveiro primitivo no quintal da casa deles. No primeiro verão da novidade, Elizabeth Drinker, a esposa, só observou filhos e criados entrarem sob o reservatório e acionar a válvula que liberava a água sobre a cabeça deles. As mulheres tomavam esse banho de camisola e touca. A matriarca só experimentou a novidade em 1º de julho de 1799, num inesperado ato de coragem. "É muito melhor do que eu esperava", relatou ela em seu diário. "Há 28 anos não me molhava por inteiro."

Antes da Guerra Civil americana, os *yankees* eram tão sujos quanto os europeus. Como na Europa, os ricos desocupados alimentavam um desejo pela limpeza, mas, no início do século, a maioria dos americanos, assim como seus primos britânicos, consideravam a sujeira corporal mais que inevitável, saudável, e não se preocupavam com ela. Por volta de 1880, contudo, aconteceu algo que ninguém poderia prever. Os Estados

Unidos – uma nação em crescimento, ambiciosa e ainda inexperiente, em muitos aspectos – escolheu tornar-se o país ocidental que melhor acolhia o evangelho da higiene. No final desse século, pelo menos os americanos urbanos distinguiam-se dos europeus pelos hábitos de "limpeza".

Por que os americanos assumiram a liderança? Porque tinham condições de assumi-la é uma resposta. Redes de água e esgoto são instaladas muito mais facilmente em cidades novas do que nas antigas. E ao contrário dos apertados e antigos apartamentos europeus, as casas americanas dispunham de espaço abundante e barato, e logo moradias com banheiro se tornaram padrão dos americanos.

Em 1842, Charles Dickens, na Filadélfia, escreveu com admiração que toda a cidade era "abundantemente provida de água fresca que, distribuída para os chuveiros, chega a todos os lugares".

Como manter criados nunca foi costume popular nos Estados Unidos democrática, os dispositivos que economizavam trabalho também eram valorizados. E o primeiro da lista foi o sistema de distribuição de água; desde 1870 o sistema hidráulico de distribuição americano é superior ao de todos os outros países.

No entanto, dizer simplesmente que os EUA lideravam "porque tinham condições para fazê-lo" não nos leva às causas verdadeiras. As vantagens física e tecnológica dos americanos foram importantes, mas não definitivas. Embora fosse difícil, teria sido possível fazer uma melhor campanha em prol da limpeza na Europa, se fosse realmente essa a vontade das pessoas, já que a tecnologia hidráulica e de distribuição haviam sido desenvolvidas antes mesmo de a demanda popular ocorrer. Por que os americanos, mais do que os alemães, espanhóis, franceses e ingleses, queriam ficar limpos? Eles temiam as doenças e no país ocorriam surtos repetidos de febre tifóide e cólera, mas não mais do que nas nações européias. Todos haviam sido influenciados pelas mesmas teorias científicas – da crença errônea nos perigos do miasma à teoria de Pasteur sobre os micróbios, que só foi amplamente aceita no início do século XX.

Não foi por um único motivo que coube aos Estados Unidos estabelecerem o padrão de limpeza pessoal vigente, uma confluência de várias razões se deu. Os americanos se orgulham de sua propenção à inovação, desde a notável invenção da democracia do Novo Mundo até a inventividade *yankee*, que logrou produzir um ótimo descaroçador de maçãs, por

Um devoto da hidropatia de Vincenz Priessnitz toma banho ao ar livre na Silésia. Os americanos do século XIX acreditavam na cura através da água fria.

exemplo. A divulgação da limpeza escrupulosa do corpo, como hábito, e dos meios para alcançá-la – água quente encanada, sabão para o banho e até mesmo propaganda, para alertar as pessoas sobre os benefícios da higiene – eram novos. Os americanos, livres da opressão de um sistema de classes sociais rígido, estavam sempre procurando maneiras igualitárias de educar e promover melhor condição social geral, e a limpeza, que cada vez mais ficava ao alcance do americano médio, transformou-se numa boa maneira de fazê-lo. O sucesso de medidas de higiene que, durante a Guerra Civil, controlaram doenças, levou o povo americano a considerá-la cívica, um fator de progresso. O americano médio de então, amava o religioso e o patriótico: nas últimas décadas do século, eles associavam a limpeza à pureza e ao jeito americano de ser.

Além disso, os americanos se orgulhavam de seu senso de justiça, uma qualidade que podia surpreender, assim como sua suscetibilidade para o excêntrico e para teorias extravagantes. Uma novidade que levou muitos americanos a considerar a água e a limpeza boas foi a hidropatia, que dominou o país em meados do século. A hidroterapia, ou cura pela água, chegou aos Estados Unidos vinda da Silésia, região montanhosa da Europa central, compartilhada por Alemanha, Polônia e Tchecoslováquia. Um fazendeiro dessa região, chamado Vincenz Priessnitz, afirmava ter curado uma vaca febril, o próprio pulso torcido e algumas costelas quebradas apenas com água fria e bandagens úmidas. Ele inaugurou um centro de tratamento chamado Grafenburg, em 1826, e logo 49 pessoas vieram procurar ajuda. Quinze anos mais tarde, o número anual de pacientes variava entre 1.500 e 1.700, e Priessnitz já tinha ganhado o equivalente a 150 mil dólares. Seus clientes incluíam príncipes e princesas, condes e condessas, generais e padres. Em Grafenburg, não era incomum encontrar mulheres austríacas nuas entre os pinheiros, sob canos dos quais água de nascentes jorrava em abundância.

O sucesso de Priessnitz na cura de várias doenças levou os médicos a investigar as esponjas que ele utilizava, procurando remédios escondidos, mas não havia nada dentro delas. Ele acreditava que a doença saia do corpo através da pele, então concentrava-se na limpeza e abertura dos poros e no estímulo da circulação com água limpa e fria. Se o problema fosse localizado, prescrevia banhos para a parte atingida. Para queixas gerais, Priessnitz desenvolveu um lençol úmido, em que envolvia o paciente por várias horas.

CORRESPONDÊNCIA MATRIMONIAL
"Tenho 19 anos; acredito totalmente no sistema de Cura através da Água, nos Alcoólicos Anônimos e nos Direitos da Mulher. Sou parcialmente vegetariana, mas ocasionalmente como carne vermelha, porém não gosto muito. Bebo água completamente fria e tomo banho duas vezes ao dia."

Uma carta no *Water-Cure Journal*, 1854, de uma mulher que assinou "Sabá, a louca"

Embora a maioria dos pacientes de Priessnitz viesse da Europa central, alguns eram americanos: entre eles Elizabeth Blackwell, primeira americana a graduar-se em medicina. De volta para casa, os americanos espalharam a doutrina da cura pela água para um público que a aceitou com muito entusiasmo. Talvez porque não tivessem *spas* como os europeus, ou porque a hidropatia se adequasse ao pragmatismo americano, ou pela economia e autoconfiança, ela foi acolhida com entusiasmo no país. Embora uma das vantagens da hidropatia possibilitasse a prática domiciliar, mais de 200 centros de cura pela água surgiram, do Maine a São Francisco. Na década de 1850, o *Wa-*

ter-Cure Journal, publicação bimensal, contava com 100 mil assinantes. A hidropatia foi popular entre 1840 e 1900, mas seu "período de glória" terminou no início da Guerra Civil (1861).

Ainda que os procedimentos hidropáticos pudessem parecer brincadeira de férias de verão, os defensores da cura pela água geralmente eram intelectuais e reformistas cuja influência excedia o âmbito da saúde. Entre tais pessoas figurava Harriet Beecher Stowe, autora de *Uncle Tom's Cabin* (A cabana de tio Tom, *A cabana do pai Tomás,* no Brasil). Em 1846, ela estava exausta: era pobre, trabalhava muito e, em dez anos de casada, tinha parido cinco filhos. Como o marido era ministro da igreja anglicana, a congregação a mandou para o Centro de Cura hidropático de Brattleboro (Vermont), onde ela ficou por dez meses. Ela escreveu sobre a rotina curativa: "Antes do café, vou ao banho de ondas, e deixo todas as ondas e oscilações passarem por mim até cada membro ficar dolorido de frio e minhas mãos quase perderem a sensibilidade necessária ao vestir-se. [...] Às 11h é hora da ducha [...] e depois faço um passeio a pé. [...] Após o jantar, jogo boliche ou ando por até quatro horas; em seguida, tomo o banho de assento e dou outro passeio, à pé, por mais duas horas".

Harriet Stowe recuperou-se e as lições e exercícios da cura, a comida simples e, acima de tudo, a importância da água ficaram gravadas para sempre em sua mente. Ela decidiu que a água era um elemento muito valioso para ficar restrita aos doentes. Todos deviam ter os meios para abrir os poros, deixar sair as substâncias nocivas e ficar saudável. Quase 20 anos depois de sua visita à Brattleboro, Stowe escreveu o artigo *Our Houses – What Is Required to Make Them Healthful* (Nossas casas – O que é necessário para torná-las saudáveis) no *Water-Cure Journal*. Um "grande elemento vital" em todas as casas, ela insistia, era a "água, água em todo lugar; deve ser em grande quantidade, deve ser fácil de conseguir, deve ser pura [...] Deve haver um banheiro para cada dois ou três residentes, e água quente e fria deve estar disponível em cada um deles". Disponibilizar um banheiro com água quente para cada dois ou três habitantes na década de 1860 era muito utópico, mas em um século a visão de Stowe tornou-se realidade para a maioria dos americanos.

A preocupação nacional com a limpeza também foi estimulada por um setor mais presente na vida americana, tão direcionada ao lucro – o hotel. Quando perguntaram ao Duque de Doudeauville se ele pretendia instalar banheiros em La Gaudinière, o opulento e extraordinário castelo que planejava construir próximo a Vendôme, na década de 1860, o francês respondeu, de forma arrogante: "Não estou construindo um hotel".

O duque pode ter desprezado o exemplo dos hoteleiros, mas não há como negar que com relação a banheiros, especialmente nos Estados Unidos, os hoteleiros foram pioneiros.

> O BANHO DO FUTURO
>
> "Sempre há um banho preparado no hotel, e eu nem mesmo tenho que me incomodar em sair do quarto para tomá-lo. Basta simplesmente apertar este botão, a banheira começará a se mover e você a verá surgir por si só, com água na temperatura de 37° centígrados. Francis apertou o botão. Um barulho que começou abafado aumentou gradativamente [...] Em seguida, uma das portas se abriu e a banheira apareceu deslizando em trilhos."
>
> Day in the Life of an American Journalist in 2889 (Um dia na vida de um jornalista americano em 2889), Jules Verne, 1889

Os hotéis americanos diferiam dos europeus porque eram maiores, mais novos e projetados para uma população ativa, capaz de pagar pelos luxos antes exclusivos da nobreza. Depois que o Tremont House de Boston inaugurou o Greek Revival, em 1829, o mundo dos hotéis mudou para sempre. Suas inovações incluíam: fechadura individual patenteada em cada um dos 170 quartos, cozinha francesa, luz a gás nas áreas comuns e um bom pedaço de sabão amarelo para usar com o jarro e a bacia de cada quarto. O mais importante para a história da limpeza foi que o hotel oferecia oito "salas de banho, no subsolo, onde os hóspedes podiam tomar um banho completo". A rede hidráulica naqueles dias se estendia até o subsolo ou, no máximo, até o primeiro andar; portanto, a localização era importante. Banhos eram essenciais aos viajantes, que naqueles tempos enfrentavam estradas lamacentas ou deslocavam-se em carruagens abafadas. Ocasionalmente, casas de banho alugavam espaço no subsolo dos hotéis ou se instalavam próximo deles, porém, o Tremont House, que cobrava a exorbitante diária de 2 dólares, foi o primeiro hotel a oferecer banheiros para uso exclusivo dos hóspedes.

Sete anos mais tarde, em 1836, John Jacob Astor inaugurou o Astor House, em Nova York. Muito mais luxuoso do que o Tremont, o hotel oferecia, surpreendentemente, uma banheiro com privada em cada andar, com suprimento de água de um reservatório instalado no telhado, abastecido por uma bomba a vapor. Depois disso, cada novo hotel de luxo tentava superar o Tremont, que superara o Astor. Os "Jonathans", nome que os ingleses usavam para zombeteiramente designar americanos, já estavam começando a agradá-los com sua inclinação para o banho completo. Em 1853, o *Illustrated London News* deu destaque à inauguração do hotel Mount Vernon, em Cape May, Nova Jersey, com uma mistura de imaginação e condescendência irônica. Ao constatar que 200 km de canos tinham sido instalados para o gás e a água, e que nas torneiras dos banheiros sempre havia água quente ou fria pronta para jorrar, o repórter registrou: "Jonathan é tão bom em hotéis quanto em todas as outras coisas em que se mete".

Nas décadas que antecederam a Guerra Civil, alguns americanos já dispunham de água quente encanada em andares mais altos do que o primeiro. A estadia em hotéis americanos (e os americanos, pelos padrões europeus, eram viajantes entusiasmados) somava ao conforto do banho quente a conveniência de tomá-lo próximo ao quarto. No final do século, vários hotéis competiram para oferecer primeiro "uma banheira em cada quarto". O vencedor parece ter sido o Hotel Statler, em Buffalo, o primeiro de uma rede fundada por Ellsworth Statler. Em 1908, o hotel oferecia "quarto e banheira por um dólar e meio".

As residências seguiram o exemplo dos hotéis, embora vagarosamente. Nos EUA, milhares de proprietários e construtores procuravam inspiração arquitetônica nos livros de plantas-modelo, como os publicados pelo influente arquiteto americano Andrew Jackson Dowing. Em 1842, num projeto para casa de campo "no estilo inglês antigo", Dowing adicionou um quarto de 2,5m x 3m para a banheira, no segundo andar, diretamente acima da cozinha, por que a água quente dependia da caldeira da cozinha. No fim do corredor, separado do "quarto de banho", como Dowing o chamava, havia um aposento com a privada. Em geral, os arquitetos ingleses preferiam separar banheiras e privadas, mas, em meados do século os americanos começaram a instalar todo o encanamento num mesmo cômodo. Muitas pessoas continuaram a usar as bacias em seu quarto até as últimas décadas do século XIX, quando então surgiu a pia, que completou o trio comum de acessórios do banheiro moderno.

Em meados do século XIX, somente os americanos mais ricos tinham banheira fixa no quarto, mas Dowing e outro arquiteto autor de livros de plantas-modelo, Clement Vaux, incluíram quartos como esse não só em projetos de casas mais caras como também em casas mais simples e modestas. Sua autoridade e a ampla divulgação de seus livros levaram muitos americanos a sonhar ter um banheiro, algum dia. Outra grande divulgadora dos banheiros foi Sarah Josepha Hale, editora da primeira revista feminina americana, *Godey's Lady's Book*. Devemos a ela a divulgação do "banho de sábado à noite". Entre os doze modelos de casa que ela apresentou na revista, em 1861, sete tinham banheiros no segundo andar, com água encanada. (As casas que não tinham banheiros haviam sido construídas na década de 1850 ou eram muito simples.)

Os americanos, que acreditavam que a hidropatia era saudável, foram facilmente convencidos pelos hotéis que, além disso, a limpeza podia ser agradável. E a Guerra Civil os convenceu de que a limpeza era parte da ética moral e socialmente iluminada. Embora a guerra não tenha sido decisiva isoladamente, combinada com outras causas em curso em meados do século, ela foi essencial no que se refere à higiene para os americanos. Mesmo antes do Forte Sumter ser atacado em 1861, os americanos consideravam as lições da Guerra da Criméia, particularmente o sucesso de Florence Nightingale na diminuição das mortes por meio do saneamento. Como escreveu seu biógrafo Lytton Strachey, Florence baseou seu trabalho "nas tinas de lavar roupa, e elas cumpriram com seu dever". Limpando e esfregando as paredes e o piso dos hospitais, lavando bem a roupa de cama e os camisões de linho utilizados pelos pacientes e banhando os próprios internados, Nightingale revolucionou as condições hospitalares e tornou-se uma figura venerada internacionalmente, em particular pelas mulheres americanas. Uma de suas discípulas americanas foi a médica Elizabeth Blackwell, que defendia a hidropatia. Depois de visitar Nightingale em Londres, ela declarou ser o "saneamento uma responsabilidade da medicina".

Nightingale chamou atenção para o fato de óbitos por doenças e infecções, nos tempos de guerra, ultrapassarem o número de feridos por arma de fogo, e propôs que a limpeza podia diminuir essas ocorrências. Inspirado por seu exemplo, em 1861 o governo Federal americano fundou o Comitê para Saneamento dos Estados Unidos, uma agência devotada à higiene preventiva, que contava com um exército de voluntários. Comandado por Frederick Law Olmsted, o arquiteto do Central Park, o Comitê foi primeiramente considerado, nas palavras de um de seus fundadores, "um respeitável corpo de supostos fanáticos e filantrópicos, apoiados por um enorme número de mulheres ansiosas e simpáticas". Mas, o Comitê prosseguiu vigorosamente, divulgando a extraordinária mensagem de que um homem não podia lutar bem a menos que estivesse limpo. Olmsted determinou que cada soldado recebesse uma escova de roupas, uma de sapatos e uma de dentes, além de um pente e toalhas, e também que todas fossem utilizadas ao menos uma vez por semana. Um soldado de 19 anos escreveu para casa, em Wisconsin, reclamando que gastava todo seu tempo livre mantendo-se limpo. E não foi o único.

Para surpresa geral, o Comitê fez um sucesso bárbaro. Mortes por aquelas doenças citadas, no exército da União, embora ainda fossem mais altas do que as ocorridas por ferimento em batalha, reduziram-se significativamente quando comparadas com as ocorridas durante a Guerra Civil e a Guerra Mexicano-americana de 1846-48. Durante esta guerra, para cada soldado morto em batalha seis morreram de doenças. Depois, já no Exército da União, para cada duas mortes por ferimento em bata-

Hospital de combatentes em Fredericksburg, Virgínia, maio de 1864. O Comitê de Saneamento do Exército da União divulgou as virtudes do sabão e da água entre os americanos.

lha só três ocorriam por doença. Mas o triunfo do Comitê ultrapassou o horizonte da Guerra Civil. "Envolvendo a limpeza e a ordem no manto do patriotismo e da vitória", como disse a historiadora contemporânea Suellen Hoy, o Comitê forçou os americanos a pensar diferente sobre a higiene. Médicos e oficiais do governo adquiriram um novo respeito pela limpeza simples e comum. Quando os veteranos voltaram para casa, impressionaram-se com o conforto da água quente, os banhos de pés e até mesmo com o sabão. Os civis, cujas esposas, mães e irmãs tinham se voluntariado aos milhares para continuar o trabalho do "saneamento", como o Comitê era conhecido, se acostumaram com as constantes discussões sobre o que era sanear.

Rapidamente, valores simbólicos foram associados ao movimento. A sujeira passou a ser considerada primitiva e caótica, exatamente o que os americanos não queriam ser. A limpeza, por outro lado, foi associada à moralidade, à boa ordem e à reforma. As mulheres foram rigorosas nestas guerras contra a sujeira, e mais uma vez seu trabalho voluntário foi essencial, como o fora durante a Guerra Civil. O trabalho delas era muito próximo da limpeza, preparação de refeições e provimento de cuidados gerais, como enfermagem, feitos no lar. Isso proporcionou a elas confiança e reputação de terem iniciativa. Enquanto a mulher inglesa modelo de classe média, normalmente designada "anjo da casa", tinha criadas, sua prima americana envolvia-se com o controle da casa e da família. E a limpeza – a prática e o ensino para as crianças – tornou-se um importante papel padrão do arsenal feminino americano.

Após a guerra, confiantes e com um senso messiânico de determinação, os sanitaristas levaram sua campanha pela limpeza para as cidades do norte, as quais os mantiveram ocupados nas décadas de 1870 e 1880. Começando na década de 1880, quando uma nova onda de imigrantes europeus ameaçou quebrar o delicado equilíbrio nacional da limpeza, eles ensinaram os concidadãos sobre limpeza pessoal. Antes, educaram 4 milhões de escravos libertados – que não eram recém-chegados na América e tinham acabado de conhecer a auto-confiança.

Para Booker T. Washington, afro-americano mais proeminente do século XIX, a chave para a autoconfiança era a limpeza. Nascido escravo em uma plantação da Virgínia, em 1856, Washington foi educado por ingleses escrupulosos que o impressionaram com a importância do asseio e da higiene. Como ajudante de uma professora de Vermont, ele adquiriu a permanente incapacidade de deixar quaisquer restos ou papéis pelo chão ou no quintal. No fim da adolescência, visitou o Instituto de Agricultura e Escola Normal de Hampton, na Virgínia, com a esperança de ser admitido. O diretor solicitou ao candidato que varresse uma sala de aula, Washington a varreu três vezes, depois tirou o pó do aposento – por quatro vezes. Sua determinação lhe valeu a admissão.

Booker T. Washington, que estimulou a autoconfiança de afro-americanos com o "evangelho da escova de dentes".

Hampton foi fundada pelo General Samuel Chapman Armstrong para educar escravos libertados. Filho de missionários no Havaí, Armstrong achava tanto os americanos polinésios quanto os afro-americanos "pessoas nos primeiros estágios da civilização", que necessitavam adquirir algumas "habilidades fundamentais". A limpeza do próprio Armstrong era legendária: enquanto estudante do Williams College, tomava banho frio de esponja todas as manhãs; durante a Guerra Civil, no comando de um regimento de negros, exigia que seus soldados fossem os mais limpos de toda a brigada. Adotando o preconceito de Armstrong em relação às "habilidades básicas", Washington acompanhou afro-americanos, que mal sabiam falar o inglês, no esforço de aprender grego e latim. Em sua autobiografia, *Up from Slavery*, Booker descreve o que considerou uma das cenas mais tristes de sua vida: um jovem negro sujo e com a roupa cheia de graxa estudando francês.

Em 1881, Washington fundou o Instituto Tuskegee no Alabama. Lá, supervisionava o ensino para afro-americanos, que incluía aprender a dormir com dois lençóis, usar camisão de dormir e banhar-se. "Insistimos na limpeza absoluta do corpo, desde o começo", escreveu Washington. "Várias vezes lembramos os estudantes, nos primeiros anos e também agora, que as pessoas nos perdoam a pobreza, a falta de posses, mas não a sujeira."

BOOKER T. WASHINGTON
INSPECIONANDO QUARTOS EM TUSKEGEE

"Num quarto, deparamos com três meninas que tinham acabado de chegar à escola. Quando lhes perguntei se tinham escova de dentes, uma delas respondeu, apontando uma escova: 'Sim, senhor. Aquela é nossa escova. Nós a trouxemos juntas, ontem.' Elas não levaram muito tempo para aprender."

Emprestando a idéia do General Armstrong, ele pregava "o evangelho da escova de dentes", e este estratagema tornou-se tão famoso que os estudantes, que freqüentemente chegavam em Tuskegee quase sem bagagem nenhuma, traziam escovas de dentes. Convencido de que o uso da escova representava "um nível mais alto de civilização", Washington registrou que "todo estudante que, por iniciativa própria, substitui a primeira escova de dentes por uma nova raramente desaponta".

Desde a década de 1840, quando mais de um milhão de imigrantes irlandeses se estabeleceram nas cidades portuárias do nordeste do país, superpopulação urbana e imundície tornaram-se fatos na vida americana. Na década de 1880, centenas de milhares de europeus do sul e do leste também começaram a chegar. Por volta de 1900, 37% dos 3,5 milhões de pessoas de Nova York eram imigrantes. Embora em desvantagem, os pobres, na França, eram franceses, e na Alemanha, alemães. Os americanos enfrentaram um situação mais complexa porque os indivíduos que queriam converter ao credo da limpeza eram estrangeiros que, acima de tudo, nem entendiam direito, ainda, a língua inglesa, nem os costumes americanos.

Assim como na antigüidade os romanos se propuseram a civilizar todo um império com o latim e os banhos, os americanos acreditavam que, entre outras coisas, um modo de efetivamente americanizar os recém-chegados era ensiná-los a tomar banho. Com o zelo dos recém-convertidos à limpeza, os *yankees* consideravam a higiene antídoto para a maior parte das atitudes e práticas dos que não seguiam o modelo vigente no país. O banho público, segundo um ousado reformista de Chicago afirmou, naqueles tempos, era "a maior força de civilização a ser usada no relacionamento com esses europeus não-civilizados que invadem nossas cidades".

Os recém-chegados "não-civilizados", considerados tão sujos que a Ilha Ellis foi equipada para dar banho em 8 mil deles a cada dia, eram uma ameaça conhecida à saúde de todos. Jacob Riis, historiógrafo reformista dos conjuntos de apartamento de Nova York, esboça um quadro aterrorizante das "doenças da sujeira", que podiam se espalhar pela cidade a partir dos costureiros que faziam acabamento de roupas em casa. Em *How the Other Half Lives* (como vive a outra metade), publicado em 1890, ele escreveu:

> "A única água que os irlandeses usam é a água benta."
>
> Ditado americano do século XIX

> Já aconteceu mais de uma vez de crianças se recuperando de varíola, ou seja, no estágio mais contagiante da doença, serem encontradas engatinhando entre os montes de roupas não terminadas que, no dia seguinte, seriam vendidas no balcão de uma loja qualquer da Broadway; já aconteceu também de um doente de febre tifóide ser encontrado em um cômodo de onde, talvez, uma centena de casacos tinham sido despachados, naquela semana, cada um com uma garantia de morte invisível e ignorada alinhavada no forro.

Com relação à ameaça mais incerta, da imoralidade que grassava nos bairros mais pobres, acreditava-se que a limpeza também podia resolvê-la. Quando Nova York inaugurou uma casa de banhos pública, Riis respirou aliviado. "A pureza [agora] tem uma chance de caminhar junto com a limpeza. As duas são vizinhas em todo lugar, mas nos bairros pobres a última deve vir primeiro."

(Sanitaristas, tanto na Europa quanto nos EUA, acreditaram firmemente na conexão entre limpeza e moralidade. Um trabalho publicado na revista *Science* em 2006 parece confirmar isso. Pesquisadores descobriram que quando se pede a uma pessoa que imagine ter feito algo antiético e, em seguida para preencher espaços em branco e formar palavras em W_ _ H e SH_ _ER, ela forma mais vezes as palavras WASH e SHOWER. Aqueles aos quais foi solicitado imaginar ter realizado atitude ética antes de completar os espaços em branco formaram mais vezes outras palavras,

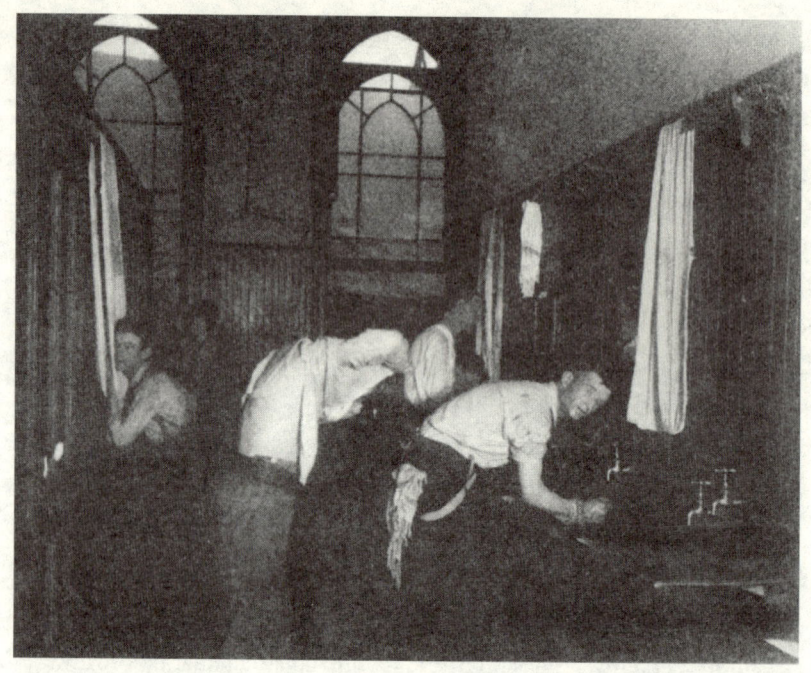

A foto de jornaleiros de Nova York se lavando numa pensão foi feita por Jacob Riis e publicada em seu livro de 1890, *How the Other Half Lives* (como vive a outra metade).

como WISH e SHAKER. Noutro experimento, foi permitido a metade dos indivíduos solicitados a imaginar atitudes antiéticas como lavar as mãos. Depois, pediram a todo esse grupo que auxiliasse os pesquisadores como voluntários, já que eles "precisavam de ajudantes, que não seriam pagos pelo trabalho". O voluntariado entre os que lavaram as mãos foi 50% menor – o que sugere que os indivíduos com as mãos limpas sentiam-se "absolvidos" o suficiente para não sentir "necessidade de fazer uma boa ação".)

Um dos principais locais onde os recém-chegados aprendiam a pensar e agir como americanos era a escola pública. Um imigrante judeu chamado Sol Meyerowitz, que morava em Nova York, lembra:

> A professora costumava começar o dia com a leitura do Velho Testamento; em seguida, ela inspecionava nosso cabelo, nossas mãos, olhava nossas orelhas, examinava meu pescoço para ver se estava sujo. Um dia ela me mandou de volta para casa porque meu pescoço estava sujo. Ela esfregou minha pele com força para ver se estava encardida. Éramos

somente um bando de meninos tristes, sabe como é, garotinhos mal-humorados, sempre malvestidos. E éramos sujos, imundos. A gente tomava banho uma vez por semana, acho, e usávamos a mesma roupa de baixo a semana inteira.

Os professores faziam demonstrações de como usar a bacia e o sabão para se lavar. Certo dia, um deles se queixou com Riis sobre um aluno novo: "Ele agarra a barra de sabão como se ela fosse mordê-lo, limpa somente uma parte do rosto e chama isso de banho". Um diretor de escola pública da cidade de Nova York determinou que os professores executassem diariamente um ritual: perguntar às crianças "O que devo fazer para ser saudável?"; ao que os alunos deviam responder, em uníssono:

> Devo manter minha pele limpa,
> Usar roupas limpas,
> Respirar ar puro
> E viver à luz do sol.

Treinar futuros pais e cidadãos nas escolas era prático e útil, mas, quando a coisa ficou feia, soluções urgentes foram necessárias. Embora a epidemia de cólera de 1849 tenha feito as solicitações de licença para instalação de casas de banho públicas crescer, para as administrações municipais dos Estados Unidos a prioridade era outra – sistemas de água e esgoto, primeiro, depois o departamento de polícia, depois os bombeiros. A primeira casa de banho do país projetada para os mais pobres começou a funcionar na rua Mott, no lado leste de Nova York, em 1852, mas sobreviveu menos de uma década. Sua taxa de 5 a 10 centavos por banho era provavelmente muito alta para as famílias mais pobres. Depois do fracasso da rua Mott, por 40 anos a América manteve-se pouco interessada no assunto. Durante esse período, o país enfrentou uma Guerra Civil, a busca desesperada por trabalho, a depressão econômica e recebeu ainda mais imigrantes.

NÃO NO MEU BAIRRO

Próximo do final do século XIX foi proposta a construção de uma casa de banhos pública perto da Tompkins Square, em Nova York. Moradores alemães e irlandeses protestaram, afirmando que não eram tão pobres assim para precisar dela. E sugeriram que a casa fosse construída no bairro dos judeus e italianos.

No início da década de 1890, a maioria dos países europeus tinha casas de banho públicas, algumas com quase 50 anos. Ironicamente, embora a sociedade americana estivesse comprometida com a higiene, a América não tinha nenhuma. Adicionalmente, menos de 3% dos moradores de apartamentos em Nova York e Chicago tinham banheiro em casa. Naquela década, os EUA encontraram em Simon Baruch um herói das casas de banho. Ele era médico e foi pai do financista Bernard Baruch. Em visita à terra natal, a Alemanha, Baruch conheceu melhor as casas de banho municipais do país e decidiu importar a idéia para os EUA.

Autor prolífico de artigos médicos, perito em hidroterapia e primeiro cirurgião a realizar a apendicectomia nos EUA, Baruch escreveu: "Sinto ter feito mais para salvar vidas e evitar a difusão de doenças com meu trabalho com os banhos públicos do que como médico". Seu primeiro sucesso, em 1891, foi a inauguração do *People's Baths* (banhos do povo), no lado leste da cidade. O dito de Wesley, "a limpeza está próxima da pureza", numa tabuleta afixada acima da porta, dava as boas-vindas a freqüentadores e pedestres. Equipado com 23 chuveiros e três banheiras e dando um sabonete de brinde a cada banhista (patrocinado pela Colgate), os banhos do estabelecimento – precursores de um futuro limpo e progressista – foram bem recebidos pela população.

A mudança nacional dos EUA começou quatro anos depois, em 1895, quando a legislatura do Estado de Nova York estabeleceu que ci-

> **VISITA A UMA CASA DE BANHOS PÚBLICA EM NAGASAKI**
>
> "Durante minha estada, eu diria que havia mais umas 30 ou 40 pessoas por lá, grudadas umas nas outras como arenques num barril, e cada um permanecia por ali até ser, como se diz, escaldado... Na área de descanso, vi tanto homens quanto mulheres, jovens e velhos, todos nus, deitados, sem sequer um lençol, nas posições mais estranhas, sem preocupação com sexo ou idade, ou com o que chamamos decência."
>
> Capitão Henry Holmes, 1859

A famosa foto de Jacob Riis publicada em seu livro de 1902, *The Battle with the Slum* (A batalha dos cortiços), tem por título: "A única banheira do quarteirão está pendurada no poço de ventilação". Esse quarteirão, de aproximadamente 10 mil m², ficava no lado leste de Nova York, tinha 39 prédios de apartamentos e alojava 2.781 pessoas, incluindo 466 crianças com menos de 5 anos.

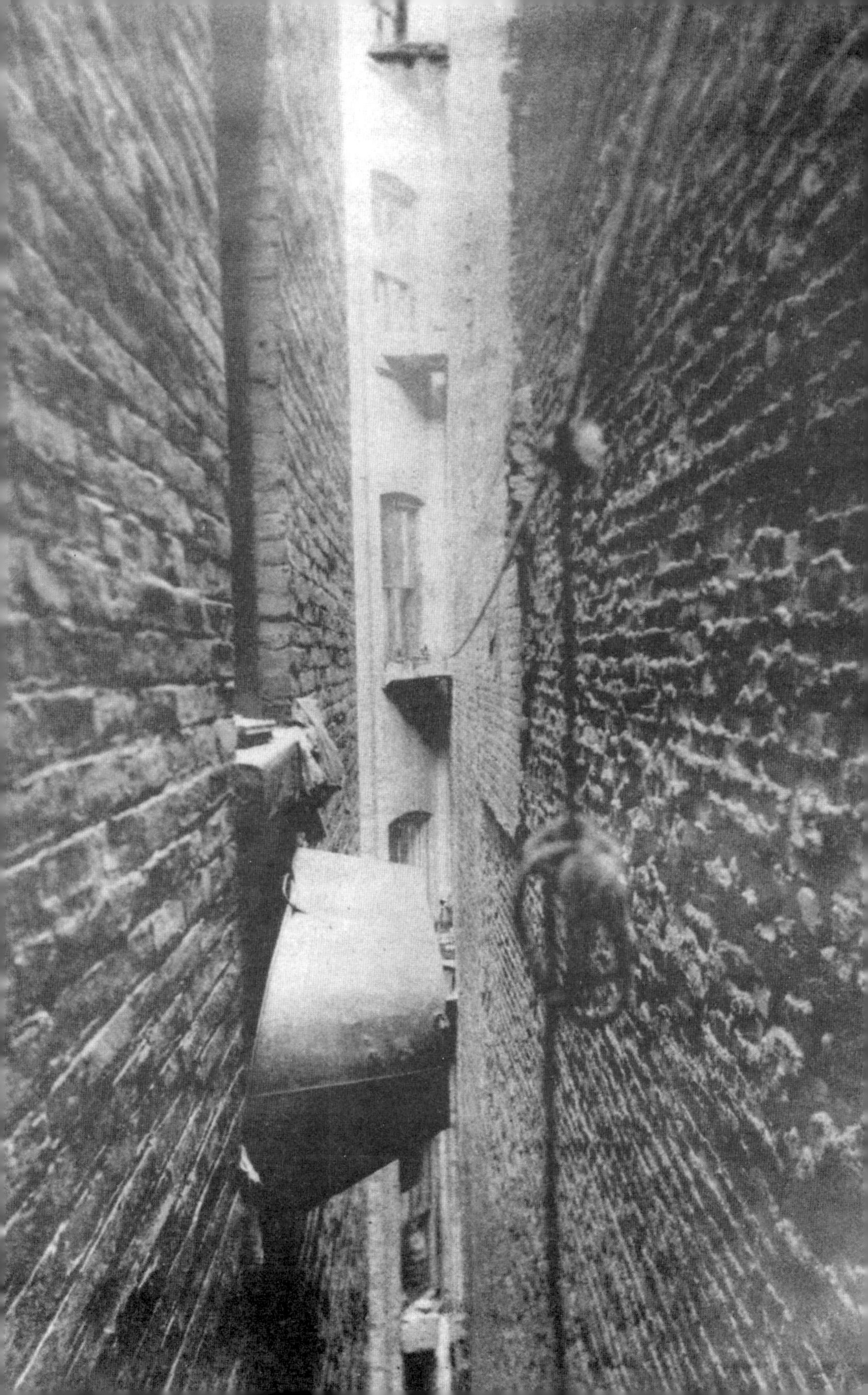

dades médias e grandes tinham que construir e oferecer casas de banho públicas. Em seis anos, sete cidades do estado tinham inaugurado casas de banho. Por volta de 1904, até o oeste de Chicago e Milwaukee, havia 39 casas de banho administradas por municipalidades. Só a cidade de Nova York tinha, em 1915, 26 estabelecimentos. As casas de banho americanas foram projetadas para pobres, porque, no final do século XIX, a maioria dos americanos urbanos de classe média já tinha banheiro em casa. Os americanos seguiram o modelo alemão, colocando chuveiros em vez de banheiras. (Baruch achou que as banheiras eram "perigosamente relaxantes", e o arquiteto responsável pelas Casas de Banho da Rua Sessenta, lado oeste de Nova York, decidira pelo não uso das banheiras porque elas eram "uma fonte de ciúmes e confusão".) Na realidade, para o temperamento americano os chuveiros eram mais rápidos. A partir do momento em que o cliente americano pegava sua barra de sabão de cinco centímetros e a toalha, tinha 20 minutos para se despir, tomar banho e tornar a se vestir – o padrão europeu era meia hora.

Mas tanto as casas de banho públicas modestas, como as de Chicago, quanto os complexos luxuosamente equipados, como os de Nova York e Boston, tiveram o mesmo fim de suas correspondentes européias. Eram pouco freqüentadas, exceto durante os dias mais quentes do verão. E nos EUA, elas chegaram bem mais tarde. Depois de hesitar por meio século, os americanos começaram a construir casas de banho quando as banheiras particulares estavam se tornando comuns. Uma renovação do Código da Habitação de Nova York, no período, passou a exigir fornecimento de água para cada andar dos prédios de apartamento. Um adendo posterior determinou que a água fosse disponibilizada para cada apartamento. Outras cidades grandes estabeleceram leis semelhantes. Na prática, considerando que os construtores tinham que instalar o sistema hidráulico, era simples acrescentar uma banheira. Entre os apartamentos construídos na primeira década do século XX, 86% tinham banheiras. Uma vez que a banheira tornou-se padrão nas novas moradias, as antigas tiveram que instalá-las para "permanecer competitivas". As casas de banho públicas americanas começaram a decair na época da Primeira Guerra Mundial. Em meados da década de 1930, 89% dos apartamentos de Nova York tinham banheiras ou chuveiros.

Até mesmo entre a classe média a conversão para a limpeza nos EUA levou décadas. Em 1841, Catharine Beecher publicou seu *Treatise on Domestic Economy* (Tratado de economia doméstica) e tornou-se a mais conhecida especialista do país no campo da ciência e higiene domésticas. Em 1869, com a irmã mais nova, Harriet Beecher Stowe – famosa desde o tempo da Guerra Civil como "a pequena mulher que escreveu o livro que iniciou esta grande guerra", nas palavras de Abraham Lincoln – escreveu *The American Woman's Home* (O lar da mulher americana). O modelo instituído por elas tinha água corrente, que vinha de um reservatório no sótão, uma bomba de compressão no subsolo e um banheiro no segundo andar, convenientemente próximo dos quartos. Não era bem a proporção que Harriet tinha sugerido no *Water-Cure Journal*, de um banheiro para cada dois ou três habitantes, mas as coisas estavam caminhando para isto.

> "A crença popular de que 'sujeira é saudável' provavelmente decorreu do fato de que brincar ao ar livre é muito benéfico para a saúde das crianças, que em conseqüência sujam as roupas e a si mesmas. Mas são o ar fresco e o exercício que promovem a saúde e não a sujeira."
>
> Catherine Beecher, 1841

O capítulo sobre limpeza em *The American Woman's Home* (O lar da mulher americana) começa com uma extensa discussão científica sobre a pele, suplementada com desenhos detalhados dos dutos de transpiração e veias linfáticas. Quando os poros são bloqueados, de acordo com as irmãs Beecher, os resíduos são levados para os pulmões, fígado e outros órgãos, e isto resulta em doença e "na perda gradual da potência vital". Para evitar isto, o corpo inteiro precisa ser lavado todos os dias. Pela mesma razão, as roupas (que podiam pressionar as substâncias nocivas nos poros e reintroduzi-las no corpo) precisavam ser freqüentemente trocadas, e as irmãs Beecher recomendavam que a pessoa não dormisse com o traje que usou durante o dia.

Para aqueles que tinham banheira grande, o banho morno não devia durar mais que 30 minutos. Depois disso, o banhista devia ser esfregado com uma escova ou toalha grossa, "para remover as camadas de pele morta que aderem ao corpo e também proporcionar um estímulo saudável". Apesar do banheiro em sua casa modelo, as autoras não aceitaram a inovadora idéia de que uma banheira de tamanho grande era necessária para a limpeza completa. E nem mencionam o sabão. O mais importante era a fricção: "Uma toalha úmida aplicada à pele todas as manhãs, seguida de fricção ao ar livre é tudo o que é realmente necessário".

Os reformistas sanitários do século XIX freqüentemente comparavam a saúde e a limpeza humanas com as dos animais, geralmente para desvantagem dos seres humanos. Para ilustrar o que a fricção podia fazer, as irmãs Beecher descrevem uma experiência feita com porcos, cuja pele, disseram elas, se parecia com a humana. Seis porcos foram escovados regularmente por seis semanas, enquanto outros seis não foram tocados. Como a fricção "ativou todos os órgãos", que assim "trabalharam mais eficientemente", os porcos escovados ganharam 15 quilos a mais do que os não escovados, mesmo comendo menos que eles! Um homem que cuidasse da própria pele desse modo, as autoras concluem, podia economizar, em um ano, 31 dólares em comida!

De fato, pessoas que moravam em cidades grandes e pequenas acompanhavam as idéias progressistas das irmãs Beecher. Em 1877, segundo uma pesquisa do Conselho de Saúde de Michigan sobre o costume do banho, a maioria das pessoas da área rural "estava muito pouco acostumada à ablução geral do corpo" – em outras palavras, não se lavavam. Inevitavelmente, a higiene era mais difícil nas fronteiras da civilização, onde condições primitivas prevaleceram durante todo o século XIX. Na década de 1830, Susanna Moodie e família, todos colonos ingleses, instalaram-se ao sul de Ontário. Quando uma empregada irlandesa da família percebeu que outro empregado da fazenda, depois de trabalhar o dia todo nos campos, queria lavar o rosto e as mãos antes de se sentar para comer, achou aquilo ridículo: "Oh! Meu querido, você é muito meticuloso; aqui no campo não temos tempo de nos lavar", ela lhe disse quando ele pediu sabão e uma toalha. Era muito trabalhoso fazer sabão; então ele era reservado para lavar as roupas. "Você não precisa dele, vai deixar sua pele branca como a de uma senhora." Quanto à água, ela sugeriu que ele descesse até o lago: "Aquela bacia é bem grande, de qualquer modo".

Oitenta anos mais tarde, em 1911, outra inglesa, Ella Sykes, passou seis meses trabalhando como "auxiliar doméstica" nas províncias do oeste canadense. A desculpa "no campo não temos tempo de nos lavar" não estava em desuso, ainda. Às vezes, Sykes ficava se perguntando: "Será que os fazendeiros já tinham tomado banho, do modo como interpreto a palavra, alguma vez na vida?" Todos usavam uma bacia esmaltada que ficava na cozinha, onde lavavam as mãos e o rosto, e se secavam com uma mesma toalha imunda. Ella não notou nenhuma outra evidência de que se banhavam. Mas até mesmo os fazendeiros canadenses eram mais limpos do que os imigrantes europeus, como Ella descobriu quando conheceu uma professora em Alberta. Uma vez, essa professora foi pregar um botão na camisa de uma criança galesa – que a rasgara em um prego – e descobriu que na verdade o botão não havia caído, a mãe da criança tinha fechado a camisa no guri com uma costura, para o inverno.

> As mulheres do norte do Canadá eram "limpas em tudo [que se relacionava] com suas casas, mas negligentes com a própria limpeza pessoal, a menos que recebessem visitas".
>
> John Howison, viajante inglês, em 1822

Em 1880, cinco de cada seis americanos ainda se lavavam com bacias e esponjas. Antes que a banheira se espalhasse para além dos prósperos centros urbanos, ela teve de ficar melhor e mais barata. Em meados do século, as banheiras construídas por artesãos com estanho e cobre e encaixadas em gabinetes de madeira eram um luxo, considerando que sua posse implicava pagar uma sobretaxa na conta d'água municipal. Banheiras de ferro fundido, sem enfeites, galvanizadas ou esmaltadas, e sem gabinetes começaram a ser produzidas industrialmente na década de 1870. Depois surgiram os modelos de louça vítrea e porcelana sólida, na década de 1890. A evolução das técnicas de produção permitiam que em 1900 um só trabalhador produzisse dez banheiras por dia. Comparativamente, em 1870 uma empresa com vários trabalhadores produzia geralmente apenas uma banheira por dia. O catálogo da Sears é um bom indicador de como banheiras e instalações hidráulicas domésticas estavam se popularizando. Em 1897, a Sears vendia bacias para banho e pias e mictórios conectáveis à rede hidráulica doméstica, mas não banheiras e privadas. Por volta de 1908, o consumidor podia escolher entre três "banheiros completos" – com banheira, pia e privada – prontos para conexão à rede de

> PARA AQUELES QUE TÊM PÉS FÉTIDOS
>
> "Quando o tempo está muito quente, eles devem ser lavados pela manhã e à noite, e as meias devem ser trocadas duas vezes por semana, no inverno, e três vezes por semana, no verão."
>
> *The Lady's Guide to Perfect Gentility* (Manual para o perfeito refinamento das senhoras), 1859

água. Dependendo do estilo e acabamento, da folha de aço esmaltada ao mais caro ferro fundido esmaltado, os preços do conjunto variavam de US$ 33,90 a US$ 51,10.

A HISTÓRIA DO SABONETE, PARTE 2

Durante os séculos XVI, XVII e a maior parte do XVIII, quando as pessoas evitavam a água e acreditavam que uma camisa de linho limpa retirava a sujeira, havia pouca ou nenhuma demanda de sabão para banho. As mulheres mais ricas que o utilizavam, na maioria das vezes apenas no rosto e nas mãos, o consideravam mais um cosmético, ou como perfume, do que produto de limpeza. No século XIX, quando as pessoas vagarosamente retomavam a prática de imergir o corpo em água, o debate sobre os prós e contras de usar sabão para se limpar começou. Muitas autoridades o consideravam desnecessário ou irritante, mas no fim do século XIX o sabonete para banho triunfou.

Alguns desenvolvimentos técnicos tornaram isso possível. O aumento de processos que produziam pó de soda a partir do sal em vez do pó da madeira também reduziu o preço do sabão e deixou o produto mais firme e mais suave, diferente do sabão gelatinoso e irritante feito de pó de madeira. A gordura animal, que vinha de bodes, bois, carneiros e – as mais pungentes de todas – de baleias e focas e produzia um sabão adstringente, insosso, de cor esbranquiçada e com "impurezas" cinzas e pretas, foi substituída. Melhorias nos transportes tornaram possível e baratearam a importação do sabão de óleo de oliva, e os fabricantes de sabão, de ambos os lados do Atlântico, logo fizeram experiências com várias fórmulas usando óleo de algodão, de coco e de palmeira. Os sabonetes Ivory e Palmolive (assim chamado por sua mistura de óleo de palmeira e de oliva) foram os primeiros sucessos dessa nascente indústria.

Junto com a rede hidráulica e os acessórios também surgiram novas expectativas, e a percepção de mudanças. Pessoas imundas e malcheirosas, antes uma parte despercebida do cotidiano, até onde todos se lembravam, passaram a ser cada vez mais estigmatizadas. Emily Thornwell coloca uma pergunta surpreendente logo no início de *The Lady's Guide to Perfect Gentility* (Manual para o perfeito refinamento das senhoras), que foi publicado em 1859: "Agora o que devemos pensar daquelas pessoas requintadas que nunca tomam banho, ou que se lavam por inteiro apenas uma ou duas vezes por ano, embora troquem seu linho diariamente? Ora, falando claramente, elas não são nada mais, nada menos do que a nobreza encardida".

E elas não eram somente imundas, mas cheiravam mal. E quando a transpiração dessas pessoas era estimulada por exercícios: "Elas tinham alguma substância que nem a água de lavanda nem a bergamota encobriam". A força do odor é envolvente, admite Emily, mas qualquer um que não tome banho freqüentemente terá cheiro desagradável, uma vez que o fluído que sai do corpo torna-se "rançoso" devido à falta de sabão e água. A autora não está discorrendo sobre banhos em prol da saúde, mas alertando os leitores para que não "ofendam ninguém" – um verbo que foi muitíssimo usado na propaganda de sabonetes e desodorantes do século XX. Essa preocupação, que os europeus, mais tarde, consideraram peculiarmente americana, provavelmente surgiu apenas quando a limpeza completa tornou-se possível. Então Emily faz seu alerta mais ameaçador: "Aqueles que incomodam os outros com o odor do próprio corpo freqüentemente não têm idéia de que o fazem". Este fato, "acima de tudo, deve ser um alerta para as senhoras". A possibilidade de ofender alguém sem estar consciente do ato produziu uma ansiedade que os anunciantes explorariam cada vez mais, e com sucesso crescente, no século seguinte. O poderoso casamento do sabonete com a propaganda tornou-se um dos principais temas da higiene na primeira metade do século XX, uma conjunção que elevou o padrão de limpeza a um nível extraordinário.

> **O CUIDADO COM OS CRAVOS (COMEDÕES)**
>
> "Quando [o cravo] é pressionado entre as pontas dos dedos, a substância coagulada é forçada a sair; sua aparência lembra muito uma pequena minhoca branca com a cabeça preta. Na realidade, as pessoas ignorantes acham que são minhocas, mas uma lente de aumento mostra o que realmente são."
>
> *The Lady's Guide to Perfect Gentility* (manual para o perfeito refinamento das senhoras), 1859

OITO

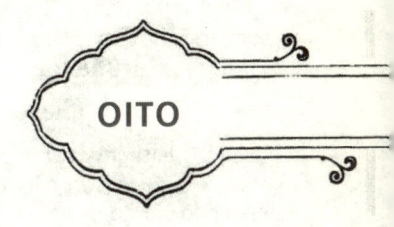

NO HORÁRIO NOBRE
1900-1950

Eliza Doolittle, a vendedora de flores que fala *cockney** na peça *Pygmalion*, de George Bernard Shaw, escrita de 1912, precisa de um banho. A decisão não é dela, mas do homem que se propôs ensiná-la a falar inglês corretamente. O professor Higgins a manda para o banheiro com a governanta, sra. Pearce. Eliza acha que está indo para a copa, mas para sua surpresa é levada para o terceiro andar, onde confunde a banheira com uma tina de lavar roupas de cobre. Quando a sra. Pearce diz à ela para entrar na banheira e tomar um banho, a mesma reage horrorizada: "Você espera que eu entre nessa coisa e me molhe toda? Eu não! Posso morrer! Conheci uma mulher que fazia isto todo sábado à noite e morreu".

Sem se alterar, a governanta lhe diz que o professor Higgins se banha com água fria toda manhã. Se ela vai sentar-se à mesa com ele e aprender a falar inglês como uma dama, terá também que se lavar: "Eles não vão

---

* Dialeto de um bairro do extremo leste de Londres. (N. dos T.)

gostar do seu cheiro se você não tomar banho". Eliza retruca, chorando, que aquilo não é "natural" e que ela nunca tinha tomado um banho assim em toda a vida. A sra. Pearce insiste: "Você sabe que não dá para ser fina por dentro se estiver completamente suja por fora" (em 1912, suja ainda significava simplesmente encardida, não necessariamente imoral).

> "Quando sentimos o cheiro de outro corpo, é aquele corpo que estamos respirando por nossa boca e nariz, é ele que possuímos instantaneamente, como se transubstanciado em sua matéria mais secreta, a própria essência."
>
> Jean-Paul Sartre

As coisas vão de mal a pior quando Eliza percebe que terá que tirar toda a roupa, algo que nunca fez, já que sempre dorme com elas. "Não é justo. Não é decente", ela protesta. A governanta retruca que ela pode deixar de ser "uma moça suja e desbocada e tornar-se uma moça limpa e respeitável" ou então voltar a vender flores. Eliza, então, reclama: "Se eu soubesse que ficar limpa é tão horrível, não teria vindo".

A sra. Pearce não lhe dá atenção. Como que se preparando para realizar uma cirurgia, a governanta calça um par de luvas brancas de borracha, enche a banheira com água quente e fria, testa a temperatura com um termômetro, acrescenta sais de banho e um punhado de mostarda. Finalmente, pega uma escova de esfregar de aparência assustadora, com uma haste longa, Eliza,

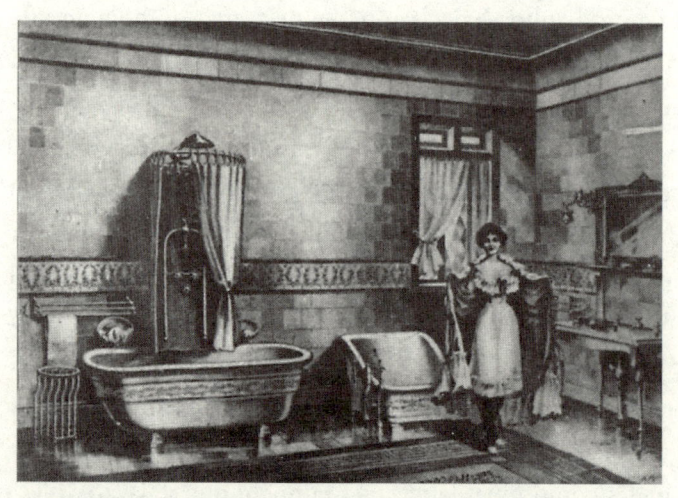

Eliza Doolittle deve ter se banhado em um banheiro como este, numa casa inglesa de classe média alta no início do século XX.

num "espetáculo lastimável de terror," entra na banheira. A governanta a despe do camisão e começa a ensaboá-la. Nas instruções para a direção de cena lê-se: "Os gritos de Eliza são de partir o coração".

Os gritos podem ser de partir o coração, mas Eliza aprende a gostar dos banhos. Quando volta para a sala de visitas usando um quimono e junta-se ao professor Higgins e ao pai, este a elogia por estar tão limpa. Ela responde:

> Vou dizer uma coisa, é fácil tomar banho aqui. Água quente e fria na banheira, o quanto quiser. Toalhas felpudas, um toalheiro tão quente que queima a mão. Escovas macias para se esfregar e sabão perfumado como prímulas. Agora sei por que as damas são tão limpas. Banho assim são uma terapia. Gostaria que pudessem ver como é para pessoas como eu!

Somente uma coisa no banheiro ainda não agrada Eliza. Quando está completamente nua, o espelho a intimida. Ela não sabe para onde olhar, pensa quebrá-lo e, em seguida, o cobre com uma toalha. Alguns tabus são mais difíceis de enfrentar que outros.

A desconfiança de Eliza Doolittle com relação ao banho pode ser considerada natural. Dúvidas antiqüíssimas sobre a limpeza ainda eram comuns na primeira metade do século XX em muitas partes da Europa. Uma assistente social resume a atitude comum com relação ao banho nos bairros pobres de Londres, na época em que Shaw escreveu *Pygmalion*: "No geral, as pessoas não suplicam por casas de banho e lavanderias, mas, quando elas são instaladas, o costume de utilizá-las vai-se firmando aos poucos". Acostumar-se com as casas de banho públicas foi somente o começo. Os pobres tinham de ser convencidos sobre os benefícios do banho para a saúde. As mulheres tinham de saber que os estabelecimentos eram limpos e silenciosos e o atendimento, na parte feminina, feito por professoras e outras mulheres refinadas.

Os banhos em Dunfermline, Escócia, eram notavelmente populares. Um levantamento realizado em 1913-14 mostra que metade dos banhistas era mulheres, uma porcentagem excepcionalmente alta. A favor do sucesso desses estabelecimentos, os registros atestam terem excelentes acomodações, atendendo "mão-de-obra superior", que não dispunha de banheira em casa, nas escolas ou nas fábricas. Igualmente importante, as casas de banho mantinham uma equipe entusiasmada e na cidade havia "uma completa ausência de qualquer estigma associado a elas". Mesmo assim, não podemos considerar Dunfermline uma cidade de pessoas particularmente limpas, pelo menos analisando os registros dos estabelecimentos. A enorme quantidade de 36.510 banhos foram tomados em um ano, nas 30 banheiras do município. Para uma população de 28 mil moradores, isto dá menos de um banho e meio por habitante por ano. Contudo, este número é altamente esplêndido comparado ao de outras cidades bretãs.

Talvez a paixão por banhos pudesse ser implantada mais facilmente na mente dos jovens. Alguns observadores notaram o ar insalubre das salas de aula dos bairros pobres, devido, principalmente, às roupas sujas e aos corpos encardidos. Um congresso internacional sobre higiene escolar realizado em Paris, em 1910, recomendou que chuveiros fossem instalados em todas as escolas. Cidades maiores da Noruega, Suíça, Suécia e Alemanha já haviam incluído os chuveiros no cotidiano escolar e a Áustria, a França, a Holanda e a Bélgica estavam no mesmo caminho. Quinze diretorias de escolas britânicas aprovaram a instalação de chuveiros. Foi um desafio para os professores superar as objeções dos pais, aprender a diagnosticar e encaminhar para tratamento as crianças com verminose (uma a cada três), inspecionar roupas de baixo e supervisionar os banhos de chuveiro. E especialmente fazer tudo isso promovendo a idéia de que tomar banho era divertido. Mas, de acordo com os relatórios dos próprios professores, parece que obtiveram sucesso, ao menos com relação ao último objetivo. As crianças tomavam banho uma vez por semana e algumas meninas que se formavam, sintomaticamente, confidenciaram a suas professoras: "Sentirei falta dos banhos de chuveiro". E outras chegaram a pedir: "Como favor especial, gostaríamos que nos permitissem tomar dois banhos na última semana de aula".

> "Uma percepção diferente de limpeza separa duas pessoas de modo profundo. Que valor têm todo o pudor, desfrute mútuo e boa vontade de um para com o outro se, no final de tudo, a verdade é uma só: 'Eles não conseguem suportar o cheiro um do outro!'"
>
> Friedrich Nietzsche

Afirmando que "o hábito de tomar banho está aumentando consideravelmente", um relatório de 1918 sobre as casas de banho públicas inglesas registrou algum êxito das campanhas, na surdina. Contudo, o progresso

Um francês em seu chuveiro improvisado. Menos de um em cada dez franceses tinha banheiro em casa na primeira metade do século XX.

não podia ser descrito como galopante, uma vez que a freqüência de um banho por ano, nos grandes centros, no início da Primeira Guerra Mundial, aplicava-se, conforme a cidade, a algo entre 20% a 80% da população. O hábito de banhar-se em casas de banho públicas virou moda em quase toda Londres. Nesta cidade, no período, a visita à casa de banho do bairro, na noite de sexta, tornou-se uma instituição da classe trabalhadora, e esse hábito perdurou até o final da década de 1930.

As assistentes sociais, os especialistas em saúde pública e os médicos estavam convencidos de que era mais vantajoso para os mais pobres tomar banho nas casas de banho públicas do que em casa. Relatórios na Inglaterra e nos EUA sustentam o que se tornou um preconceito legendário, de que a banheira, raramente encontrada em um lar de trabalhadores, era quase sempre utilizada por eles para estocar carvão. As autoridades estavam erradas: os trabalhadores, quando dispunham de banheira em casa, tomavam banhos tão freqüentemente quanto quaisquer outras classes sociais.

> "Os livros sobre higiene cometeram o erro comum de permitir que um ou dois conselhos, absolutamente impraticáveis, ameaçassem o maravilhoso bom senso que, no geral essas obras prezam. A prescrição de banhos noturnos foi considerada ridícula por todos. Nenhuma professora tomava banho noturno e nem os McFarlanes, ou... os Robbs, com os quais ela se hospedava, teriam tolerado por mais de uma semana uma mulher que todo dia precisava de uma banheira cheia de água quente antes de dormir."
>
> J. K. Galbraith, sobre a educação no sul de Ontário, no início do século XX

As pessoas pobres achavam difícil gostar das casas de banho. Naquele período, a Hungria, com sua rica tradição de banhos ao estilo turco ainda tentava persuadir banhistas a deixar o próprio banheiro e se juntar nas casas de banho. No entanto, pessoas que tinham banheira em casa continuaram a freqüentar casas de banho públicas no Marrocos e no Japão: sem dúvida, o companheirismo e o prazer que animavam o banho tradicional não aconteciam nas novas casas de banho construídas para lavar a imundície européia e americana. Intencionalmente ou não, elas eram mais tristes e, até mesmo, reprovadoras. Compartimentos privados, cuja água quente e tempo de uso eram cuidadosamente controlados, não podiam competir com o conforto de tomar banho em casa, quando isto era possível, ou com a tolerância familiar em relação ao não banhar-se.

Enquanto os pobres resistiam aos banhos públicos e antes de a maioria deles ter seu próprio banheiro, um preconceito relativamente novo floresceu entre as classes médias, uma tendência que, conforme o século avançava, as pessoas, especialmente de esquerda, relutavam expressar. Mas, em 1937, em *The Road to Wigan Pier* (A estrada para o píer Wigan), George Orwell ousou escrever "cinco palavras assustadoras que as pessoas, nos dias de hoje, relutam pronunciar, mas que eram livremente ditas na minha infância". Essas palavras expressavam o que Orwell considerava o âmago da diferença de classes no ocidente: "As classes inferiores cheiram mal".

Devido a esta aversão visceral, Orwell escreveu que até mesmo a burguesia européia, que se considerava comunista, achava difícil ver o trabalhador como igual: "Muito cedo na vida adquire-se a idéia de que há algo sutilmente repulsivo no corpo do trabalhador; você não chega mais perto dele se pode evitar". Obviamente, um "trabalhador braçal ou operário da construção muito suado" ou um mendigo eram "insuportáveis", mas mesmo a pele e a transpiração de pessoas limpas das classes mais baixas, como os criados, eram consideradas extremamente diferentes da pele e transpiração das pessoas da classe média. "Aquele que foi criado pronunciando todos os 'h's' em uma casa com banheiro e criados provavelmente cresceu com esta crença," escreveu Orwell, "daí a qualidade quase intransponível das distinções de classe no ocidente."

Orwell pergunta: "As classes trabalhadoras realmente cheiram mal?" Com certeza, trabalhadores sujavam-se mais do que pessoas mais prósperas, porque seu trabalho era mais físico, os locais onde trabalhavam geralmente não eram tão limpos e eles não tinham o caro sistema hidráulico que facilitava a limpeza. "Além disso, o hábito de tomar banho por inteiro todos os dias é muito recente na Europa, e as classes trabalhadoras são geralmente mais conservadoras do que a burguesia". Todavia, mais importante do que o cheiro real foi a *crença* da classe média de que a classe trabalhadora cheirava mal, e tal convicção instalava-se bem cedo, ao tempo em que a criança burguesa era simultaneamente "ensinada a lavar o próprio pescoço, a estar pronta a morrer por seu país e a desprezar as 'classes mais baixas'".

Esta distinção particular entre as classes poderia ter começado a se dissipar quando os trabalhadores começaram a lavar mais facilmente o próprio pescoço. Louis Heren nasceu em 1919 em Shadwell, um bairro muito pobre nos quarteirões mais populares do extremo leste de Londres. Assim como Orwell distingue o indivíduo de classe média por ter criados, pronunciar todos os "h's" da língua inglesa e dispôr de banheiro em casa, a ascenção de Heren de mensageiro e morador de bairro em que o *cockney* imperava a editor de internacionais do *Times* foi marcada pelos banheiros, ou pela falta deles.

> "A sujeira é uma substância no lugar errado."
>
> Henry J. Temple, Visconde de Palmerston (1784-1865)

A mãe de Heren era viúva e gerente de lanchonete, e a casa onde ele cresceu, em Shadwell, não tinha banheiro. Nas noites de sexta-feira, ele e os dois irmãos tomavam banho em uma banheira de ferro galvanizado colocada à frente da lareira, na sala. Seu tio Lou freqüentava a casa de banhos pública local, onde pagava 2 centavos para usar uma banheira cheia d'água quente, uma barra de sabão e toalha limpa. Como e quando a mãe tomava banho permaneceu um mistério para Heren; depois de adulto, achava que ela se lavava numa bacia, no quarto. Cada quarto da casa dispunha de uma bacia de porcelana, uma jarra d'água fria, uma barra de sabonete *Lifebuoy* e um urinol, sob a cama, o qual era bastante usado. (A única privada ficava fora da casa e muito distante para ser usada à noite.) Neste próspero contexto vitoriano, "devíamos ficar limpos; nunca estávamos realmente sujos, embora naquela época eu fosse conhecido em família como Fedorento".

Em 1934, quando Heren tinha 15 anos, saiu da escola e começou a trabalhar como mensageiro no *Times*. Todos os funcionários do jornal eram sócios do Clube de Box, onde Heren treinava regularmente, embora sua total inépcia para a prática: ele fechava instintivamente os olhos quando um soco vinha na direção de seu rosto. Heren continuou praticando pelo exercício, escreve ele, "e por causa dos banhos". Para o adolescente, a banheira de estanho à frente da lareira da sala não era mais necessária. E a casa de banhos pública estava sempre cheia, e lá sempre havia "alguma malícia".

Em comparação, as banheiras no *Times* eram luxuosas. Havia fileiras delas, chuveiros e grandes banheiras, com azulejos brancos brilhantes, torneiras e corrimões de aço inoxidável e um infinito suprimento de água quente; eu costumava relaxar dentro delas com a torneira de água quente aberta para manter um calor quase que insuportável. Minha mãe sempre nos alertava sobre o perigo de pegarmos resfriado, mas eu devo ter sido o menino mais limpo de Shadwell. Os banhos na academia eram a maior prova de que o *Times* era o melhor e que minha sorte era enorme.

Quando Heren fez 18 anos, em 1937, sua mãe se mudou com a família para um bairro sombrio chamado Crofton Park – definitivamente um avanço, porque na nova moradia havia banheiro, o primeiro da família. Heren também mudou, da vagabundagem dos tempos de guerra, quando aprendeu a usar os talheres corretamente, em Sandhurst, para a função de correspondente do *Times,* no exercício da qual conheceu os cinco continentes. Até que, em 1970, passou a editor de internacionais do jornal. Analisando a própria vida, ele escreve: "De modo geral, estou feliz de ter nascido num bairro em que se falava *cockney*". Mas, para para fugir do sentimentalismo, acrescenta: "Não vejo nenhum mérito moral em ser pobre. Não é enriquecedor viver sem banheiro". É impressionante, embora não incomum, notar que quando Heren resume sua ascensão para a refinada vizinhança classe média o fato citado para assinalar a diferença seja esse totem da vida burguesa: o banheiro.

O sabonete e a propaganda cresceram juntos. Ambos existiam de alguma forma há séculos, mas surgiram como tendência e produto de consumo no final do século XIX. No caso do sabonete, as novas teorias sobre micróbios ajudaram a popularizá-lo, embora ainda tenha levado décadas para que as notícias sobre microrganismos causadores de doenças chegassem aos consumidores. De fato, até mesmo os sanitaristas e especialistas em saúde pública, surpreendentemente, relutavam abandonar a crença tradicional de que a doença se espalhava por meio de materiais em decomposição e do mau cheiro. Quando o médico vienense Ignaz Semmelweis insistiu que os médicos da sala de partos e os estudantes de medicina lavassem as mãos antes de atender cada paciente, foi ridicularizado, embora a prática tenha reduzido drasticamente a morte por septicemia puerperal. Em 1865, quando Semmelweis morreu, sua idéia simples, mas radical, ainda não era devidamente considerada. Só depois que Robert Koch, na Alemanha, e Louis Pasteur, na França, desenvolveram a teoria sobre micróbios nas décadas de 1870 e 1880 é que o trabalho de Semmelweis e de outros pioneiros na higiene como Joseph Lister e Glasgow foi levado a sério pelos cientistas. Mesmo assim, muitos sanitaristas, médicos e enfermeiros envolvidos com a saúde pública continuaram a pregar a antiga teoria do miasma, que se concentrava no lixo, esgotos e ventilação. No início do século XX, a teoria sobre micróbios ou sobre a sua propagação triunfou – um conceito revolucionário, mas também uma perspectiva aterrorizante, até que a sulfa e os antibióticos fossem desenvolvidos, nas décadas de 1930 e 1940. Naquele período anterior, praticamente, o único método conhecido de combater os micróbios era retirá-los com a água dos banhos. E como a limpeza do corpo passou a ser cada vez mais divulgada e as pessoas começaram a usar o sabonete, além da água, os fabricantes, de ambos os lados do Atlântico, começaram a trabalhar para produzir um sabonete suave, a partir de óleos vegetais e que pudesse ser disponibilizado para todos.

A história da Procter & Gamble, de Cincinnati, empresa que realizou experiências durante anos com várias fórmulas utilizando óleo de palmeira, de algodão e de coco, é exemplar. Finalmente, em 1878, seus pesquisadores chegaram a um produto que os agradou e que foi batizado Sabonete Branco da P&G. Felizmente, para a Procter & Gamble, Harley Procter, gerente de vendas da companhia, achou que o novo nome não chamava a atenção. Um domingo, na igreja episcopal de Mount Auburn, ouvindo o ministro ler o salmo 45, da Bíblia, registrou: "Todos os teus vestidos cheiram a mirra, a aloés e a cássia, desde os palácios de marfim de onde te alegram". Inspirado com a leitura, ele batizou a nova fórmula de Sabonete Branco Marfim.

CRUELDADE HIGIÊNICA
Em 1931, o mau hálito era muito citado como justificativa para o divórcio.

Um ano mais tarde, a Procter & Gamble amealhou outro sucesso, este, casual: um trabalhador deixou a nova máquina de misturar sabão, movida a vapor, funcionar além do tempo previsto. A espuma resultante, que transbordou do recipiente do aparelho, endureceu e foi cortada em pedaços para ser descartada, mas quando se percebeu que ela não apenas limpava como também flutuava, nasceu o novo *slogan* do Marfim: "Ele flutua!" Junto com o nome e o velho *slogan*, "99,5% puro", a empresa passou a oferecer um sabonete mais que delicado, imaculado.

IMITANDO OS EISENHOWERS

> No começo do século XX, toda família americana de classe média que vivesse numa cidade grande ou já tinha um banheiro moderno ou esperava em breve ter um. A casa de Ida e David Eisenhower, em Abilene, Kansas, é um bom exemplo do período. Construída em 1887, com seis cômodos, não tinha banheiro. A família Eisenhower, com seus seis filhos (o terceiro, Dwight, seria o futuro presidente dos EUA), tomava banho em uma banheira galvanizada, na cozinha, e vários membros da família compartilhavam a mesma água. Em 1908, Abilene inaugurou seu sistema municipal de distribuição e fornecimento de água e os Eisenhowers transformaram um quarto pequeno num banheiro de três peças, embora a água para o banho tivesse que ser aquecida no fogão da cozinha. Em 1919, a instalação de um aquecedor a gás facilitou a vida da família.

Com seu pendor natural para a publicidade e propaganda, Harley Procter foi extraordinário, mas logo os demais fabricantes de sabonete e publicitários entenderam que sua associação era essencial. Os sabonetes agregavam alta margem de lucro, mas era difícil para o consumidor distinguir uma marca da outra, razão mais que suficiente para cada marca proclamar sua superioridade. O nascente negócio da propaganda experimentou novos esquemas e técnicas para a divulgação da nova comodidade: o sabonete para banho. No fim do século XIX, fabricantes de sabonetes e remédios patenteados tornaram-se os maiores clientes da "indústria" da propaganda.

Uma das primeiras empresas a comprar uma página inteira de propaganda numa revista foi a britânica Pears' Soap. Algumas das primeiras idéias, como uma criança negra imergindo no banho e depois emergindo totalmente branca do pescoço para baixo, numa propaganda do sabonete da Pears, são mais terríveis do que obsoletas. Mas, o depoimento de celebridades, que a Pears começou a usar na década de 1880, provou ser

Reforçando o hábito de lavar as mãos – um dos primeiros anúncios de sabonete da Pears.

uma das mais bem sucedidas maneiras de vender sabonete. Sob a foto de uma mulher linda, banhando-se e segurando uma folha de papel à frente dos seios enquanto selecionava um sabonete da Pears, vinha a recomendação ("incomparável para as mãos e a pele") de Adelina Patti, uma cantora de ópera. A possibilidade de que a linda banhista fosse realmente Patti permaneceu em aberto. Lillie Langtry, atriz e esposa do Príncipe de Gales, também recomendava Pears. Menos excitante, porque dirigido ao público americano, mais inclinado à religiosidade, foi o depoimento de Henry Ward Beecher, ministro religioso conhecido nacionalmente nos EUA (irmão de Catharine Beecher e Harriet Beecher Stowe), que endossa o sabonete da Pears e o banho completo pelas qualidades asociadas à pureza de ambos.

B. T. Babbitt, da Babbitt's Best Soap, teve outra idéia: o prêmio. Os consumidores que enviavam 25 embalagens de seu sabonete recebiam ilustrações, algumas das quais foram impressas às centenas de milhares. Por outro lado, a Wool Soap apelou para o altruísmo de seus consumidores, doando um centavo para a União Feminina Cristã de Alcoólicos Anônimos, em Chicago por cada embalagem devolvida. As associadas da Liga da Pureza Facial, da Woodbury, recebiam broches, embora fosse difícil no final do século XIX ver muitas mulheres usando tais bijuterias. O sabonete Sapolio inventou uma cidade imaginária, a Cidade Sem Sujeira, e seus principais personagens eram todos caracterizados por *jingles* simples e notáveis. Todos estes movimentos iniciais que fizeram sua primeira aparição na propaganda de sabonetes – depoimentos, prêmios, recompensas, criação de personagens e *slogans* e *jingles* – mais tarde foram aperfeiçoados e adaptados para campanhas publicitárias de uma variedade de outros produtos. Embora os publicitários propagandeassem o poder do sabonete na luta contra os micróbios, especialmente nos anúncios direcionados às mães, enfatizavam muito mais a "qualidade" do produto de deixar seu usuário mais jovem, mais bonito e, acima de tudo, muito mais cheiroso.

Na transformação do mundo em um local limpo e sem odores "ruins", a década de 1920 foi um divisor de águas. Como as cidades cresceram e as pessoas trabalhavam próximas umas das outras, em escritórios e fábricas cheios de gente, incomodavam-se com os odores produzidos pelo próprio corpo ou pelo dos outros. A inserção das mulheres no mercado de trabalho acelerou esse fenômeno. Essa necessidade que surgiu, primeiramente, na Europa do final do século XVIII, tornou-se uma obsessão americana. Ao mesmo tempo, a prosperidade americana crescia. As pessoas cada vez mais tinham condições de comprar produtos que lhes permitiam viver sem odores desagradáveis, num ambiente "seguro", onde não "ofendiam" nem eram "ofendidas".

> "A drogaria se tornou o templo do aroma industrializado, o supermercado da beleza e das essências produzidas em massa para uma população desodorizada. As pessoas que obsessivamente usam perfumes podem escolher um melhor cada vez que entram numa drogaria."
>
> Ivan Illich, *H$_2$O and the Waters of Forgetting*

Na mesma década, a publicidade, com engenho cada vez maior, propôs-se a satisfazer não só os desejos existentes mas a criar novos. Algumas vezes, como no caso do Listerine, ela batizou um velho problema com um nome novo e fez de um produto antigo um tremendo sucesso. Um dos casos favoritos no estudo da publicidade, o Listerine – uma mistura de timol, mentol, metila salicilato e eucaliptol – foi criado em 1879 como antisséptico cirúrgico. Sem mudar a fórmula, seu proprietário, Lambert Pharmacal, começou a vender o produto a dentistas, como antisséptico oral, na década de 1890, e depois, em 1914, para o público em geral, como líquido para limpeza bucal. As vendas foram medíocres. Então, no início da década de 1920, o presidente da empresa, Gerald Lambert, pediu a seus técnicos que especificassem os usos do Listerine. Uma palavra enigmática na lista – "halitose", condição supostamente resolvida pelo Listerine – despertou a curiosidade de Lambert. Foi o início da nova campanha publicitária.

O termo halitose era tão pouco familiar para os americanos que os anúncios do Listerine continuaram a defini-lo por, no mínimo, cinco anos, porém, as pessoas conheciam o mau hálito pelo menos desde a Grécia

Antisséptico cirúrgico, líquido para limpeza bucal e, a partir de 1929, adstringente facial, um novo uso descoberto para o Listerine.

antiga. Por outro lado, o americano médio estava bem familiarizado com casos de amor que não se concretizavam, casamentos que não ocorriam ou acabavam misteriosamente, e ofertas de emprego ou promoção que nunca aconteciam. A causa por trás de muitos destes percalços do dia-a-dia, assegurava Lambert Pharmacal ao público, em uma série de anúncios muito legíveis, era o mau hálito.

Vamos analisar o exemplo de Edna, uma garota charmosa que caminhava inexorável e assustadoramente na direção "daquela trágica marca dos

30" comparecendo, sempre, como "dama de honra, e nunca como a noiva" aos "mais diversos eventos". Ou Smedley, um homem com boas chances de casar-se até as mulheres sentirem seu bafo. A halitose podia até mesmo atrapalhar a relação entre mãe e filho: um anúncio intitulado "Você não é popular com seus próprios filhos?" mostra um garotinho zangado resistindo ao abraço da mãe. O fato mais preocupante sobre a halitose (e o mais lucrativo, para os fabricantes do Listerine) era que, geralmente, ninguém lhe diz que você está com mau hálito e a gente também não consegue descobrir sozinho. De acordo com os anúncios, a halitose era uma epidemia nacional, confirmada por funcionários de hotéis que declaravam que um em cada três hóspedes tinha halitose, e também por dentistas, 83% dos quais diziam encontrar o problema nos pacientes.

A afirmação de que o Listerine eliminava a halitose local e não-orgânica porque interrompia a "fermentação da alimentação" na boca permanece sem comprovação. Mas, com quase nenhuma mudança na embalagem e na fórmula, Lambert transformou seu produto de 40 anos em um sucesso. O gargarejo integrou-se à rotina matinal americana e os lucros anuais de Lambert subiram de 115 mil dólares, em 1921, para mais de 8 milhões, em 1928. "Freqüentemente dama de honra, mas nunca noiva", que ainda é um dos *slogans* mais conhecidos do século XX, sintetiza a técnica publicitária conhecida como "boato" ou "publicidade por meio do medo". Inspirados pelo sucesso de Listerine, os publicitários tentaram usar nomes técnicos, parecidos com termos utilizados na medicina, para outras doenças ou condições – comedão no lugar de cravo, bromodose para chulé, *tinea trichophyton* para pé-de-atleta.

> "Se pudesse começar minha vida novamente, acho que provavelmente entraria no negócio da publicidade. [...] Ele é essencialmente uma forma de educação, e o progresso da civilização depende da educação."
>
> Franklin D. Roosevelt

Ninguém conseguiu repetir o sucesso estrondoso do Listerine, mas foi possível constatar o quanto as pessoas são inseguras em relação à impressão que causam e à própria aparência física, e sua prontidão na busca de remediá-la. Talvez o fato mais importante de todos tenha sido que a publicidade mudou o *status* do mau hálito, que deixou ser considerado manifestação de má sorte e tornou-se exemplo de comportamento anti-social, como diz um anúncio de balas de menta lançado em 1925: "Até alguns anos atrás, o mau hálito era perdoado como infortúnio inevitável. Atualmente é considerado uma ofensa social grave". A partir da década de 1920, toda pessoa passou a ter a obrigação diária de fazer gargarejos, lavar-se cuidadosamente e desodorizar-se, porque as eventuais transgressões não eram tratadas com complacência.

Embora os desodorantes estivessem disponíveis desde a década de 1880, a primeira geração desenvolveu-se tentando fechar os poros com cera para evitar o problema. (Influência do banho de Francis Bacon, no século XVII.) Além do fato de não funcionar, os desodorantes raramente eram anunciados devido à natureza "desagradável" do assunto. Em um dia quente de 1907, um médico de Cincinnati tomou consciência da própria transpiração no meio da cirurgia que realizava. Para evitar que a inconveniência se repetisse futuramente, o dr. Alfred inventou o Odorono (*Odor? O no!* – Odor? Oh, não!), uma fórmula com cloreto de alumínio que inibia a transpiração. Fora das abafadas salas de cirurgia daquele tempo, o suor não perturbava o doutor, que não quis capitalizar a invenção. Mas, a filha dele, Edna Alfred, resolveu vender o novo desodorante para as mulheres.

"Então você voa de volta para casa. Lava suas mãos. Ora, com certeza. Temos muitos sabonetes nos Estados Unidos."

Marlene Dietrich, no papel de uma cantora em Berlim, para um amante americano em *A Foreign Affair*, de Billy Wilder, 1948

Em 1919, James Webb Young, redator publicitário da agência J. Walter Thompson, escreveu um dos anúncios mais sensacionais do século para a fórmula do médico. Embaixo da foto de um casal atraente e bem vestido, com a mulher usando mangas curtas e justas e o braço graciosamente estendido não muito distante do nariz do homem, a legenda: "Na curva do braço de uma mulher". No "debate franco e aberto sobre esse assunto tão insistentemente evitado", a palavra "axila" não aparece nenhuma vez. O anúncio começa liricamente: "O braço feminino! Poetas já louvaram seu encanto; artistas já pintaram sua beleza". Mas o texto segue mencionando explicitamente algumas verdades sobre as ativas glândulas da transpiração que todos temos sob os braços, seguindo-se um alerta que à época foi considerado nefasto: o cheiro de suor de um indivíduo pode "não ser percebido por ele mesmo, mas incomoda muitíssimo os outros". Primorosamente elaborado, como foi, o anúncio desagradou várias mulheres da *Young's acquaintance*, que ameaçaram nunca mais falar com o publicitário de novo. Duzentas leitoras do *Ladies' Home Journal*, que veiculou o anúncio, cancelaram a assinatura em protesto, porém, um ano depois de a campanha com o anúncio começar, as vendas do Odorono tinham aumentado 112%.

O sucesso da campanha do Odorono e o *boom* de propaganda de desodorantes que aconteceu a seguir demonstram uma liberalidade maior na abordagem de assuntos que até o começo do século eram simplesmente proibidos e uma crescente intolerância com as secreções e odores do corpo humano – dos outros. A propaganda prometia que as decorrências mais desagradáveis do corpo humano podiam ser contidas, no caso, na extensão do braço, e corrigidas, tornando o corpo agradável. E para consumidores que acreditavam na ciência e nos métodos "científicos" ou, pelo menos, sistemáticos de prosperar na vida, tornar-se agradável era essencial.

Em 1923, William M. Handy publicou uma coleção de quatro volumes chamada *The Science of Culture* (A ciência da cultura). Apesar do título pomposo, o livro de Handy é um manual detalhado e prático de boas maneiras. A mulher ou homem culto entendem que a limpeza é a primeira exigência para "a atraente expressão corporal da Cultura inata". Para aqueles que ainda estão a caminho da Cultura (sempre com letra maiúscula), Handy dedica aproximadamente 15 páginas de conselhos sobre higiene. Sem um banho diário, "ninguém pode ser realmente limpo, nem sentir ou expressar Cultura". (Tanto Michelangelo, quanto Beethoven e Jane Austen.) Na realidade, dois banhos por dia seriam o ideal, diz Handy: um banho quente para limpeza, à noite, e um banho frio, estimulante, pela manhã. "Sabonetes perfumados, a menos que sejam os mais discretos, são proibidos para pessoas de Cultura", eles raramente limpam tão bem quanto o sabonete sem perfume. Sem água quente e muito sabão, escreve Handy, é impossível remover "os resíduos concentrados da transpiração, virtualmente os mesmos da urina, que saem dos poros de sua pele todos os dias".

The Science of Culture é realmente sobre o sucesso mundano e a limpeza é considerada um passo

> "Estamos entusiasmados, vibrantes e impetuosos com a saúde, usando escovas de dentes, navalhas, cremes de barbear, loções pós-barba, desodorantes e uma dúzia de outras dádivas divinas brilhantemente embaladas."
>
> Theodore MacManus, "The Nadir of Nothingness", 1928

muito importante nesse sentido. "Ficar viçoso e limpo leva algum tempo e também pode custar um pouco", escreve Handy, "mas, do ponto de vista puramente racional da ampliação dos negócios e efetividade social, é um bom investimento." Um homem que quer causar boa impressão deve manter a pele limpa e saudável e barbear-se pelo menos uma vez por dia. Descobrimos que homens bem-sucedidos reparam na condição das mãos das pessoas com quem se relacionam. Aqueles que as negligenciam não são tolerados, "exceto por razões comerciais mais fortes".

DO CAMPO DE BATALHA PARA AS DROGARIAS

> Assunto muito mais delicado do que desodorantes, os absorventes surgiram e se tornaram sucesso na década de 1920. Antes da invenção da Kotex, as mulheres usavam panos de algodão ou pedaços deste tecido, que eram lavados e reutilizados. Durante a Primeira Guerra Mundial, uma empresa de Wisconsin chamada Cellucotton fabricava bandagens de fibra de madeira, para uso nos hospitais do exército, na França, e as enfermeiras começaram a usar essas bandagens da Cellucotton como toalhas higiênicas descartáveis. Quando a guerra terminou, a empresa deu o nome Kotex (do inglês *cotton-like texture* – textura de algodão) à bandagem e contratou uma agência de publicidade de Chicago para lançar este "embaraçoso" produto no mercado.
>
> Grotescamente, o primeiro anúncio mostrava uma enfermeira e dois soldados feridos no primeiro plano, com mais outros dois soldados ao fundo. O anúncio foi aceito pelo *Ladies' Home Journal*, mas nunca impresso; a agência o cancelou. No entanto, ressaltar que ele era uma invenção dos tempos de guerra – provocar a inferência "bom para os heróicos soldados americanos, bom para as inconveniências mensais femininas" – era aparentemente uma idéia muito atraente para ser abandonada. A tentativa seguinte, publicada no *Journal* em 1921 e ilustrada aqui, mostra um veterano convalescente de costas, numa cadeira de rodas, num jardim, assistido por uma enfermeira e por outra mulher. No primeiro plano, uma terceira mulher sentada na grama os observa. O texto sob o "fundo idílico" informa sobre o "maravilhoso absorvente" agora fabricado e embalado sem contato manual. As toalhas higiênicas fizeram tanto sucesso que a empresa mudou seu nome de Cellucotton para Kotex.

Handy escreve abertamente sobre os pêlos das axilas e outros assuntos delicados, mas é reservado se comparado a Sophie Hadida, também americana, autora de *Manners for Millions: A Correct Code of Pleasing Personal*

Habits for Everyday Men and Women (Boas maneiras para milhões: manual de bons modos cotidianos para homens e mulheres comuns). As palavras importantes no título desse volume de 1932 são "milhões" e "comuns". O livro tinha por público-alvo pessoas ambiciosas que não possuíam uma educação refinada. Na América, esta parece ser uma preocupação constante: apesar das significativas mudanças sociais provocadas pela Depressão e pela Segunda Guerra Mundial, o livro de Hadida foi impresso novamente em 1950.

O capítulo chamado "Odores" começa com um parágrafo jovial:

> Se você se ofende com o assunto, não leia este capítulo. Mas realmente não há razão para se ofender se tem aquela coisa pavorosa conhecida por todos como "O.C." (Odor do Corpo)! Não é exatamente você quem deve se ofender, mas seus amigos, se é que você ainda não os perdeu todos. É claro, cada um faz como deseja; afinal, o livro é seu.

A sinceridade dos fabricantes de desodorante, Hadida escreve, trouxe à tona um assunto antigamente proibido. Hoje, homens e mulheres crêem que, a menos que tomem banho diariamente e usem desodorante, "são culpados por seu O.C.". A necessidade desta admoestação é óbvia: "Basta entrar num quarto ou provador de loja de departamentos, ou numa estação ferroviária, teatro, prédio de escritórios ou qualquer sala freqüentada por mulheres para perceber que todos devemos dar mais atenção ao assunto banhos."

Nunca subestime o fedor da negligência com a higiene pessoal: o O.C. tem sido causa de rompimento de amizades e noivados, de exclusão social, de repugnância das pessoas, de brigas entre marido e mulher, amigos, irmãos e irmãs – e tudo desnecessariamente – considerando que por apenas 10 centavos a origem da celeuma pode ser eliminada.

Embora Hadida afirme que um desodorante de 10 centavos possa resolver tudo, devido à freqüência e extensão das aplicações sugeridas por ela, isto é duvidoso. Após o banho, o desodorante, segundo ela, devia ser passado em "QUALQUER PARTE do corpo que presumivelmente exalesse odor – axilas, entre os dedos dos pés, virilha, palmas das mãos". Como os nervos e a excitação provocam o O.C., aconselhava as mulheres a carregarem uma embalagem pequena de desodorante na bolsa para aplicações extras, quando necessário.

A maioria dos odores não são bem-vindos no mundo de Hadida. Ela adverte as mulheres para que não compareçam a entrevistas de emprego usando talco ou perfume, porque o futuro empregador provavelmente julgará que a candidata está tentando despistar o próprio mau cheiro. "A mulher que cheira a sabonete sem perfume mostra que não tem mau cheiro a esconder." Além das causas comuns de halitose, um resfriado também podia causar hálito desagradável, mas o remédio – antisséptico bucal ou *spray* – também podia ofender muitas outras pessoas; então, a solução que propõe Hadida é "MANTENHA-SE DISTANTE". Isto também se aplicava às pessoas que tinham comido, mesmo os alimentos aparentemente mais inofensivos, como pão e manteiga. "Todos os odores de alimentos são repulsivos"; portanto, depois de comer, não se devia chegar perto de pessoas que não estivessem comendo.

Devido ao fato de a limpeza e a supressão do mau cheiro serem bens sociais e essenciais, os pais deviam certificar-se de ensinar hábitos adequados aos filhos desde cedo. Em particular, meninos ou meninas que tomavam banho diariamente agradavam imensamente as professoras.

É claro que existem professoras que amam os alunos independentemente de eles estarem limpos ou sujos, mas a instrutora de seus filhos pode ser parcial com quem privilegia. Neste caso, não importa quão modestos sejam seus meios, não importa quão pobres sejam as instalações para banho em sua casa, você será sábio se agradar a professora, pelo bem de seu filho, por meio da limpeza dele.

Meninas e meninos sujos, de qualquer idade, "causam aversão a seus amigos", e os adolescentes, em particular, têm mau cheiro. Até mesmo para a menina em seu ciclo menstrual (período durante o qual o banho, antes, não era recomendado), o banho diário é uma obrigação. Hadida sugere que a pessoa devia ensaboar-se completamente, em pé, em frente à pia, depois entrar numa banheira cheia de água morna, para se enxaguar, e sair imediatamente.

Ela resume esse capítulo de seu livro com a seguinte admoestação: "Odores são inoportunos e evitáveis, aqueles que fedem violam as regras da cortesia". É tentador concluir que quando diz "odores" Hadida não abrange somente os cheiros ruins, mas também o odor da menstruação. Uma pessoa de educação esmerada, mais sensível e delicada, devia intrometer-se o mínimo na vida das outras pessoas, e ser tão inodora quanto humanamente possível.

Fazendo uma análise a partir do grande número de livros de etiqueta e bons modos, artigos de revista e anúncios que incentivavam os americanos a tomar banho com tanto sabonete e água quanto fosse possível, a década de 1920 deve ter sido uma excelente época para os fabricantes de sabonete. Por outro lado, eles previram uma queda nas vendas. Um mercado pleno de produtos esmagava e enlouquecia o consumidor. Ao mesmo tempo, os americanos estavam ficando cada vez menos sujos. Ruas e estradas asfaltadas, o automóvel e a eletricidade apareceram, e as pessoas que utilizavam esses confortos modernos eram mais limpas do que aquelas que conviviam com estradas de terra e cavalos, fogões a carvão e lâmpadas de querosene. Melhorias na calefação também tornaram desnecessário o uso de pesadas roupas de lã no interior das construções. Graças à mecanização das fábricas e aos dispositivos que substituíram o trabalho braçal pelo mecânico, trabalhadores e donas-de-casa não se sujavam tanto como antes. Contudo, o que mais afetou o negócio dos fabricantes de sabão foi o súbito crescimento da indústria de cosméticos nos formidáveis anos vinte. As mais exitosas campanhas publicitárias de sabonete prometiam que a limpeza trazia a beleza. Infelizmente, para essas indústrias, o batom, o ruge e a maquiagem produziam ilusão de beleza mais eficiente do que o mais luxuoso sabonete.

Em 1927, em reação, os fabricantes de sabão fundaram o Instituto de Limpeza, uma organização comercial dedicada a incutir nos americanos a crença na supremacia da higiene; 80% dos fabricantes de sabonete apoiavam a organização. O *New York Times* deu boas-vindas à iniciativa, feliz com a idéia de que "pessoas desleixadas que acreditam que tanto faz, para elas, tomar banho ou não, devem ser trazidas à razão". O *Times* considerava o Instituto uma maneira de atender a uma necessidade social legítima. Utilizando a propaganda em revistas e no rádio, "anúncios de utilidade pública" e vários materiais para ensino em sala de aula, o Instituto tinha por objetivo fazer com que os americanos sentissem que limpeza nunca era demais. Para tanto, seus administradores estavam dispostos a lutar contra os micróbios em publicações tais como *Hitchhikers: Patrolling the Traffic Routes to the Mouth and Nose* (Caroneiros: patrulhando o acesso à boca e nariz), um livro intencionalmente preocupante dirigido a médicos,

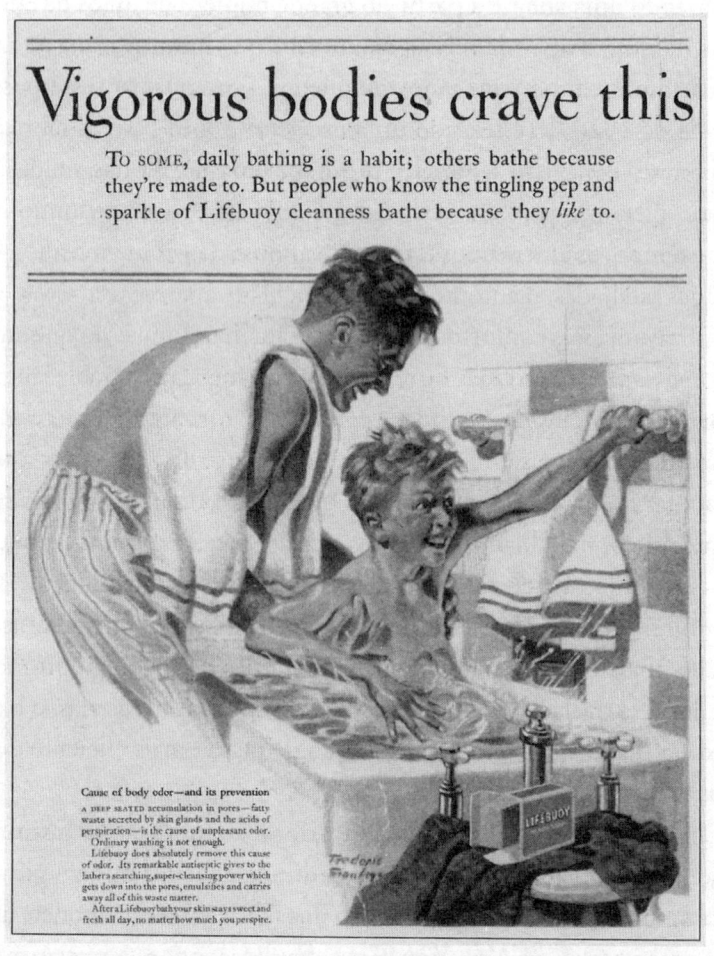

O sabonete Lifebuoy deixou o banho mais divertido: seu "poder de penetração e limpeza dissolve os resíduos que causam o mau cheiro e os elimina".

enfermeiras e trabalhadores da área da saúde, burocratas e professoras. Mas, para o público em geral, o instituto realizou uma campanha, na qual gastou 350 mil dólares em três anos, desviando-se do assunto saúde, como de costume, para concentrar-se nas qualidades mágicas dos sabonetes: proporcionar ascenção social, dinheiro e romance.

Direcionado ao público masculino e apelando às tensões da competitividade profissional, um dos anúncios do instituto produzido para revistas mostra um homem mais velho, bem vestido e de cabelos grisalhos avaliando criticamente um jovem camarada desleixado que, com a pasta e o chapéu de feltro, ocupa uma escrivaninha totalmente arrumada. Às costas do mais jovem, uma enorme versão surreal dele mesmo roendo as unhas o assombra. A legenda estampa: "Ele tinha que lutar muito contra si mesmo... *não conseguiu se impor*". Admitindo prejudicar a si mesmo, o homem desleixado se pergunta: "Por que não tomei banho, fiz barba e troquei minha roupa de baixo de manhã? Difícil enfrentar a reprovação dos outros... Um homem de caráter firme pode olhar qualquer um no rosto e dizer a verdade – pois quando estamos limpos, nossa aparência fala por nós". A conclusão, em letras garrafais: "SABÃO & ÁGUA estimulam o auto-respeito".

Noutro anúncio, uma mulher olha fixamente pela janela, de modo pensativo, para um grupo de crianças que brincam junto à casa dos vizinhos. Mulher e marido, um lindo e próspero casal, olham para ela de modo engraçado, o homem com o jornal que estava lendo ainda em mãos. O título: "O que os vizinhos acham dos filhos *dela*?" Naturalmente, toda mãe (e o anúncio diz isto) considera os próprios filhos perfeitos. "Mas, e os vizinhos, o que acham? Sorriem ante os rostinhos felizes que se sujaram durante a brincadeira? Atente que as pessoas associam roupas e rostos sujos a qualidades questionáveis." Não fica claro nesta mensagem agressiva e inadequada se uma mãe bem intencionada deve interromper a brincadeira dos filhos para lavá-los e às roupas com muita água e sabão. "Há uma SOLUÇÃO – ÁGUA E SABÃO", encerra o anúncio.

O Instituto de Limpeza investiu em todas as formas e meios de comunicação então existentes, porém, concentrou esforços nas escolas, não somente com o objetivo de deixar as crianças mais limpas, "mas também de fazê-las amar o estar limpo". Com este propósito, editou e vendeu a preço de custo centenas de milhares de impressos com histórias, e distribuiu panfletos, pôsteres e manuais para professores. Também elaborou um conjunto de "mandamentos da limpeza", com objetivos cuidadosamente enunciados, que abrangiam desde os primeiros anos da escolarização até o ensino médio. O condicionamento começava no primeiro ano, com a Cidade da Saúde, uma representação de brinquedo que devia ser montada pela professora. Cada criança fazia uma casa de papel, escrevia nela seu nome e a colocava em uma rua. Se alguma deficiência fosse encontrada na "Inspeção de Limpeza" diária da criança, sua casa era removida da Cidade da Saúde até que ela "se redimisse". Mas a professora nunca devia valer-se da limpeza como punição, ressalvava o Instituto, a verificação da manhã devia ser "um momento para se divertir com a limpeza".

A prevista queda nas vendas que preocupara a indústria de sabonetes não se concretizou, ou, pelo menos, não do modo como a imaginaram. O preço do sabonete ficou estável durante toda a década de 1920, enquanto a demanda cresceu. O que prejudicou as vendas do produto, assim como todo o comércio em geral, foi a depressão. Quando o Instituto de Limpeza fechou suas portas, em 1932, em conseqüência do desaquecimento da economia, Aldous Huxley publicou sua higienizada sátira utópica *Brave New World (Admirável mundo novo)*. É de se duvidar que Huxley, morando na Inglaterra, tenha ouvido falar do instituto, embora naturalmente existam paralelos entre a ênfase na doutrinação e pressão social do instituto e as medidas muito mais extremadas adotadas na civilização futura apresentada no romance, com sua fobia de odores e micróbios.

Desprezando um mundo que via como descuidadamente hedonístico e devotado a prazeres sintéticos, Huxley criou em seu romance uma socie-

---

UMA VISÃO INGLESA DA HIGIENE AMERICANA

"Com mão firme, Aimée cumpriu os rituais de preparação para encontrar namorado prescritos para as garotas americanas – passou a esponja com um preparado destinado a tampar as glândulas de suor nas axilas, fez gargarejo para suavizar o hálito e, tomando de uma garrafa rotulada 'Jungle Venom', pingou algumas gotas aromáticas nos cabelos."

Evelyn Waugh, *The Loved One*, 1948

dade onde as crianças são concebidas em tubos de ensaio e deles nascem, e em que cuidar de um bebê é até mesmo mais repulsivo do que usar roupas velhas ou pronunciar "mãe" ou "pai". Um dos principais pecados nesse admirável mundo novo é preservar o aroma natural do corpo. A austera imagem da velha ordem – um local chamado "lar", cheio de coisas não esterelizadas e fedorento – contrasta com a descrição de Lenina Crowne tomando banho, fazendo massagem e aplicando-se perfume. "Torrentes de água quente enchiam centenas de banheiras" enquanto Lenina, depois de um dia de trabalho no Centro de Incubação e Condicionamento de Londres, abre o zíper de sua roupa. Para um inglês como Huxley, a imagem de centenas de banheiras fornecendo água quente generosamente ainda era uma promessa futurista em 1932; a realidade, na América, estava muito mais próxima da cena.

Em ambos os países, contudo, as instalações pós-banho descritas são mesmo coisa de fantasia. Depois de tomar banho e secar-se, Lenina

> segura um longo tubo flexível que sai da parede com a ponta direcionada para o peito, como se ele fosse uma arma e ela fosse cometer suicídio pressionando um gatilho. Mas é um sopro de ar aquecido que a pulveriza com o mais fino pó de talco. Oito aromas diferentes e água de Colônia, colocados em pequenos frascos acima da bacia de banho, provêem o perfume. Ela escolhe o terceiro à esquerda, passa um pouco de chipre e, carregando os sapatos e as meias brancas, sai para ver se alguma das máquinas de vibro-aspiração está desocupada.

Lenina volta da vibro-aspiração "como uma pérola iluminada de dentro para fora, totalmente resplandecente".

Com Bernard Marx, um jovem cuja ortodoxia é bastante suspeita, Lenina visita uma reserva selvagem no Novo México, remanescente da antiga sociedade preservado sem reformas, como atração turística exótica e algo revoltante. Lenina acha a miséria local desalentadora e o cheiro do guia nativo, insuportável. Quando Bernard tenta fazer pouco caso do cheiro de suor, da sujeira, do pó e dos insetos, ela protesta recitando um dos mantras com que ambos foram bombardeados dioturnamente quando crianças:

"Limpeza é fordismo."

"Sim, e civilização é esterilização", diz Bernard, ironicamente, recitando o segundo mandamento elementar da higiene. "Mas estas pessoas nunca ouviram falar de Nosso Ford, não são civilizadas."

Linda, que foi criada no novo mundo mas acidentalmente esquecida na reserva, concorda com Bernard. Ela conta ao casal sobre o horror do lugar, onde "nada é asséptico". E que tentou, em vão, ensinar aos nativos os *slogans* com os quais foi condicionada quando criança, incluindo "Eliminar Estreptococo-Gee e Banbury-T para ter um bom banheiro e W.C." "Eles não entendem. Como poderiam?", ressalva ela. "No fim das contas, acho que me acostumei com a situação. De qualquer modo, como seria possível manter a limpeza sem água quente?"

> "Somos a primeira grande nação na qual toda individualidade, toda doçura da vida, todo excitante materialismo está subordinado, com sucesso, a um industrialismo regido por máquinas."
>
> Sinclair Lewis, romancista americano

A pergunta de Linda, no período, era ainda relevante na Europa. Por volta da década de 1930, quase todas as casas e apartamentos urbanos nos EUA tinham água quente, assim como pouco mais da metade dos lares na Inglaterra; 55% das casas americanas tinham banheiro completo em 1940. No continente europeu era mais difícil manter-se limpo. Somente 10% dos italianos tinham banheiro em 1931. Vinte anos mais tarde, na França, em 1954, somente uma casa, ou apartamento, em cada dez tinha chuveiro ou banheira. Os EUA permaneceram pioneiros na limpeza pessoal e cada vez que os americanos davam um passo à frente – acostumando as pessoas a tomar banho de banheira ou chuveiro diariamente e a usar desodorante todo dia, ou as mulheres a depilar as axilas para inibir o odor natural do corpo –, os europeus reagiam com incredulidade, desdém ou ambos. Gradualmente, as instalações hidráulicas domésticas evoluíram e popularizaram-se e o número de banhos aumentou, embora fora das grandes cidades os padrões americanos de limpeza geralmente não fossem observados.

Entre 1930 e 1940, milhões de americanos passaram a observar com atenção saudável e a "tratar" o mau cheiro da boca, axilas, pés e genitais. Eles conheciam produtos que prometiam resolver esses problemas. Estrelas de cinema como Bette Davis, Joan Crawford e Rosemary Clooney recomendavam o uso de sabonetes ("Nove entre dez estrelas de cinema preferem Lux") para "melhorar" a pele. Noivas de aparência suave, a realização do sonho de toda mulher, garantiam a eficácia de Listerine ("Até que o HÁLITO nos separe"), do sabonete ("A pele diz 'Sim!'") e do desodorante ("Você pode dizer 'sim' ao romance porque Veto diz 'não' à ofensa!"). Os publicitários foram muito bem-sucedidos no que gostavam de considerar sua "missão educacional". Que inventariam a seguir?

NOVE

O SANTUÁRIO DOMÉSTICO
DE 1950 ATÉ NOSSOS DIAS

Em 1956, Horace Miner, professor da Universidade de Michigan, publicou o artigo "Ritos Corporais entre os Nacirema" no *American Anthropologist*. Etnia pouco estudada, embora o povo nacirema mantenha uma economia de mercado sofisticada, é mais notável pela extraordinária atenção que dedica à saúde e aparência do corpo humano. Eles crêem, fundamentalmente, segundo Miner, "que o corpo é naturalmente feio e que a debilidade e a doença são tendências inatas dele". Preso a este corpo ilusório, o povo nacirema recorreria a comportamentos exacerbados e rituais elaborados que tinham lugar em um santuário ou santuários domésticos.

"Os indivíduos socialmente dominantes têm vários santuários em casa", relata Miner. "Na verdade, entre eles, até mesmo a riqueza pessoal é aquilatada pelo número de santuários que a pessoa tem em casa." O núcleo desses santuários é um recesso embutido na parede, cheio de talismãs e poções. Embaixo desse armarinho de talismãs, há uma pequena fonte, da qual flui água sagrada, cuja pureza é incumbência de uma classe sacerdotal manter. Todo nacirema entra no santuário uma vez por dia, ao menos, sozinho, curva a cabeça diante de seus talismãs e realiza um rápido ritual de ablução. Esta prática, embora de importância crucial para este povo, não é realizada em família, mas particular e privadamente: "Normalmente, os ritos são discutidos somente com as crianças", registrou Miner, "e apenas durante o período de iniciação nestes mistérios".

> "O EUA são o único país do mundo que passou do barbarismo para a decadência sem vivenciar a civilização."
>
> Oscar Wilde

Nacirema é *american* de trás para frente – esta "clássica" paródia de Miner é ainda hoje referida por acadêmicos como sátira da condescendente metodologia antropológica ocidental em relação às demais culturas. Miner dedica boa parte de seu artigo a uma "fé masoquista do povo nacirema" em dentistas e hospitais, mas sua descrição do banheiro como santuário doméstico é ironia mais fina. Assim como aconteceu com *Admirável mundo novo*, hoje, meio século passado, a realidade transcendeu a irônica fantasia acadêmica: se Miner tivesse que atualizar e reescrever seu artigo teria que pintar o "santuário" com muito mais luxúria, rituais muito mais complicados e poções mais miraculosas ainda.

O fenômeno que Miner observou, de que o povo nacirema avalia a riqueza da casa pelo número de santuários domésticos ou banheiros que tem atingiu recentemente patamares inéditos. Em janeiro de 2006, a revista *New York Times* veiculou um anúncio de apartamentos muito luxuosos, construídos no Hotel Stanhope, na Quinta Avenida, junto ao museu Metropolitan. Cada apartamento de oito quartos tinha nada menos do que onze banheiros, dois apenas para a "suíte master". Em Stanhope, a esperançosa relação futurista de Harriet Beecher Stowe, de um banheiro para cada dois ou três habitantes quase se inverte: neste apartamento, cada morador pode contar com dois ou três banheiros. No século XIX e início do XX, banheiros raramente eram construídos no primeiro andar da casa porque nenhuma senhora queria ser vista entrando neles. Hoje, se temos condições financeiras, instalamos banheiros por toda parte. E nossa idéia de delicadeza desenvolveu-se numa direção inesperada: idealmente, como em Stanhope, ninguém deve ser obrigado a compartilhar o mesmo banheiro, nem mesmo marido e mulher.

Um apartamento em Stanhope está além do alcance da maioria, mas 24% – quase uma em cada quatro – das casas americanas construídas em 2005 tinham três ou mais banheiros. Quantidade é apenas a primeira coisa que os americanos querem em termos de banheiros. No século XXI, esses cômodos estão se tornando realmente santuários íntimos, um espaço onde o hedonismo, o narcisismo, o luxo excessivo e a superdiligência higiênica acontecem. No final do século XIX, os franceses comparavam o banheiro americano a uma sala de cirurgia. As coisas começaram a mudar na década de 1920, quando fabricantes de toalhas como a Cannon e a Martex, e fabricantes de acessórios como a Kohler e a Crane perceberam que era possível fazer dinheiro com o menor e mais recentemente criado cômodo da casa.

A Cannon divulgou várias "receitas de banho" que aconselhavam uso generoso de toalhas. "Como a primeira toalha absorve as impurezas da pele," informava a empresa ao banhista, "ela nunca (sob nenhuma circunstância) deve ser utilizada novamente antes de ser lavada." As toalhas, que eram feitas somente na cor branca, eventualmente com as bordas vermelhas ou azuis, passaram a aparecer nas cores bege, laranja e rosa, combinando com os novos acessórios oferecidos pelo mercado. A Standard Sanitary fabricava banheiras, pias e privadas em azul-claro e lilás – a toalha modelo *Imperator Bath* da Kohler estava disponível na cor "alfazema".

Entretanto, na década de 1990, os banheiros já tinham chegado ao luxo atual. Freqüentemente, não são mais o menor cômodo da casa. O tamanho médio do banheiro americano triplicou entre 1994 e 2004: hoje é comum diminuir o tamanho de um quarto para fazer um banheiro maior do que o normal. Luxos de que antes não se dispunha – grandes banheiras que se enchem em 60 segundos, tevês de plasma à prova d'água e balanças que calculam o IMC (índice de massa corporal) estão se tornando comuns em banheiros de última geração. Outros acessórios lembram as casas de banho da Roma antiga ou a era dourada dos banhos. Se tiver condições, uma banheira de mármore de mil litros com pés de ferro fundido imitando o de alguns animais pode ser adquirida por 20 mil dólares, sem os acessórios.

Na verdade, essas banheiras se parecem mais com sarcófagos do que com as banheiras individuais usadas em Roma, que eram de bronze, mas a fantasia imperial é o mais importante aqui. Assim como as salas de gravação da década de 1950, o banheiro contemporâneo é o espaço onde o faz-de-conta é permitido de forma mais completa – talvez uma "sala de banho" no estilo japonês, com um chuveiro que pulveriza água em todo o cômodo, ou uma banheira com dossel de quatro colunas. Pode ser um retiro onde ninguém mais seja bem-vindo, uma "sala de meditação" ou um novo tipo de sala da família – uma que os romanos teriam entendido, um lugar para reconectar-se com a família depois das tensões do dia já terem se distendido.

> "Como sabemos, sujeira significa essencialmente desordem. Não há nada pior do que a sujeira absoluta: ela está nos olhos de quem a vê. A sujeira é uma ofensa à ordem.
>
> "Mary Douglas, antropóloga, *Purity and Danger: An Analysis of Concepts of Pollution and Taboo*, 1966

Assim como aconteceu no século XIX, os hotéis estão na vanguarda. Os hóspedes dos cinco estrelas desfrutam de espelhos que não se embaçam, chuveiros que imitam chuva tropical e banheiras que acomodam quatro pessoas – não demorará muito para que tais amenidades cheguem ao mercado doméstico. Eros tem um papel de destaque nestes projetos para hotéis: uma acomodação batizada "visão romântica" oferece um box de chuveiro com vidros transparentes, visível do quarto. Em metade das mais de 300 acomodações do Hotel Puerto America, em Madri, projetado por um time de arquitetos famosos, quartos e banheiros dividem o mesmo espaço. Por outro lado, em um dos mais novos hotéis de Montreal, o W, uma parede separa o banheiro do quarto – quase um retrocesso –, mas não inteiramente: um recorte nela intensifica o que o presidente dos Hotéis W, Ross Klein, chama de "oportunidade voyeurística".

Diz ele: "É uma comunicação *sexy* entre as áreas de vestir, tomar banho e dormir". O hotel na Rivington, no East End, Nova York, tem o teto do box de chuveiro de seus banheiros transparente: assim propõe-se elevar a excitação a níveis ainda mais ousados. (Se o exibicionismo para os vizinhos de quarto não agradar o hóspede, o hotel escurece o teto de vidro com filme plástico.) Essas permissividades picantes oferecidas na realização de tarefa que, num passado não muito distante, era considerada, até, desagradável, buscam a aprovação do guerreiro moderno: ele até pode, algumas vezes, ridicularizar a vulgaridade desses "truques", mas quando está de bom humor aprova essas possibilidades carnais.

Miner especifica que uma parte do corpo, particularmente, preocupa o povo nacirema: eles têm "quase que um horror patológico e uma fascinação pela boca", escreveu ele. "Acredita-se que essa condição influa sobrenaturalmente em todos os relacionamentos sociais. Não fossem os rituais da boca, os naciremas acreditam que seus dentes cairão, suas gengivas sangrarão, suas mandíbulas travarão, seus amigos os esquecerão e suas amantes os rejeitarão." Miner era presciente, mas, novamente, o jogo mudou significativamente em 1956. Em pleno século XVIII, Lorde Chesterfield queria que seu filho tivesse os próprios dentes conservados quando fosse mais velho, e que assim não ofendesse os outros com o mau hálito. Americanos do século XXI consideram este nível de exigência ridículo: hoje os dentes devem ser perfeitamente retos, uniformes e sobrenaturalmente brancos. (Nem os ingleses nem os europeus mais prósperos compartilham desta obsessão – o modo mais fácil de saber quais atores de um filme com elenco internacional são americanos é observar a dentição deles.)

Muitas das poções utilizadas pelos naciremas do século XXI para manter os dentes, não comprometer as gengivas, não perder amigos e nem o amor pareceriam familiares para seus antepassados, embora pasta de dentes, escovas, fios e fitas dentais e antissépticos bucais tenham se diversificado numa quantidade espantosa de opções. Esqueça a pasta de dentes com sabor menta ou hortelã; alguns sabores oferecidos pela Crest parecem sorvete de frutas – limão, canela e menta com baunilha. O fio dental, que também oferece uma variedade de sabores, pode ser revestido com cera, ou não, e ser "branqueador".

Uma vez que o fio dental passa entre os dentes, pareceria que seu efeito branqueador não é muito visível, mas o branqueamento é a atual condição *sine qua non** na obsessão oral dos naciremas. Até as escovas movidas a pilha prometem "um sistema de cerdas branqueadoras". Desde 2002, quando a Crest Whitestrips, uma coleção cara (50 dólares ou mais) de pastas com peróxido de hidrogênio ou aditivo químico similar surgiu nas drogarias, esses produtos estão se tornando mais e mais populares. Os varejistas, encantados, observaram que as vendas de "branqueadores" cresceram 260% só naquele ano. Por volta de 2005, as pastas branqueadoras movimentaram sozinhas 500 milhões de dólares.

* *Sine qua non:* do latim, condição indispensável.

De nada adianta os dentistas repetirem que nossos dentes não são totalmente brancos, mas cor de marfim, ou creme ou mesmo – sim – amarelo esbranquiçado. Alertar também que o uso contínuo de branqueadores pode danificar o esmalte dos dentes também parece inútil. As vendas continuam a crescer e os dentistas estão percebendo que o número de pacientes que abusam de tais produtos cresce porque os dentes nunca ficam "brancos o suficiente". Tais pacientes parecem seguir pelo mesmo caminho da anorexia, "doença da moda" em que o doente nunca está "magro o suficiente". De acordo com os profissionais odontólogos essa compulsão pode resultar numa coroa ou jaqueta para cada dente.

⁓

Se dentes brancos como papel são a mais recente "necessidade", isto não significa que objetivos anteriores da higiene se tornaram irrelevantes. Novas exigências são constantemente adicionadas, e nunca nenhum objetivo pregresso é excluído. Por mais de um século, a limpeza tem integrado o modo de vida americano, e aqueles que não seguem as regras são estigmatizados. Na época da Guerra Civil, rosto e mãos sujas, colarinho e punhos desbotados indicavam que você era fazendeiro, trabalhador braçal ou simplesmente pobre. No século XX, evidências visuais de sujeira são mais raras: o odor tornou-se o novo indicador. Como os publicitários de sabonete e desodorante refinaram suas habilidades e vêm continuamente elevando os padrões de higiene pessoal de todos nós, sua mensagem germina em solo constantemente fertilizado. Cheirar o corpo de alguém ou impingir o seu cheiro a alguém, como invasão de privacidade, configura-se hoje intromissão intolerável.

Na América atual parece não haver lugar para descanso, nenhum aspecto da vida sobre o qual possamos nos sentir seguros e confortáveis por mais do que algumas horas depois do banho. "A limpeza" continua a desaparecer na distância. Embora nosso sonho de corpo perfeito possa parecer a glorificação da compleição física dos gregos antigos, Miner parece acertar quando descreve a "aversão dos naciremas ao

No fim do século XIX, Jolyon Forsyte, no livro *The Forsyte Saga*, de John Galsworthy, limpa os dentes com linha de costura. O fio dental de náilon chegou ao mercado durante a Segunda Guerra Mundial.

A LIMPEZA DO PÊNIS: CIRCUNCISÃO SEM RITUAL

> As culturas que realizam o ritual da circuncisão em seus meninos – judeus, muçulmanos, aborígenes australianos e várias tribos africanas – consideram-na um ritual de purificação espiritual ou uma simbologia de um pacto divino. Mas, nos EUA, no século XIX, os médicos viam a remoção do prepúcio como higiênica. Na década de 1870, um cirurgião de Nova York afirmou que a circuncisão curava meninos paralisados. A partir desta bizarra associação, os médicos passaram a encarar o pênis não circuncidado como fonte de problemas diversos, e quanto mais procuravam, mais anormalidades aparentes encontravam. A nova teoria dos micróbios também encorajou a circuncisão, porque a única defesa contra as hordas de inimigos microscópicos era a prevenção, que incluía essa pequena cirurgia. Na verdade, o prepúcio, que abriga uma secreção potencialmente infecciosa chamada esmegma, parece extremamente operável. Mas esmegma, no grego clássico, significa sabão: basta apenas enxaguar a substância com água quente. Entretanto, em 1894, razões de higiene eram mais que comuns para realizar a circuncisão.
>
> A circuncisão sem ritual foi um fenômeno do século XX limitado aos países de língua inglesa. Foi particularmente popular na América. Aproximadamente em 1970, ficou evidente que a maioria das condições do prepúcio interpretadas como anomalia pelos médicos era normal e que um pênis intacto não era obstáculo à limpeza. Em 1971, a Academia Americana de Pediatria anunciou que não havia razão médica para a circuncisão rotineira. As circuncisões caíram 3,8% na Inglaterra e 12% no Canadá. Nos Estados Unidos, a ocorrência também caiu, mas ainda assim permaneceu alta: de 85% para 60%.

corpo natural e suas funções". De certo modo, rejeitamos nosso corpo real como os santos medievais rejeitavam o deles, embora sem a motivação religiosa. Ou, para dizer de outra maneira, nossa religião é a perfeição do corpo, e qualquer desvio desse objetivo inatingível é deplorado.

O desejo americano de substituir o verdadeiro cheiro de nosso corpo por um perfume que compramos não surpreende Sissel Tolaas, mas isto não significa que ela aceite a atitude. Sissel, que se considera provocadora profissional, mas é mais freqüentemente descrita como artista dos odores, está envolvida em uma cruzada solitária para levar as pessoas "cegas de cheiro", como ela diz, a recuperar esse valioso sentido fundamental atualmente reprimido por nós mesmos. Embora nunca tenha elaborado uma fragrância comercial, Sissel gerencia um laboratório de pesquisa para a International Flavours and Fragrances Inc. (uma empresa que produziu perfumes para a Ralph Lauren e a Prada), em Berlim. Na IFF, Sissel criou os aromas de Ikea, Volvo e H&M – ela considera seu trabalho um desafio e é uma crítica incansável de nossas idéias convencionais sobre o cheiro.

Em seu escritório, na IFF, Sissel fecha os olhos, treme as elegantes narinas e inala profundamente o odor de um frasco com puro e pronunciado cheiro de suor masculino humano. E comenta: "fa-bu-lo-so", colocando uma gotícula em cada pulso. Ela cresceu na Islândia e na Noruega, sentindo no ar o cheiro da chuva, das tempestades e da neve. Um dia se perguntou por que temos tantas palavras para descrever o que vemos e ouvimos e tão poucas para as nuanças do aroma, assim como o motivo pelo qual subestimamos o sentido do olfato enquanto exaltamos visão e audição. Trabalhando sozinha, experimentou os cheiros do modo como nossos ancestrais faziam – não para encantar-se ou desiludir-se, mas para obter fatos e dados. Autodidata, ela elaborou um "arquivo de cheiros" de 7.630 diferentes aromas, de cheiro de peixe seco ao da poeira de construções.

Por que Sissel ama nos fazer analisar as informações que captamos com nosso nariz? Porque nosso olfato nos conecta com a realidade mais básica: identificamos o cheiro de nossa mãe, diz ela, antes de nossos olhos e cérebro aprenderem a vê-la. E o caminho para a percepção renovada dessa realidade básica começa em nosso corpo não desodorizado. Ela acrescenta, ainda, que não gostar do cheiro de outras classes sociais, raças e países é um modo fácil de alimentar nossa ilusão de superioridade. Revoltou-se com uma lei do Distrito de San Luis Obispo, Califórnia, EUA, aprovada em 2005, que permite aos bibliotecários das instituições públicas locais retirar leitores "fedorentos" do recinto. Seguindo o exemplo de George Orwell, a quem admira, Sissel afirma que normalmente nos consideramos politicamente corretos demais para articular conscientemente esta aversão, mas que "a expressamos pelo modo como agimos com as outras pessoas em nossa vizinhança, pelo espaço que damos aos outros".

Sissel se vale de inúmeros estratagemas para desestabilizar nossos condicionamentos e educar nossa falta de discernimento olfativo. Depois de sintetizar o cheiro de suor de nove homens com diferentes e intensas fobias, escolheu um deles e o usou em uma recepção oferecida pelo embaixador brasileiro em Berlim. Como ela esperava, houve confusão, "porque minha aparência e meu cheiro não se combinavam de jeito nenhum". Ano passado, impregnou paredes no centro de artes do Instituto de Tecnologia de Massachussetts com sua coleção de cheiros de suor: os freqüentadores da galeria ativavam os odores pungentes tocando nas paredes – foi uma inédita experiência de arranhar e cheirar.

A esperança de Sissel de desenvolver nas pessoas um sentido de olfato mais inteligente recai sobre seu trabalho educacional com crianças do ensino fundamental. Ela as encoraja a conversar sobre o assunto e as estimula a desenhar e dramatizar as próprias reações aos odores. Acredita

Sissel Tolaas, no trabalho em seu escritório, em Berlim.

que quanto mais reações espontâneas, livres dos condicionamentos sociais elas tenham em relação aos cheiros, menos vulneráveis estarão à propaganda de perfumes. Este tipo de consideração é mais fácil na Europa, de acordo com Sissel, porque os europeus estão mais acostumados a atravessar fronteiras e deparar-se com linguagens e culturas diferentes. "São mais abertos," ela diz, "mais tolerantes com a individualidade e as diferenças."

Sissel pode adotar a tolerância européia como modelo, mas a verdade é que, em geral, europeus desconfiam de atitudes precipitadas ou impetuosas em relação à limpeza. Ao mesmo tempo, já fizeram grandes avanços desde 1954, quando somente uma em cada dez moradias francesas tinha chuveiro ou banheira. A porcentagem de moradias com chuveiro hoje em dia é bastante alta na Europa ocidental: 100% nos Países Baixos, Suécia e Malta, e quase 90% na maioria dos outros países da Europa ocidental. (A anomalia é Portugal, com somente 65% em 2001.) Em alguns países do antigo bloco soviético, banheiros

Setecentos novos produtos antibacterianos foram lançados nos Estados Unidos entre 1992 e 1998. Um deles foi uma "tira de proteção bucal", uma fita antimicrobiana que devia ser fixada na língua.

completos ainda são relativamente raros, considerando que apenas 60% das casas na Lituânia, na Letônia e na Estônia tinham chuveiros ou banheiras no início deste século.

A freqüência de uso das banheiras e chuveiros é outra questão. Como sempre, a mentalidade é mais importante do que a instalação hidráulica: uma anedota contada por Antoine Prost em *A History of Private Life* (história da vida privada) ressalta a longevidade das atitudes tradicionais francesas. Um pouco antes da Segunda Guerra Mundial, uma diretora de escola em Chartres sugeriu a uma mãe da classe trabalhadora que sua filha adolescente tinha começado a menstruar e que a higiene pessoal da menina precisava "ser melhorada". A mãe, enfurecida, retrucou: "Tenho 50 anos, madame, e nunca lavei essas partes!" Não é plausível que a opinião dessa mãe, provavelmente uma representante típica de sua classe e geração, se alterasse simplesmente pela disponibilização de mais banheiras ou chuveiros.

Hábitos mudam gradualmente. Nas décadas de 1960 e 1970, quando americanos voltavam de viagem à Europa, era quase certo terem uma ou duas histórias extraordinárias sobre europeus de classe média de cabelo gorduroso e axilas "cheirosas". A possibilidade de encontrá-los atualmente é bem menor. Em 1998, *Francoscopie*, uma publicação sobre tendências da sociedade francesa, afirmou que o habitante classe média local tomava 4,4 banhos por semana, enquanto os ingleses tomavam 3,7 banhos semanais e os italianos, 3,8. (O mesmo estudo informa estarem os franceses na liderança européia no consumo de perfumes, desodorantes, maquiagem e cremes e loções, para o rosto e mãos.) Mais recentemente, algumas pesquisas e estudos revelaram que 51% das francesas e 55% dos franceses não tomam banho todos os dias, e que metade deles e 30% delas não usam desodorante. Quanto às roupas de baixo, 40% dos franceses e uma em cada quatro francesas não têm o hábito de trocá-las todos os dias. Informações como essas provocam o riso ou a desaprovação entre america-

> "Não muito tempo atrás – talvez 40 anos – muitas residências no Reino Unido não tinham banheiro. Naquela época isto chocava, porque em comparação com nossos primos americanos parecíamos imundos. Hoje é embaraçoso porque desde a época romana nenhuma outra nação deu a banheiros tanta importância quanto a templos."
> Lisa Freedman, *Financial Times*, 5 de setembro de 2003

nos, que consideram indecentes os hábitos europeus – mas quatro banhos semanais estão racionalmente próximos do necessário para trabalhadores sedentários que dispõem dos mais variados equipamentos e confortos economizadores de esforço físico. Além disso, esse número evidencia boa resistência às manobras publicitárias.

⁓

Em comparação com a Europa, diz Sissel Tolaas que "na América, as pessoas são mais radicais e tudo se transforma em regra". Ironicamente, o símbolo máximo dos extremos a que chegam os imperativos desodorizantes americanos foi inventado por suíços. No início da década de 1960, eles combinaram hexaclorofeno, um emoliente, uma essência e um propulsor num *spray* para limpar e desodorizar a genitália externa feminina. Para tanto, tecidos umedecidos tinham sido utilizados por décadas, valer-se de um *spray* para o mesmo propósito foi algo novo. Diferente dos *sprays* fortes e "pegajosos" disponíveis na época, o suíço continha fluorcarbono 12, substância que o tornava mais "seco" e suave. A primeira versão americana foi lançada em 1966 pela Alberto-Culver – e recebeu por nome a sigla FDS, de *feminine deodorant spray* (desodorante *spray* feminino). Embora o *spray* suíço nunca tenha sido muito popular, o americano FDS, graças a publicitários talentosos e consumidores vorazes, foi um tremendo sucesso. Vinte outras marcas surgiram na esteira da de Alberto-Culver: em 1973, mais de 20 milhões de americanas usavam o *spray*, movimentando mais de 40 milhões de dólares em vendas.

Mas nem todos acolheram bem o novo produto. Psiquiatras, terapeutas e feministas reclamaram que o *spray* e sua publicidade exploravam a insegurança feminina. Observando que "meu cheiro é ruim, por isso ninguém gosta de mim" é uma afirmação paranóica clássica, a psicanalista Natalie Shainess criticou anúncios que apresentavam "a imagem horrenda de mulheres tratadas como criaturas de mau cheiro inerente. Isso deprime a compreensão do eu e do ego, mesmo que a intenção do produto seja ajudar". Os fabricantes contra-atacaram com respostas prontas, geralmente simples repetições do fato, na opinião deles "irrefutável", de que as mulheres tinham um "problema", e que ele estava "lá embaixo". Nora Ephron relata em seu artigo *"Dealing with the, uh, Problem"* (lidando com o, uh, problema), publicado na *Esquire* de 1973, a explicação dos fabricantes:

> Nossa abordagem é que as mulheres têm um problema de odor vaginal e que este é um produto que resolve este problema. Elas realmente têm este distúrbio, todos sabem. O uso de meia-calça contribui muito. Os grupos de liberação da mulher dizem que a propaganda está criando uma necessidade que não existe, que o cheiro é bom e natural. Este é um direito delas. Mas gostaria de perguntar: as mulheres não têm odor vaginal? Vou então voltar ao problema. O problema está lá.

Outros homens envolvidos com a fabricação ou comercialização desses *sprays* ignoraram essa questão da existência ou não do odor e parabenizaram a si mesmos por estarem ajudando as mulheres a se sentirem mais seguras e atraentes. Jerry Della Femina, executivo cuja empresa publicitária gerenciava a campanha do desodorante íntimo Feminique, elaborou uma fantasia muito particular sobre o assunto:

> Em algum lugar lá fora há uma garota que pode estar muita aflita consigo mesma. Um dia, ela sai, compra Feminique e usa o produto. Chega em casa e naquela mesma noite se sente muito mais confiante e vai para cima do marido. Pela primeira vez em sua vida ela tem um orgasmo. Acho que os que contribuem para mais um orgasmo no mundo merecem o Nobel da Paz.

No final de década de 1960, com o desenvolvimento da pílula anticoncepcional e a revolução sexual, o orgasmo foi definitivamente incluído na agenda de todo mundo. Infelizmente, em alguns momentos essa revolução pareceu mais constranger e inibir do que libertar as mulheres. A mensagem transmitida pela propaganda promotora da "higiene" feminina era confusa: sexo é uma coisa natural maravilhosa, mas para o "eu natural" feminino ser "realmente maravilhosa" precisava valer-se de um *spray*. Depois do sexo, a mulher tinha necessidade urgente de se lavar, passar perfume, usar *spray*, tomar uma ducha. O sexo era natural e maravilhoso, mas significava também que o "eu natural" podia ser rejeitado em seu nível mais íntimo. Como colocado por um anúncio do desodorante íntimo Demure na legenda de uma imagem de um quarto de menina: "Seu ursinho de pelúcia te ama de qualquer jeito. Só quando você se casa com alguém é que tem de se preocupar com coisas que nunca se preocupava antes".

Se aspergir um desodorante íntimo na parte externa da genitália feminina vendia, por que não ir adiante, para dentro da vagina? A aplicação de duchas vaginais higiênicas existia há milênios, mas adicionar sabor – framboesa e champagne, no caso do sugestivo Cupid's Guiver (palpitar de Cúpido) – foi uma inovação. O anúncio do Cupid's Guiver para revistas mostrava uma modelo nua dizendo de modo provocante: "Relaxe e aprecie a revolução". A associação óbvia da aromatização com o sexo oral preocupou algumas revistas e todas as redes de televisão, mas em apenas dois meses, ainda no ano de seu lançamento (1969), o Cupid's Guiver vendeu 250 mil dólares. Kate Kane, uma feminista que estudou os anúncios desses produtos que parecem confirmar o "ritual do corpo do povo nacirema", escreveu: "Esses comerciais, juntos, sugerem que somos um povo obcecado pela intimidade física, e contudo incapaz de vivenciá-la sem antes realizar muitos rituais de purificação diários, elaborados e caros".

Após um início brilhante, as vendas dos desodorantes íntimos despencaram no começo da década de 1970, com relatos de que causavam irritação e a proibição do uso do hexaclorofeno pela Food and Drug Administration, do governo americano. Em algum momento entre as décadas de 1970 e 1980, os *sprays* perderam seu lugar. Dúvidas sobre sua eficácia, preocupação com as latas de aerossol, o desgaste, o movimento feminista – tudo contribuiu. Uma segunda onda de feminismo começou na década de 1960, no mínimo duas gerações de feministas tentaram criar filhas mais sensatas e autoconfiantes: seria ótimo concluir que as mulheres se tornaram mais céticas em relação a esses produtos que prometiam ocultar o verdadeiro aroma delas com "frescor" químico.

> "Bem lá no fundo, sob toda nossa impressão de impureza e sujeira, está o sentimento primitivo, inconsciente e universal da inviolabilidade e pureza do corpo. Nada na esfera material pode ser exatamente sujo exceto o corpo. Falamos de 'estradas sujas', mas em um mundo inabitado, o barro não seria mais sujo que a rocha; é a possibilidade do barro aderir ao pé humano que o transforma em sujeira."
>
> Edwyn Bevan, "Dirt", 1921

A aclamada peça *Monólogos da vagina*, de Eve Ensler (1996), dedica um monólogo à questão: "Qual é o cheiro da vagina?" As respostas: "de terra", "de uma vistosa floresta de jasmim almiscarado", "do amanhecer", "me disseram que não tem cheiro", "de musgo úmido", "algo entre o de peixe e a cor lilás" e "de mim". Mas, aquelas que criam coragem com esses monólogos são bem poucos se comparadas às que pulverizam o quarto com Frebreze e deixam os purificadores de ar ligados. Neste clima, a ansiedade sobre o que um amigo meu chama, ironicamente, de "a grande imundice do sexo feminino", aparece facilmente. Em 2003, a venda de desodorantes íntimos femininos no Wal-Mart cresceu 30% em relação ao ano anterior. Em setembro de 2005, a venda de artigos de "higiene íntima" havia crescido por volta de 9,4%.

Atualmente, lenços umedecidos – feitos de fibra de papel, descartáveis como os usados para limpar o bumbum dos bebês – são mais populares do que *sprays*: tanto fabricantes de preservativos quanto de guardanapos os estão manufaturando. Nos últimos anos, a Procter & Gamble, a Johnson & Johnson, a Vagisil e a Playtex lançaram seus lenços umedecidos. Elexa, uma marca de preservativos, comercializa um "pacote feminino" com três preservativos *premium* de látex e seis lenços umedecidos, presumivelmente, para serem usados um antes e outro depois de cada ato sexual.

Lenços umedecidos e outros produtos da "higiene feminina" não despertam o interesse de Sissel Tolaas, embora ela admita que viver sem nenhuma desodorização do corpo seja desconfortável. "Como era o corpo sem cheiro de manga? Você não sabe", diz ela. "E, antes do cheiro de manga, era o de limão e, antes, o de rosas. As pessoas estão tão acostumadas com essas invenções que fica difícil reagir à realidade. Temos medo de nosso próprio cheiro, porque isto significa estar nu. É perigoso hoje em dia sair sem nenhum aroma extracorpóreo." Quando está tudo bem, você pode usar um desses aromas, mas conscientize-se do efeito que está tentando causar. (Sissel, por exemplo, criou um aroma que lembra o cheiro "metálico" do dinheiro, para verificar se a pessoa que o usava reagia a ele e tinha mais sucesso nos negócios, o que realmente aconteceu.) Para a mulher contemporânea, que cada vez mais assume cargos socialmente relevantes, ela acha que florais ingênuos e essências com cheiro de bebê, comuns nos produtos da "higiene feminina" e nos perfumes industrializados, são uma bobagem: "Sem cheiro de rosas. Isto já era".

O DOCE CHEIRO DO SUCESSO

> Algumas técnicas de pesquisa de que a Alberto-Culver se valeu para testar a eficácia do desodorante íntimo feminino lembram mais produções do Monty Python ou de Woody Allen do que propriamente testes de produtos. Para determinar a eficácia do *spray*, a empresa recrutou donas de casa como sujeitos da pesquisa e solicitou a elas que se dirigissem ao Instituto para Pesquisa Farmacêutica Aplicada de Yeadon, Pensilvânia.
>
> Lá, a participante tirava as roupas, cobria a parte de cima do corpo e permitia que um "juiz" cheirasse sua vulva, a intervalos, por um período de quatro dias. Durante esse tempo essas mulheres tomaram banho, inicialmente, só com sabão e água, depois, além do banho com água e sabão, usaram os *sprays*. (As donas de casa, que podiam voltar para o lar nos intervalos, mas não manter relações sexuais, receberam pelos quatro dias de "trabalho" a quantia de 150 dólares cada uma. O juiz, que também "aferia" o odor das axilas das "voluntárias", podia faturar até mil dólares por semana.)
>
> Os resultados dos testes justificam o otimismo da Alberto-Culver. Seis horas depois de usar os *sprays*, as "cobaias" estavam entre 74 e 78% "mais livre de odores" do que depois de simplesmente tomar banho com água e sabão; 12 horas depois, entre 53 e 59% "livre de odores", e 24 horas depois, 38 a 40% "inodoras".

Sissel Tolaas observa que no futuro a composição das fragrâncias deverá começar pela seleção de uma base com o cheiro do corpo do usuário. Depois ele "poderá adicionar diferentes moléculas escolhidas a seu cheiro. Talvez ter um perfume para sexo, um para os negócios e um terceiro para atividades esportivas". Geralmente preferimos ignorar a natureza animal do cheiro que nosso corpo manifesta continuamente. Não é o que Sissel nos aconselha: "Quanto mais você aceita cheirar a seu próprio cheiro, mais se permite ser sensual e mais os outros tentam se relacionar sexualmente com você. Os animais se comportam assim; observe-os". É verdade que um número cada vez maior de fabricantes propagandeia que feronômios adicionados a seus produtos aumenta o apelo sexual, mas a maioria de nós ainda prefere higienizar tanto quanto possível essa nossa natureza animal. Nem pensar adicionar a essas substâncias os mesmos odores corporais que as acompanham naturalmente.

Sempre acreditamos que as pessoas na rua ou no metrô estão de banho tomado, com os dentes escovados e tão desodorizadas quanto possível – ou seja, com os cheiros naturais totalmente eliminados. E achamos, ainda, pelo menos a maioria de nós, que o corpo dessas pessoas que ouvem música em *iPods*, enviam mensagens em BlackBerries ou conversam em celulares, sem aqueles "horríveis" odores, estão aspergidos com essências cuidadosamente escolhidas. Essa ilusão de vivermos em bolhas individuais higienicamente seladas é tão forte que, paradoxalmente, nos esquecemos da presença dos outros e enunciamos nossa intimidade em voz alta ao celular, sem nos importar com quem possa estar nos ouvindo.

A construção dessas bolhas individuais é um processo longo. Ivan Illich, que estuda a cultura contemporânea, acha 1793 – o primeiro ano da República e da declaração dos Direitos do Homem da Revolução Francesa – uma data importante na evolução desta individualidade. Entre outras coisas, ela estabeleceu que todo homem tinha direito à própria cama. Num mundo em que todas as pessoas dormiam regularmente juntas, numa única cama que acomodava toda a família, todos os colegas de trabalho ou de quarto, nas hospedarias, num tempo em que se evacuava em latrinas públicas sem divisórias entre os vasos e em que as pessoas eram enterradas em covas coletivas, estabelecer que cada indivíduo tinha por direito dormir em sua própria cama foi um passo radical na valorização da privacidade.

O desejo de mais privacidade individual cresceu gradualmente. De modo mais drástico, nos EUA do século XX tal desejo intensificou-se para muito além do razoável ou desejável. Em seu livro de 1986, *H_2O and the Waters of Forgetfulness* (H_2O e as águas do esquecimento), Illich descreve o resultado final, observando a burguesia moderna: "Cada cidadão tem direito a uma área tampão que o envolve e protege da aura das outras pessoas, preservando o seu próprio eu para ele mesmo".

Privacidade é uma coisa ótima, mas parece que os EUA, em especial, não soube dosar essa sua propensão para a privacidade. Talvez, acima de tudo, tenha a ver com controle: ter cheiro de corpo, que se altera com o tempo, esforço físico, ansiedade e variações climáticas e hormonais, evidencia que não estamos absolutamente no controle de tudo, e que tentar controlar

A palavra "banheiro" apareceu no Dicionário Oxford de inglês pela primeira vez em 1972.

todas as coisas é algo que esperamos cada vez mais de nós mesmos. Se repararmos que a maioria dos fatos do mundo continua girando sem controle algum, parece que empreendemos um grande esforço, o máximo que conseguimos, e que assim nos mantemos, não importando quão vã a tentativa possa ser.

⌒

Horace Miner observou que a desconfiança em relação ao corpo predominante entre o povo nacirema desenvolve-se em duas direções: estão seguros de que não apenas são feios, mas condenados à doença e à debilidade iminentes também. Se americanos acham difícil controlar a aparência e o cheiro do próprio corpo, controlar a própria saúde deve ser ainda mais estressante para eles – e, particularmente, tem sido assim nas últimas décadas.

O temor de doenças está, sem dúvida, aumentando nossa preocupação com a higiene no século XXI, não importando se essa doença é o vírus Norwalk, a gripe aviária, a SARS (Síndrome Respiratória Aguda Grave) ou uma nova bactéria chamada *Staphylococcus aureus*, que é resistente à penicilina e está associada ao bacilo *E. coli*. Em 2003, a SARS atingiu 8.096 pessoas, e matou 774. Trinta e uma delas em Toronto, Canadá, a maior ocorrência geográfica exceptuando-se a Ásia. Moradores de Toronto tiveram de aprender rapidamente que usar máscara facial e lavar as mãos eram atitudes eficazes

De acordo com Vicent Lam e Colin Lee, médicos de Toronto e autores do livro *The Flu Pandemic and You* (A pandemia de gripe e você), práticas simples e que quase não envolvem tecnologia são as únicas medidas higiênicas capazes nos proteger nas pandemias. Evite a gripe valendo-se de todos os meios possíveis: tome cuidado com aves vivas e cozinhe muito bem o peru e o frango, aconselham eles. Durante pandemias ou mesmo surtos de gripe normal, evite a contaminação lavando bem e freqüentemente as mãos, cobrindo o rosto ao espirrar ou tossir e mantendo distância de, no mínimo, um metro das pessoas doentes. Se você estiver cuidando de um doente, use luvas e uma máscara. Mantenha luvas de látex e antissépticos para esterilizar as mãos em sua farmácia doméstica.

Na vida cotidiana, a única medida higiênica que os doutores Lam e Lee recomendam para nos proteger, e também aos outros de possíveis contaminações por micróbios, é lavar as mãos. Se você for agricultor ou fazendeiro ou trabalhador braçal – tem contato constante com o chão e/ou sua atividade o expõe a pequenos cortes e ferimentos – ou pratica esportes de contato, lavar o corpo com freqüência pode evitar que microrganismos penetrem por um desses "portais de entrada" – cortes e micro-cortes. Com relação à saúde, o que você, que só lava as mãos, mais deve temer são problemas de pele, como inflamações ou infecções causadas por fungos.

Charles Gerba, microbiologista da Universidade do Arizona que como Dr. Micróbio produz um programa de rádio, concorda que as únicas partes do corpo que por razões de saúde precisam ser lavadas com freqüência são as mãos. Mas ele lembra que muitos dos milhares de micróbios que vivem regularmente em nossas mãos desenvolvem uma resistência astuta. "Micróbios nunca desistem", diz o dr. Gerba, admirado. "Eles se adaptam a nossos hábitos." E descreve alguns deles: em plena era da informação, passamos a maior parte de nosso tempo em escritórios, rodeados por equipamentos eletrônicos que acumulam colônias e colônias de micróbios, e os quais os faxineiros não têm permissão de limpar. Cada vez mais, viajamos encerrados em espaços hermeticamente fechados, como nas aeronaves, cujos banheiros são utilizados por, em média, 50 pessoas por vôo e normalmente estão excepcionalmente cheios de micróbios. Quando viajamos espalhamos doenças pelo mundo.

Gerba sustenta que "temos que reinventar a higiene porque nosso mundo mudou muito," e esse seu mantra é bastante antigo – mãos limpas, mãos limpas, mãos limpas. Ele lava as mãos quando sai da mesa, depois que vai ao banheiro, depois que leciona. Em pesquisa realizada nos cinemas, as pessoas juram ter lavado as mãos depois de ir ao banheiro, mas Gerba e seus pesquisadores comprovaram que em média apenas 65% das pessoas o fazem; e dessas, só metade (32,5%) usa sabão; e só metade das que usam sabão (16,25%) o enxáguam por tempo suficiente – cerca de 15 a 20 segundos. Adicionalmente, numa conferência de sanitaristas, "você tem que esperar na fila" para usar as pias. Falamos ao telefone, pouco antes de desligar disse ao dr. Gerba que quando nos encontrássemos gostaria de

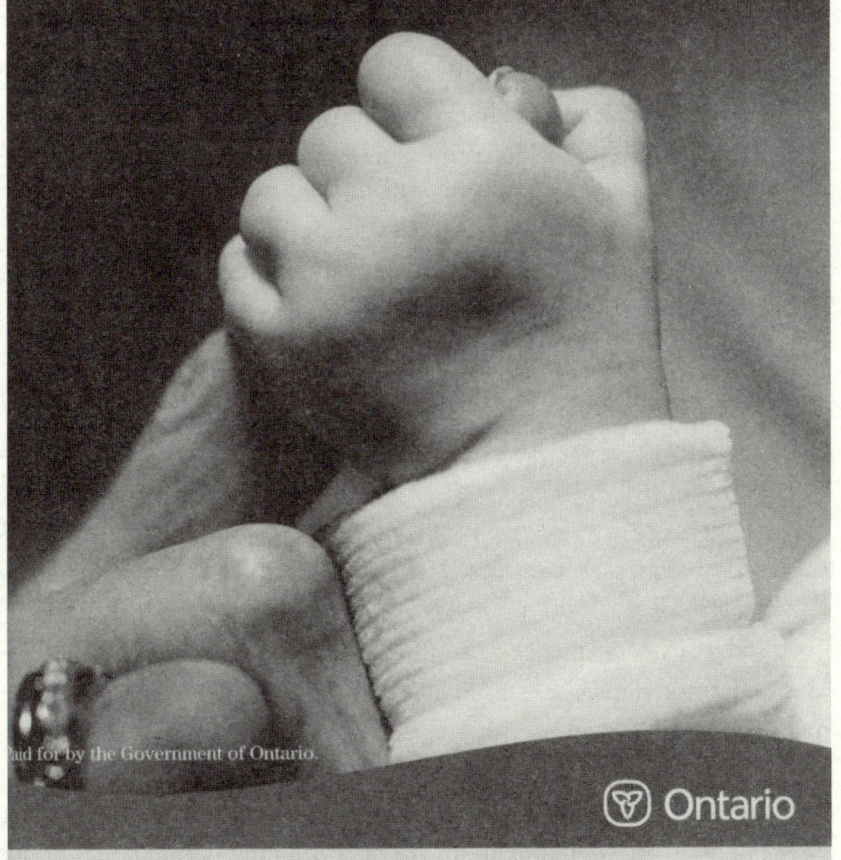

Pôster de campanha para estimular a lavagem regular das mãos em Ontário, em 2006.

cumprimentá-lo pessoalmente, trocar um aperto de mão. "É claro, a menos que você esteja resfriado", disse ele, considerando por um instante. "Mas logo depois eu podia desinfetar minhas mãos com álcool gel..."

Gerba nega ter fobia de micróbios, porque sabe onde eles estão. E diz que usar essa informação é bem sensato. Contudo, pesquisando desde a vida microbiana das pias dos banheiros públicos à origem das bactérias fecais encontradas em lavanderias, ele acaba contribuindo, de certo modo, para a ansiosa impressão de que compartilhamos esse mundo com bilhões de outros, inimigos invisíveis.

Todos conhecemos pessoas que usam sabonetes antibacterianos e chegam ao cúmulo de nunca dar a mão aos outros, pessoas que nunca tocam nas torneiras dos banheiros públicos. Invenções que visam diminuir o medo dessas pessoas multiplicam-se. Um mecanismo plástico compacto que pulveriza desinfetante automaticamente na maçaneta do banheiro público a cada 15 minutos é um dos produtos de nova geração que esse mercado oferece. (Contudo, diz o dr. Gerba: "Nunca tema maçanetas". Diferente das pias, elas não são suficientemente úmidas, e a umidade é condição hospitaleira básica para os micróbios.) Uma outra inovação, o Sanitgrasp, substitui os puxadores tradicionais em portas de restaurantes e outros recintos públicos por um grande objeto em forma de U deitado que permite abrir a porta com o antebraço.

> "Desde o nascimento, somos literalmente cobertos, da cabeça aos pés, por um rico "tapete vivo" que é produto de milhares, para não dizer milhões, de anos de coevolução. Esses micróbios... interagem com nossas células de modos misteriosos, mas importantes, e que só agora estão sendo descobertos."
>
> Garry Hamilton, escritor de assuntos científicos, "Why We Need Germs" (Por que dependemos dos micróbios)

A lista de produtos que atende os mais preocupados inclui de itens plausíveis até idéias desvairadas e, mesmo, paranóias. Hoje pode-se comprar uma alça portátil para o metrô, e assim nunca ter de tocar com as próprias mãos as barras em que todos seguram-se. Há também uma capa de vinil para a manipulação dos carrinhos de supermercado. Hoje é possível você guardar a escova de dente sob irradiação ultravioleta, que mata os micróbios. Imagine como Horace Miner teria se divertido com a falta de habilidade do povo nacirema para deslocar-se sem sua alça individual de metrô. E qual seria sua atitude diante da pulverização ritual realizada quatro vezes por hora nas maçanetas dos banheiros, e da utilização, certamente de início desajeitada, dos antebraços para abrir e fechar portas.

Pessoas que eram normalmente conscientes da necessidade da higiene, hoje comportam-se cada vez mais como misófobos (termo técnico para designar aquele que tem um medo incontrolável de micróbios). Outras pessoas, cujo horror em relação a micróbios é considerado excêntrico, como o detetive Monk da tevê, que é obsessivo e compulsivo, ou o entrevistador Howie Mandel, atualmente não parecem mais tão anormais. Uma década atrás, o editor de um grande jornal canadense entusiasmou a equipe pautando um editorial contra o cumprimento utilizando as mãos. (Ao invés disso, ele sugeria que se devia cruzar os braços e menear a cabeça.) A pauta nunca virou matéria. É de se duvidar que nos dias atuais a sugestão desse editor fosse considerada bizarra ou despropositada.

O fato é que hoje os micróbios nos preocupam mais, porque o mundo se tornou um lugar significativamente mais perigoso. Em anos recentes, muitas atividades consideradas normais, como comer bife e frango, viajar no transporte público ou se tratar num hospital, tornaram-se extremamente perigosas, dependendo muito do local. Como além de arrogantes somos, majoritariamente, ignorantes, acreditamos que epidemias como a gripe espanhola de 1918 não podem mais acontecer. A SARS nos provou

O Clean Shopper evita que os bebês toquem nos carrinhos cheios de micróbios dos supermercados.

o contrário e agora tememos a gripe aviária, e mesmo doenças pandêmicas ainda sem nome. E a abundância de informações incorretas e desinformações da internet mais aumenta o pavor que tranqüiliza.

Da perspectiva simbólica, desde 11 de setembro de 2001 sabemos que no mundo em que vivemos há perigos ocultos reais – alguns são micróbios mortais como terroristas, sob este ponto de vista. O escritor americano Allen Salkin questiona: "Será somente coincidência que os locais que os americanos mais temem sejam alvo do terrorismo – aviões, escolas, transporte de massa, instalações hidráulicas e redes de computadores – sejam os mesmos que eles mais temem por seus micróbios?" Provavelmente não. Talvez nossa elaborada fuga dos micróbios seja apenas carência, desejo de ser protegido, de estar a salvo num mundo que parece cada vez mais perigoso.

⁓

Em 2006, o Museu de Arte Moderna de Nova York vendia animais de brinquedo em sua loja de presentes. Eram animais inusitados, nem carneirinhos, nem coelhinhos, mas micróbios – um ácaro de pó, um percevejo, um vírus que dá dor de estômago e um vírus de resfriado comum. Brinquedos convidativos e em cores vivas, eles eram fantásticos: os micróbios são nossos amigos? Por 125 anos, a opinião foi que não. Agora, constatações de que "alguns deles" são amigos, e que outros o são "algumas vezes" nos surpreendem cada vez mais freqüentemente.

A limpeza, em pleno século XXI, apresenta mais de uma faceta. Enquanto o tratamento das fobias de micróbios avançou, outros aspectos permanecem estáticos e em alguns casos houve regressão. O exemplo mais inesperado de regressão despontou quase 20 anos atrás. Em 1989, o epidemiologista inglês D. P. Strachan publicou um artigo revelador no *British Medical Journal* intitulado "Febre do Feno, Higiene e Tamanho da Família". Neste artigo, ele sugere que não evitar contatos "anti-higiênicos" e nem os "contágios" durante a infância, ambos facilitados nas famílias grandes, podem evitar o desenvolvimento de alergias no indivíduo. A tão festejada Hipótese da Higiene, anunciada primeiramente por Strachan, é que nosso sistema imunológico precisa de uma certa quantidade de bactérias para ir se exercitando. Sem isso, as células brancas chamadas linfócitos Th1, que lutam contra as bactérias, não conseguem se desenvolver, e outras células brancas, os linfócitos Th2 – cuja função é criar anticorpos para defender o corpo contra os perigos microbianos e também produzir reações alérgicas – assumem o controle.

Tal descontrole nos dois tipos de células brancas pode ser grave "o suficiente para destruir a saúde da pessoa", diz Siri Carpenter, que escreve sobre ciência. Se não há linfócitos Th1 saudáveis presentes, "o Th2 aparece e o sistema imunológico desequilibra-se nas respostas alérgicas". Do ponto de vista de Strachan, e de dúzias de pesquisadores que o seguem tentando entender o ressurgimento desconcertante, no final do século XX, da asma e de outras alergias, a provável culpada é a limpeza superescrupulosa do mundo desenvolvido. Ao contrário do dr. Geba, que tenta eliminar ou, tanto quanto possível, evitar as bactérias, estes cientistas as acham valiosas.

Também no fim da década de 1980, uma médica alemã, Erika von Mutius, comparando a incidência de alergia e asma entre crianças de Berlim Oriental e de Berlim Ocidental, esperava descobrir que as crianças do lado Oriental, uma zona sem saneamento eficiente, poluída e mais pobre, apresentariam incidência mais alta de asma e alergias do que as que, com o mesmo histórico genético, moravam no limpo e próspero lado Ocidental. E constatou exatamente o inverso. Entre as crianças de Berlim Ocidental ocorria um número significantemente maior de reações alérgicas e de asma.

A pesquisa de von Mutius, Strachan e outros interessados na Hipótese da Higiene sugere os grupos que correm mais e menos risco. Crianças com muitos irmãos e irmãs, especialmente mais velhos, e mais especificamente irmãos, crianças que cresceram ou viveram em fazendas, crianças que freqüentaram creche desde cedo ou têm gato em casa tinham menos alergias do que as outras. Essas condições proporcionavam os "gatilhos da sujeira necessária" que coloca os linfócitos Th1 em ação, evitando que os Th2 assumam o controle. Até mesmo filhos de mães que passaram a gravidez em fazendas apresentam probabilidade menor de se tornar alérgicos. As crianças mais propensas a desenvolver alergia e asma moram na cidade, não freqüentam creche, não têm animal de estimação, lavam as mãos mais de cinco vezes ao dia e tomam mais de um banho por dia.

Artrite reumática, diabetes, doença de Crohn, esclerose múltipla e males do coração figuram na lista das doenças possivelmente contraídas deste modo. Ratos que vivem em ambientes contaminados são menos suscetíveis de desenvolver artrite e diabetes do que os criados em ambiente esterilizado. Africanos, asiáticos e latinos que emigram para a Europa e a América do Norte são de países nos quais a incidência de esclerose múltipla, doença de Crohn e asma é quase nula, mas seus descendentes – nascidos e criados no mundo mais desenvolvido e mais limpo –, apresentavam a mesma incidência daquelas doenças, ou até incidência mais alta do que a de filhos de europeus ou americanos urbanos.

VELEIDADES

Germs Are Not for Sharing (Micróbios não devem ser compartilhados) é título de um livro infantil publicado por Elizabeth Vendick em 2006. Nele, a autora instrui as crianças a brincar sem tocar umas nas outras. Nada de brincadeiras de roda, segurar as mãos ou se tocar.

A Hipótese da Higiene permanece uma hipótese, porém cada vez mais respeitada. Existe tanto evidência contrária (presença de ácaros e baratas tem sido associada ao desenvolvimento de asma) quanto comprovação crescente da teoria. Até aqui, não há aplicação prática comprovada, embora haja pesquisa em curso em vários países. Em Perth, na Austrália, algumas crianças asmáticas estão tomando antioxidantes e uma "pílula de sujeira" com uma bactéria probiótica que elas aparentemente perderam na idade em que começaram a andar. Elas são monitoradas quanto a ataques, resistência para exercícios e capacidade respiratória. Também apresentaram incidência significativamente mais baixa de asma e alergias as crianças japonesas que receberam micobactérias, forma enfraquecida da bactéria da tuberculose.

Quando era criança, meus amigos e eu dizíamos um velho ditado: "Você come muita lama antes de morrer", mas pensávamos que fosse simbólico e não literal. (Na realidade, há lugares no mundo onde a medicina popular prescreve comer barro.) Até aqui, ninguém sugeriu dar sujeira de verdade para as crianças comerem, ou relaxar completamente com relação a padrões higiênicos. Mas há a possibilidade de que americanos e europeus continuem com sua rotina higiênica mesmo tomando algum tipo de pílula de sujeira para fortificar o sistema imunológico, uma solução com a qual Aldous Huxley concordaria em *Admirável Mundo Novo*.

Talvez crianças asmáticas ou alérgicas possam tomar algum tipo de medicação bacteriana, mas para o resto de nós, Tore Midtvedt, microbiologista do instituto sueco Karolinska e especialista em flora indígena, aconselha uma conduta mais moderada. Quer acabar com essa história da "guerra aos micróbios" e propor uma simbiose – coexistência útil com os micróbios. "Devemos descobrir o que acontece com as poucas pessoas doentes," diz ele. "E utilizar tais dados para erradicar a doença sem erradicar os bichos." Midtvedt não defende a idéia de que devamos viver junto de ratos e pulgas ou consumir água poluída, simplesmente propõe que devemos parar de desinfetar casas e corpos. "Não estou dizendo que devamos ser sujos", ressalva ele. "Talvez ser menos limpos." Em outras palavras, podíamos afrouxar nosso rigoroso controle atual sem chegar à imundície.

Analisar informações contraditórias sobre a higiene tornou-se um dos enigmas da vida moderna. A real história da limpeza na primeira década do século XXI parece-se à do cavaleiro apavorado de Stephen Leacock: montado em seu cavalo de guerra, ele corre em todas as direções ao mesmo tempo. Algumas pessoas tentam viver na assepsia total, condições de limpeza semelhante à dos laboratórios. E evitam, tanto quanto possível, o contato com micróbios de quaisquer outras pessoas. Outros defendem uma conduta de não intervenção. Estamos preocupados com o meio-ambiente, mas evitamos pensar sobre os muitos galões de água limpa e quente que usamos todos os dias e as toxinas de nossos desinfetantes, que simplesmente despejamos no esgoto.

Viver de acordo com nossos padrões de higiene consome grande quantidade de energia, mas a limpeza é uma vaca tão sagrada que pedir para "reduzir o tempo de banho" nos parece mais repugnante do que limitar o tempo que passamos dirigindo nosso carro. Em seu chuveiro, em Londres, o herói do romance *Saturday*, de Ian MacEwan, reflete sobre essa nossa extravagância diária, na qual mal reparamos, e na possibilidades de não sermos mais capazes de sustentá-la:

> Quando esta civilização acabar, quando os romanos, ou seja quem for nesta época, finalmente partirem e novas eras escuras começarem, este será dos primeiros luxos a serem eliminados. Vovôs contarão a netos descrentes, sentados junto à lareiras, sobre tomar banho no meio do inverno, nu sob generosos jatos de água limpa e quente, com sabonete perfuma-

do, o viscoso óleo âmbar e outros líquidos avermelhados que se esfregavam no cabelo para deixá-lo mais brilhante e volumoso. Também contarão sobre as toalhas brancas e felpudas que pareciam grandes togas, esperando eles acabarem o banho em prateleiras aquecidas.

Padrões de limpeza são sempre assunto controverso, dependem tanto das grandes forças culturais quanto das naturais, e de foro íntimo, porque relacionados ao corpo. Gregos discutiram na antiguidade as vantagens do banho com água quente ou fria; no século XVI, europeus evitavam a água o mais que podiam, com exceção de uns poucos afortunados que usufruíam dos *spas*; e, no século XIX, foi um desafio para os sanitaristas "melhorar" os hábitos camponeses (que agora parecem ter sido os primeiros seguidores inconscientes da Hipótese da Higiene): eles se apegavam firmemente aos proverbiais "poderes da sujeira".

O modo como uma cultura aborda e estabelece a limpeza sempre diz algo interessante sobre ela. Os franceses frequentemente parecem orgulhar-se de sua obstinada falta de preocupação nacional com a limpeza. Alain Corbin, o historiador francês dos aromas, descreve seus compatriotas como pessoas para quem a cultura seria "somática": apreciariam cheiros fortes e comunicações sensoriais do corpo humano. Mesmo nas solicitações de melhores condições de higiene às autoridades a queixa dos reformistas de que o povo francês tomava menos banhos do que a maioria dos povos europeus vizinhos parece subentender, de certo modo, que higiene é bom, mas respeitando o gosto francês pelo corpo *au naturel*, uma das tradições mundanas mais sensuais do país.

A limpeza americana é diferente. O americano de classe média nunca precisou lavar além dos pulsos e nunca se esfregou de modo muito obsessivo. Horace Miner entendeu bem a vaidade e o medo de doença do povo nacirema. Não deu importância exagerada a seus princípios puritanos, nem a seu individualismo extremado, nem a sua convicção de poder controlar cada aspecto da própria vida, características que também permeiam a definição americana de limpeza. Comparativamente principiantes no hedonismo, os americanos estão se lançando para dentro de si mesmos como quem vai com muita sede ao pote. Diferente dos franceses, ainda desconfiamos de nosso lado animal e preferimos cheirar a chá ou bolinhos.

Fundamentalmente, pouca coisa mudou em relação à limpeza e, contudo, sua definição passa por constantes mudanças. Em 2007, Desde que nossos ancestrais pela primeira vez arrancaram uma planta abrasiva para limpar os dentes ou pela primeira vez mergulharam para lavarem-se no riacho. O conceito do que é e do que não é limpeza mantém em constante alteração. Não há progresso linear nisto. Desde o fim do século XVIII até aproximadamente 1950, essa reflexão sobre quase todos os aspectos da higiene – imersão total *versus* parcial, com sabonete ou sem – foi uma preocupação constante. E que não nos levou a nada. Por esse caminho não avançamos, ao contrário, retornamos, abruptamente, ao ponto em que estavam os romanos há dois milênios.

> "Banho, s. Um tipo de cerimônia mística substitutiva da adoração religiosa, e cuja eficácia espiritual ainda não foi determinada."
>
> Ambrose Bierce, *The Devil's Dictionary*, 1906

A única prática de limpeza sancionada pela ciência moderna nunca saiu de moda – foi prelúdio do orar, símbolo de respeito e civilidade, assim como rotina prática. Há muito lavam-se as mãos: personagens de Homero as lavam, cavalheiros e damas medievais também, e ocidentais do século XVII, que além delas não lavavam nenhuma outra parte do corpo. Hoje em dia, as virtudes do lavar as mãos são celebradas em campanhas de saúde pública. Os Centros Americanos para Controle e Prevenção de Doenças apontam essa prática como "a mais importante, senão praticamente a única, maneira de evitar a difusão de doenças contagiosas".

O futuro da limpeza permanece misterioso, mas ele será sempre influenciado pela disponibilidade de recursos e pela mentalidade da opinião pública. Por exemplo, só um severo racionamento de água nos faria mudar nossos hábitos de banho de maneira eficaz. Uma coisa é certa, no fim do século XXI as pessoas rirão e se admirarão do que consideramos hoje limpeza.

AGRADECIMENTOS

A pesquisa sobre limpeza resultou numa rica variedade de imagens – provenientes de cartões postais franceses, anúncios de sabonete, catálogos de instalação hidráulica e até de histórias de garotos sujos – e na primeira aparição literária do fio dental. Agradeço meus colaboradores Barbara, Buzz, Beth Ashenburg, Sybil Carolan, Mimi Divinsky, Robert Everett Green, Ruth Kaplan, Dagmar LeFrancois, Alberto Manguel, Philip Marchand, Leah MacLaren, Erna Paris e Andrea Weinstein. Agradecimentos especiais a Barbara Ashenburg por me apresentar ao povo nacirema.

No que se refere às traduções, muito obrigada a Harald Bohne, Birgit Deir, John Ganze e Jose Latour. Pelas pesquisas, sou grata a James Carley, Roger Hall, Ann Hutchinson, Sandra Martin, Tom Robinson e Stephen Strauss. Também recebi ótimas dicas de Robert Fulford, Mary Hanson, Marni Jackson, Val Ross, Geraldine Sherman, Susan Swan e – especialmente – de minha incansável agente Bella Pomer.

Escrever um livro exige ocasionais períodos de isolamento, aos amigos e familiares que souberam entender isso e generosamente me emprestaram casas e chalés, entre os quais cito Bob, Alicia e Carole Ashenburg, Hannah Carolan e Bruce Townson, Moira Farr, Jane O'Hara e Helen Ryane,

Elizabeth Wilson e Ian Montagnes, meu muito obrigada. Graças a eles, usufruí de hospedagem em Yaddo e na Colônia MacDowell.

Os Conselhos Canadense, de Artes de Ontário e de Arte de Toronto me apoiaram sem restrições.

Foi Rebecca Saletan, na época trabalhando para Farrar, Straus & Giroux, quem inicialmente acolheu este projeto. Muito obrigada também a Ayesha Pande e John Glusman, Jim Guida e, especialmente, Jonathan Galassi, sempre animado e infalivelmente engenhoso. Ao pessoal da Knopf Canada, obrigada a Louise Dennys, que me recebeu de braços abertos, com estratégia e sabedoria; a Diane Martin, pela inteligência e incentivo; a Michelle MacAleese e Frances Bedford, pela eficiência e boa vontade; a Freya Godard. pelas excelentes perguntas e pela revisão crítica; e também obrigada a Kelly Hill, pelo lindo projeto. Agradeço a Gary Ross (como sempre), pelo subtítulo, e a Sarah Tanzini, pelo título. Aparentemente, é possível produzir todo um livro sem recorrer à formidável experiência e cuidado de Barbara Czarnecki, mas eu não arriscaria fazê-lo. E, finalmente, à minha editora Angelika Glover, que me desafiou, provocou e, ocasionalmente, encorajou, para que eu escrevesse um livro melhor – muito obrigada.

REFERÊNCIAS BIBLIOGRÁFICAS

"MAS ELES NÃO *CHEIRAVAM MAL*?"

10 Como disse São Bernardo: Roy Bedichek, *The Sense of Smell* (Garden City, NY: Doubleday, 1960), 125.

13 Os egípcios antigos: Mandy Aftel, *Essence and Alchemy: A Book on Perfume* (New York: Farrar, Straus & Giroux, 2001), 164.

13 Napoleão e Josefina: Lyall Watson, *Jacobson's Organ and the Remarkable Nature of Smell* (London: Penguin Press, 1999), 90.

15 Jovens mulheres na Alemanha renascentista: Hannelore Sachs, *The Renaissance Woman*, tradução de D. Talbot Rice (New York: McGraw-Hill, 1971), 22.

CAPÍTULO UM
O BANHO SOCIAL: GREGOS E ROMANOS

19 A etiqueta exigia: Emile Mireaux, *Daily Life in the Time of Homer*, tradução de Iris Sells (London: George Allen and Unwin, 1959), 70.

20 "Da maneira adequada, Areta": Homer, *Odyssey* (New York: Mentor/New American Library, 1963), 96-97.

21 Telêmaco emerge: Homer, *Odyssey*, 42.

21 Odisseu ganha peso: Homer, *Odyssey*, 256.

21 As roupas de Laerte... "mais forte do que antes": Homer, *Odyssey,* 265-268.

22 Hipócrates: Ralph Jackson, "Waters and Spas in the Classical World," in Roy Porter (ed.), *Medical History of Waters and Spas*, (London: Wellcome Institute for the History of Medicine, 1990), 1-2.

22 Os santuários normalmente tinham fontes de água: Robert Parker, *Miasma: Pollution and Purification in Early Greek Religion* (Oxford: Clarendon, 1983), 19-21.

22 Como quase todos os outros povos: Arnold van Gennep, *Rites of Passage*, tradução Monika B. Vizedom e Gabrielle Caffee (London: Routledge and Kegan Paul, 1965), 20.

22 O primeiro banho: Parker, *Miasma*, 50-51.

23 Tanto a noiva quanto noivo gregos: Anne Carson, "Putting Her in Her Place: Woman, Dirt, and Desire", in David Halperin (ed.), John J. Winkler e Froma I. Zeitlin, *Before Sexuality*: *The Construction of Erotic Experience in the Ancient Greek World* (Princeton: Princeton University Press, 1990), 151-153; H. Blümner, *The Home Life of Ancient Greeks*, tradução de Alice Zimmern (London: Cassell, 1910), 137.

23 E quando alguém morria: Parker, *Miasma*, 35-42.

23 Quando Aquiles: Homer, *The Iliad*, tradução de Ennis Rees (New York: Oxford University Press, 1991), 383.

24 Um grego da classe média-alta: Blümner, *Home Life*, 188, 192-194; Perter Connolly e Hazel Dodge, *The Ancient City: Life in Classical Athen and Rome* (Oxford: Oxford University Press, 1998), 55.

24 Fazer uma visita ocasional... vinho e provavelmente alguns petiscos. Fikret Yegül, *Baths and Bathing in Classical Antiquity* (Cambridge, MA: MIT Press, 1992), p. 25-29; T.G. Tucker, *Life in Ancient Athens: The Social and Public Life of a Classical Athenian from Day to Day* (London: MacMillan, 1907), 88-89; Blümmer, *Home Life*, 192-194.

26 Uma das instituições centrais de Atenas... antes do período romano: Yegül, *Baths and Bathing*, 7-24.

27 O dramaturgo Aristófanes: Aristophanes, The Clouds, tradução de H. J. Easterling e E. Easterling (Cambridge: W. Hoffer, 1961), 2, 31, 36.

28 Edward Gibbon: Edward Gibbon, *The Decline and Fall of the Roman Empire* (New York: Modern Library, 1932), I: 360, I: 539, 2: 192.

28 Moderna expressão alemã: Doug Saunders, "Gyno-politics 101: Germany Tries a Woman's Touch," *Globe and Mail*, 17 sept. 2005, F3.

28 *As leis*: Hans Licht, in Lawrence H. Dawson (ed.), *Sexual Life in Ancient Greece*, tradução de J. H. Freese, (London: Routledge, 1932), 101.

28 Espartanos, militaristas, ascéticos: H. Michell, *Sparta* (Cambridge: Cambridge University Press, 1964), 166, 173-174, 281-282.

30 Teofrasto... e não agradeço a você por isso!: *The Characters of Theophrastus*, ed. e tradução de J. M. Edmonds (Cambridge: Harvard University Press, 1961), 51, 65, 87-89, 95, 121.

30 Típico banho romano: Garrett G. Fagan, *Bathing in Public in the Roman World* (Ann Arbor: University of Michigan Press, 1999), 44-45.

30 Após esse exercício: Françoise de Bonneville, *The book of the Bath*, tradução de Jane Brenton (New York: Rizzoli, 1998), 24.

32 Os homens romanos adotaram: Yegül, *Baths and Bathing*, 32-35.

33 (quadro) Uma mistura de gordura animal: Terence MacLaughlin, *Coprophilia; or, A Peck of Dirt* (London: Cassell, 1971), 42-43; John A. Hunt, "A Short History of Soap", *Pharmaceutical Journal* 263, n. 7076 (18/25 Dec. 1999): 985-989.

34 Quando Agricola surgiu: Peter Jones e Keith Sidwell, eds., *The World of Rome: An Introduction to Roman Culture* (Cambridge: Cambridge University Press, 1997), 78.

35 A fase áurea das termas imperiais... Oratório de São Bernardo: Yegül, *Baths and Bathing*, 128-172; Fagan, *Bathing in Public*, 14-19, 104-123.

38 A história mais famosa: Jerome Carcopino, *Daily Life in Ancient Rome*, tradução de E. O. Lorimer (New York: Penguin, 1991), 285.

39 (quadro) Nove aquedutos: Yegül, *Baths and Bathing*, 391-395; Alev Lytle Croutier, *Taking the Waters: Spirit, Art, Sensuality* (New York: Abbeville Press, 1992), 82.

39 (quadro) Hipocausto: Yegül, *Baths and Bathing*, 356-365.

39 (quadro) Concreto romano: Fagan, *Bathing in Public*, 83-84; Yegül, *Baths and Bathing*, 492.

40 Plínio, o jovem: J. V. D. Balsdom, *Roman Women: Their History and Habits* (London: Bodley Head, 1962), 265.

40 Trimalquião e seus convivas: Petronius, *The Satyricon*, tradução de Alfred R. Allinson (New York: Panurge Press, 1930), 84-85, 150-152.

40 O famoso relato de Sêneca..."Do exército, do trabalho agrícola e de virilidade!": Lucius Annaeus Seneca, *17 letters*, tradução de C. D. N. Costa (Warminster, UK: Aris and Phillips, 1988), carta 56, p. 37-39; carta 86, p. 311.

42 Aper condenava: Martial, *Epigrams*, tradução de Walter C. A. Kerr, 2 v. (Cambridge, MA: Harvard University Press, 1961), e12.70, 2:271.

43 O pobre e patético Sélio: Martial, *Epigrams*, ep.2.14, 1:117-19.

43 "Desafio você": *Martial in English*, ed. J. Sullivan e A. J. Boyle (London: Penguin, 1996), e12.82, tradução de Philip Murray, 321-322.

43 Histórias de senhoras lavando-se: Martial, *Epigrams*, e11.75, 2:291-92; e11.82, 2:295-96; e11.95, 2:305; e12.19, 2:333.

43 Quando o poeta se queixa: Martial, *Epigrams*, e3.36, 1:185.

44 Seu amigo Ligurino: Martial, *Epigrams*, e3.44, 1:189.

44 Tome-se o exemplo de Taís: Martial, *Epigrams*, e6.93, 1:417.

44 "É fácil dizer": *Martial in English*, e9.33, tradução de Donald C. Goertz, 329.

44 "Nua, eu lhe darei um prazer ainda maior": Martial, *Epigrams*, e3.51, 1:195.

44 Saufeia fala: Martial, *Epigrams*, e3.72, 1:209-11.

44 "Um ginásio": Martial, *Epigrams*, e3.68, 1:207.

45 "Taberneiro": Martial, *Epigrams*, e2.48, 1:139.

NOTAS MARGINAIS DO CAPÍTULO UM

21 Stephanie A. Nelson, *God and the Land: The Metaphysics of Farming in Hesiod and Vergil and 'Works and Days'*, tradução (Works and Days) de David Grene (New York: Oxford University Press, 1998), 27.

23 Hipócrates: Lawrence Wright, *Clean and Decent: The History of the Bath and Loo and of the Sundry Habits, Fashions and Accessories of the Toilet, Principally in Great Britain, France and America* (London: Routledge and Kegan Paul, 1980), 15.

24 Mary Kingsley, *Travels in West Africa: Congo Français, Corisco and Cameroons* (London: Virago, 1982), 469-470.

26 Heródoto: Lionel Casson, *The Horizon Book of Life in Ancient Egypt* (New York: American Heritage, 1975), 23.

30 Fagan, *Bathing in Public*, 319.

32 Fagan, *Bathing in Public*, 93-100; Audrey Cruse, *Roman Medicine* (Brimscombe Port Stroud, UK: Tempus Publishing, 2004), 59.

34 Fagan, *Bathing in Public*, 324.

35 Petrônio, *Satyricon*, 61

37 Scott Clark, *Japan: A View From the Bath* (Honolulu: University of Hawaii Press, 1994), 73.

38 Ovid, *The Erotic Poems*, tradução de Peter Green (Harmondsworth, UK: Penguin, 1982), 181-182.

39 O suor acumulado: Personal communication, Judith Gorman, Royal Ontario Museum, Toronto.

40 Ovid, *Erotic Poems*, 219.

42 Yegül, *Baths and Bathing*, 40.

CAPÍTULO DOIS
BANHADOS EM CRISTO: 200-1000

47 "Eles nunca se banham": *The Book of the Thousand Nights and One Night*, tradução de Powys Mathers da edição francesa de J. C. Mardrus (London: Routledge & Kegal Paul Ltd., 1953), 2:57.

48 Reginald Reynolds: Reginald Reynolds, *Cleanliness and Godliness* (Garden City, NY: Doubleday, 1946), 2-3.

49 Durante o tempo em que Cristo viveu: Thomas Kazen, *Jesus and Purity Halakhah: Was Jesus Indifferent to Purity?* (Stockholm:Almqvist and Wiksell International, 2002), 7.

50 Estudiosos propuseram: Kazen, *Jesus and Purity Halakhah*, 342-347.

51 Perto do final: Kazen, *Jesus and Purity Halakhah*, 347-348.

51 Noivas dos primeiros períodos do cristianismo: Stefanie Hoss, *Baths and Bathing: The Culture of Bathing and the Baths and Thermae in Palestine from the Hasmoneans to the Moslem Conquest* (Oxford: Archaeopress, 2005), 82.

52 "Vivemos com vocês": Christoph Markschies, *Between Two Worlds: Structures of Earliest Christianity*, tradução de John Bowden (London: SCM Press, 1999), 120.

52 Cipriano, o bispo de Cartago: Hoss, *Baths and Bathing*, 89.

53 Clemente da Alexandria: John Ferguson, *Clement of Alexandria* (New York: Twayne, 1974), 96; Hoss, *Baths and Bathing*, 88.

53 As credenciais ascéticas de Crisóstomo... com o mesmo objetivo: Palladius, *Dialogue on the Life of St. John Chrysostom* (New York: Newman Press, 1985, tradução e edição de Robert T. Meyer, 1-2, 61-62, 72; Hoss, *Baths and Bathing*, 83-84, 88.

55 São Jerônimo: Joyce E. Salisbury, *Church Fathers, Independent Virgins* (London: Verso, 1991), 35.

55 Sua querida amiga Paula: Elizabeth A. Clark, *Jerome, Chrysostom, and Friends: Essays and Translations* (New York: Edward Mellen Press, 1979), 58.

55 Particularmente no Oriente: Yegül, *Baths and Bathing*, 318.

55 "Banho da regeneração": Palladius, *Chrysostom*, 35.

56 Santa Agnes: McLaughlin, *Coprophilia*, 11.

56 Godric: Mary-Ann Stouck, *Medieval Saints* (New York: Broadview, 1999), 66.

56 São Francisco: Reynolds, *Cleanliness and Godliness*, 2.

57 Santa Olímpia... seu "corpo imaterial": "Life of Olympias", tradução e edição de Elizabeth Clark, *Jerome, Chrysostom*, 127-142, es129, 137-138, 139-140.

58 Santa Radegunda: Joa Ann McNamara e John E. Halborg, edição e tradução,*Sainted Women of the Dark Ages* (Durham, NC: Duke University Press, 1992), 454.

58 No século VI: Yegül, *Baths and Bathing*, 319-320.

59 Na Itália e na parte ocidental: Yegül, *Baths and Bathing*, 315, 321.

60 Os romanos pensaram: Constance Classen, David Howes e Anthony Synnot, *Aroma: The Cultural History of Smell* (New York: Routledge, 1994), 51.

60 As casas de banho duraram mais tempo: Yegül, *Baths and Bathing*, 321, 326, 329, 350-351.

61 Eles desenvolveram sistemas hidráulicos complexos: Paul B. Newman, *Daily Life in the Middle Ages* (Jefferson, NC: McFarland, 2001), 140.

61 Faziam abluções: Hans-Werner Goetz, *Life in the Middle Ages from the Seventh to the Thirteenth Century*, tradução de Albert Wimmer, edição de Steven Towan (Notre Dame: Notre Dame University Press, 1993), 102.

61 A regra de São Benedito: *The Rule of St. Benedict*, tradução de Cardinal Gasquet (London: Chatto and Windus, 1925), 69.

62 Os banhos tomados: C. H. Lawrence, *Forms of Religious Life in Western Europe in the Middle Ages* (London: Longman, 1989), 119-120; Jeffrey Singman, *Daily Life in Medieval Europe* (Westport, CT: Greenwood Press, 1999), 159.

62 Uma *niddah*: Rahel R. Wasserfall, "Introduction: Menstrual Blood into Jewish Blood," in *Women and Water: Menstruation in Jewish Life and Law*, ed. de Rahel R. Wasserfall (Hanover, NH: Brandeis University Press, 1999), 4-6.

62 O *mikveh* tinha outras finalidades: Therese e Mendel Metzger, *Jewish Life in the Middle Ages: Illuminated Hebrew Manuscripts of the Thirteenth to the Sixteenth Centuries* (Secaucus, NJ: Chartwell, 1982), 75.

62 A *niddah*, incluindo seu cabelo: Tirzah Meacham (leBeit Yoreh), "An Abbreviated History of the Development of the Jewish Menstrual Laws," em Wasserfall, *Women and Water*, 34; Shaye J. D. Cohen, "Purity, Piety, and Polemic: Medieval Rabbinic Denunciations of 'Incorrect' Purification Practices" em Wasserfall, *Women and Water*, 84-85..

64 Todos os judeus deviam: Hoss, *Baths and Bathing*, dedicatória; Metzger, *Jewish Life*, 75-76.

64 Espanha árabe... destruir as casas de banhos dos mouros: Erna Paris, *The End of Days: A Story of Tolerance, Tyranny, and the Expulsion of the Jews from Spain* (Toronto: Lester, 1995), 40; John A. Crow, *Spain: The Root and the Flower* (New York: Harper and Row, 1963), 32-34, 61.

NOTAS MARGINAIS NO CAPÍTULO DOIS

47 Santo Jerônimo: Yegül, *Baths and Bathing*, 314.

49 Gibbon, *Decline and Fall*, 2:256.

52 Gibbon, *Decline and Fall*, 1:569.

53 Hoss, *Baths and Bathing*, 85.

54 Sissínio: Hoss, *Baths and Bathing*, 88.

54 Caroline Walker Bynum, *Holy Feast and Holy Fast: The Religious Significance of Food to Medieval Women* (Berkeley: University of California Press, 1987), 5, 15; McNamara e Halborg, *Sainted Women*, 109.

55 Fernando Henriques, *Prostitution and Society* (New York: Grove Press, 1966), 16.

57 William Dalrymple, *From the Holy Mountain: A Journey in the Shadow of Byzantium* (London, Harper Collins, 1997), 326.

59 Fagan, *Bathing in Public*, 320-321.

62 Christopher Brooke, *The Monastic World, 1000-1300* (London: Elek, 1974), 69.

64 Jean de Blainville, *Travels through Holland, Germany, Switzerland, but Especially Italy* (London: John Noon and Joseph Noon, 1757), 1:127.

CAPÍTULO TRÊS
UM INTERLÚDIO SENSUAL: 1000-1550

67 O romance da rosa... "câmara de Vênus" limpa: Guillaume de Lorris e Jean de Meun, *The Romance of the Rose*, tradução e edição de Frances Horgan (Oxford: Oxford University Press, 1994), 33, 205, 220.

69 "Lave-se": *Ancrene Wisse: Guide for Anchoresses*, tradução de Hugh White (London: Penguin, 1993), 196.

69 Sone de Nansay: Danielle Regnier-Bohler, "Imagining the Self", em *Revelations of the Medieval World*, ed. de George Duby, v. 2 de *A History of Private Life*, ed. de Philippe Ariès e Georges Duby, tradução de Arthur Goldhammer (Cambridge: Belknap Press of Harvard University Press, 1988), 363-364.

69 *O romance de Flamenca: The Romance of Flammenca*, tradução de Merton Jerome Hubert, ed. de Marion E. Porter (Princeton: Princeton University Press, 1962), 53, 57.

70 Manuais medievais de cuidados com os bebês: Shulamith Shahar, *Childhood in theMiddle Ages*, tradução de Chaya Galai (London: Routledge, 1992), 83-86.

70 Um galão de água: Newman, *Daily Life in the Middle Ages*, 152.

70 São Tomás de Aquino: Annick Le Guérer, *Scent: The Mysterious and Essential Powers of Smell*, tradução de Richard Miller (London: Chatto and Windus, 1993), p.205.

70 "Quando ele tomava banho": Goetz, *Life in the Middle Ages*, 186-187.

71 Uma mulher de comportamento leviano chamada Lídia: Giovanni Boccaccio, *The Decameron*, tradução de John Payne (New York: Random House, 1930), 561 (dia 7, história 9).

71 O ressurgimento da casa de banhos pública: De Bonneville, *Book of the Bath*, 34.

72 *Badegeld*: De Bonneville, *Book of the Bath*, 36.

72 Londres, no século XIV: Georges Vigarello, *Concepts of Cleanliness: Changing Attitudes in France since the Middle Ages*, tradução de Jean Birrell (Cambridge: Cambridge University Press, 1988), 21; Lynn Thorndike, "Sanitation, Baths, and Street-Cleaning in the Middle Ages and Renaissance", *Speculum*, 1924, 197-198.

73 As casas de banho públicas eram especialmente populares: Georges Duby e Philippe Braunstein, "The Emergence of the Individual", in the *Revelations of the Medieval World*, ed. de George Duby, v. 2 de *A History of Private Life*, ed. de Philippe Ariès e George Duby, tradução de Arthur Goldhammer (Cambridge: Belknap Press of Harvard University Press, 1988), 602.

73 Uma miniatura: De Bonneville, *Book of the Bath*, 36; Henriques, *Prostitution and Society*, 57.

73 Gian-Francesco Poggio: Duby e Braunstein, "Emergence of the Individual", 603-607.

74 Um manuscrito francês: De Bonneville, *Book of the Bath*, 34; Fernando Henriques, *Prostitution in Europe and the New World* (London: McGibbon and Kee, 1963), 97.

75 "Todos os que desejam": Sachs, *Renaissance Woman*, 29.

75 *O romance de Flamenca*... "Não ser mais servos": *The Romance of Flammenca*, 95, 313, 353.

77 Amantes banham-se: Boccaccio, *Decameron*, 658-660.

78 Na França do século XV: Jacques Rossiaud, "Prostitution, Sex and Society in French Towns in the Fifteenth Century," em *Western Sexuality: Practice and Precept in the Past and Present Times*, ed. de Philippe Ariès e André Béjin, tradução de Anthony Foster (Oxford: Basil Blackwell, 1985), 76-77.

78 Henry II: Henriques, *Prostitution and Society*, 59-61; Ruth Mazo Karras, *Common Women: Prostitution and Sexuality in Medieval England* (New York: Oxford University Press, 1996), 17-18.

78 A mais grandiosa das residências: Mark Girouard, *Life in the French Country House* (New York: Knopf, 2000), 220.

79 John Russell: John Russell, "The Boke of Nurture", ed. de Frederick J. Furnivall, em *The Babees Book* (London: Early English Text Society, 1868), 176-178, 182-185, 249-259.

81 Uma história do final da era medieval alemã: Joachim Bumke, *Courtly Culture: Literature and Society in the High Middle Ages*, tradução de Thomas Dunlap (Woodstock, NY: Overlook Press, 2000), 120-121.

81 No século XVI: Bumke, *Courtly Culture,* 121.

82 Iniciada em 1347: Joan Acocella, "The End of the World: Interpreting the Plague", *New Yorker*, 21 de março de 2005, 82.

82 Boccaccio fornece um relato desapaixonado... sem cerimônia ou assistentes: Boccaccio, *Decameron*, 8-16.

83 Marchionne di Coppo Stefani: Colin Platt, *King Death: The Black Death and Its Aftermath in Late-Medieval England* (Toronto: University of Toronto Press, 1996), 4.

83 Em Avignon: Acocella, "End of the World", 83.

84 Felipe VI... "como tem sido freqüentemente observado": Vigarello, *Concepts of Cleanliness*, 8, 11, 22, 33.

85 *Pulex irritans*: Acocella, "End of the World", 82.

85 As roupas deviam ser macias: Vigarello, *Concepts of Cleanliness*, 10.

85 "Há 25 anos": Vigarello, *Concepts of Cleanliness*, 27.

NOTAS MARGINAIS NO CAPÍTULO TRÊS

68 Nicholas Orme, *Medieval Children* (New Haven: Yale University Press, 2001), 76.

69 "On Good Manners for Boys", Collected Works of Erasmus, ed. de J. K. Sowards (Toronto: University of Toronto Press, 1985), 25:276-77.

71 Orme, *Medieval Children*, 76.

71 Singman, *Daily Life in Medieval Europe*, 49.

72 Avicenna, *Treatise on the Canon of Medicine of Avicenna, Incorporating a Translation of the First Book,* tradução e edição de O. Cameron Gruner (London: Luzac and Co., 1930), 389.

73 Thorndike, "Sanitation, Baths", 198.

75 Sachs, *Renaissance Woman*, 29.

75 Nickie Roberts, *Whores in History: Prostitution in Western Society* (London: Harper Collins, 1993), 82.

78 Thorndike, "Sanitation, Baths", 197-198.

81 Barbara Tuchman, *A Distant Mirror: The Calamitous 14th Century* (New York: Knopf, 1978), 159.

81 Elizabeth Burton, *The Elizabethans at Home* (London: Secker & Warburg, 1958), p. 243-244.

83 Sachs, *Renaissance Woman*, 29.

84 Shahar, *Childhood in the Middle Ages*, 84.

CAPÍTULO QUATRO
UMA PAIXÃO PELO LINHO LIMPO: 1550-1750

88 Elisabeth Charlotte... "daqueles que lá moravam": Vigarello, *Concepts of Cleanliness*, 89.

89 Elizabeth I: Reynolds, *Cleanliness and Godliness*, 74.

89 James I: Olwen Hufton, The Prospect before Her: A History of Women in Western Europe, v. I, 1500-1800 (New York: Harper Collins, 1995), 80.

89 Louis XIII: Vigarello, *Concepts of Cleanliness*, 66.

89 Michel de Montaigne: Michel de Montaigne, *The Complete Works*, tradução de Donald M. Frame (New York: Everyman's Library, Knopf, 2003), 715.

89 Cem mil londrinos: Ragnhild Hatton, *Europe in the Age of Louis XIV* (London: Thames and Hudson, 1969), 10.

89 "O banho": Vigarello, *Concepts of Cleanliness*, 13.

91 Francis Bacon: Classen, Howes and Synnot, *Aroma*, 70, n. 68.

91 "Somente com o maior cuidado": Vigarello, *Concepts of Cleanliness*, 83.

90 Daniel Roche: Daniel Roche, *The Culture of Clothing: Dress and Fashion in the Ancient Régime*, tradução de Jean Birrell (Cambridge: Cambridge University Press, 1994), 372-373.

91 Fynes Moryson: Antoni Maczak, *Travel in the Early Modern Europe*, tradução de Ursula Phillips (Cambridge: Polity Press, 1995), 102.

91 Os viajantes concordavam: Paul Zumthor, *Daily Life in Rembrandt's Holland*, tradução de Simon Watson Taylor (London: Weidenfeld and Nicolson, 1962), 53-54.

92 Leonard Rauwulf: Karl H. Dannenfeldt, *Leonard Rauwulf: Sixteenth-Century Physician, Botanist, and Traveler* (Cambridge, MA: Harvard University Press, 1968), 47-49.

92 Henry Blount: Henry Blount, *A Voyage into the Levant* (Amsterdam: Theatrum Orbis Terrarum, 1977), 100-101.

93 O mau hálito do Rei Sol: Louis Bernard, *The Private Life of Louis XIV,* tradução de Paul Morin (New York: Louis Carrier, 1929), 99-100.

93 A mesma Princesa Palatina: Duchess of Orleans, Elizabeth-Charlotte of Bavaria, Princess Palatine, *The Letters of Madame*, tradução e edição de Gertrude Scott Stevenson (London: Arrowsmith, 1925), 2:208.

94 O futuro Luís XIII: Hufton, *Prospect before Her*, 200, n. 38; Vigarello, *Concepts of Cleanliness*, 16, n. 50.

94 Quando Luís XIV se levantava: Louis de Rouvroy, Duke of Saint-Simon, *Memoirs of Louis XIV and the Regency*, tradução de Bayle St. John (New York: M. Walter Dunne, 1901), 3:30-31; Henri Carré, *The Early Life of Louis XIV (1638-1661)*, tradução de Dorothy Bolton (London: Hutchinson, 1951), 228-229.

95 "Entendemos a razão pela qual o linho": Vigarello, *Concepts of Cleanliness*, 60.

95 Louis Savot: Vigarello, *Concepts of Cleanliness*, 60.

95 Samuel Johnson: James Boswell, *Life of Johnson* (London: Oxford University Press, 1966), 281.

95 "Linho fino e branco": Fynes Moryson, *The Itinerary of Fynes Moryson* (Glasgow: James MacLehose and Sons, 1907), 3:452.

95 Marie Adelaide: Lucy Norton, *First Lady of Versailles: Marie Adelaide of Savoy, Dauphine of France* (London: Hamish Hamilton, 1978), 143.

96 Uma vez que as mulheres inglesas: C. Willett e Phillis Cunnington, *The History of Underclothes* (London: Michael Joseph, 1951), 52.

96 Mary of Cleves: D. Michael Stoddart, *The Scented Ape: The Biology and Culture of Human Odour* (Cambridge: Cambridge University Press, 1990), 63.

96 As camisas de homens... "franzida até a cintura": Willett and Cunnington, *History of Underclothes*, 53-62, 75.

97 "Trabalho com literatura"... "vestir-se elegantemente": Jacques Casanova, *The Memoirs of Jacques Casanova de Seingalt* (London: Chapman and Hall, 1902), 2:141, 145.

97 Um manual francês sobre os serviços domésticos: Vigarello, *Concepts of Cleanliness*, 15.

98 Muitas casas de banho dos mouros... ficou amarelada: Crow, *Spain*, 33-34, 149.

99 Fernand Braudel: Fernand Braudel, *The Structures of Everyday Life: The Limits of the Possible*, v. I, *Civilization and Capitalism 15th to 18th Century*, tradução de Sian Reynolds e Miriam Kochan (London: Collins, 1981), 330.

99 Na Alemanha, Áustria e Suécia... remédios tradicionais associados a eles: Martin Widman, "Krise und Untergang der Badstube", Gesnerus 56 (1999):220-40. (Traduzido para o autor por Harald Bohne.)

100 Thomas Platter: Thomas Platter, *Journal of a Younger Brother*, tradução de Sean Jennett (London: Frederick Muller, 1963), 95.

100 Ana da Áustria: De Bonneville, *Book of the Bath*, 41.

101 Guy Patin: Vigarello, *Concepts of Cleanliness*, 14.

101 Rei Henry IV: Vigarello, *Concepts of Cleanliness*, 12.

101 Luís XIV: Vigarello, *Concepts of Cleanliness*, 13.

102 Mas na Renascença... "como se estivessem em represas": Richard Palmer, "'In this Our Lightye and Learned Tyme': Italian Baths in the Era of the Renaissance", em *Medical History of Waters and Spas*, 14-22, de Porter; W. B. Brockliss, "The Development of the Spa in Seventeenth-Century France", em Porter, *Medical History of Waters and Spas*, 23-28.

102 Fynes Moryson: Moryson, *Itinerary*, 1:55.

103 Michel de Montaigne: Montaigne, *Complete Works*, 1063, 1207-1208.

103 A campanha dos médicos italianos: Palmer, "In this Our Lightye and Learned Tyme'", 21-22; Brockliss, "Development of the Spa", 26, 30-32, 38, 43.

104 Madame de Sévigné: *Letters of Madame de Sévigné*, ed. de Richard Aldington (New York: Brentano's 1927), 2:216-23; Frances Massiker, *Madame de*

Sévigné: *A Life and Letters*, tradução das cartas por Frances Massiker (New York: Knopf, 1983), 363.
106 (quadro) Cartas de Madame de Sévigné, ed. de Aldington, 1:219-20.
105 Assim como muitos visitantes de Bath: Celia Fiennes, *The Illustrated Journeys of Celia Fiennes 1685-c.1712*, ed. de Christopher Morris (London: MacDonald & Co., 1982), 44-46.

NOTAS MARGINAIS NO CAPÍTULO QUATRO
88 Sachs, *Renaissance Woman*, 29.
90 Burton, *Elizabethans at Home*, 242.
91 William Ian Miller, *The Anatomy of Disgust* (Cambridge, MA: Harvard University Press, 1997), 286, n. 64.
91 *The Complete Letters of Lady Mary Wortley Montagu*, ed. de Robert Halsband (Oxford: Clarendon Press, 1965), 1:248.
92 E. S. Bates, *Touring in 1600: A Study in the Development of Travel as a Means of Education* (London: Constable, 1911), 190.
94 Miller, *Anatomy of Disgust*, 153.
95 Maczak, *Travel in Early Modern Europe*, 101.
96 Stoddart, *The Scented Ape*, 63.
98 Classen, Howes and Synnot, *Aroma*, 71, n. 2.
102 Ivan Illich, H_2O *and the Waters of Forgetfulness* (London: Marion Boyars, 1986), 46.
103 Duchess of Orleans, Elizabeth-Charlotte of Bavaria, Princess Palatine, *The Letters of Madame*, tradução e edição de Gertrude Scott Stevenson (London: Arrowsmith, 1925), 1:256.
104 Palmer, "In this Our Lightye and Learned Tyme", 19, n. 28.
104 Platter, *Journal*, 50-51.
106 Massiker, *Madame de Sévigné*, 224.
108 Samuel Pepys, *The Shorter Pepys*, ed. de Robert Latham (London: Bell & Hyman, 1958), 925.

CAPÍTULO CINCO
A VOLTA DA ÁGUA: 1750-1815
109 Lady Mary Wortley Montagu... Embora ela atribuísse: Montagu, *Complete Letters*, 1:312-15, 407; Robert Halsband, *The Life of Lady Mary Wortley Montagu* (Oxford: Clarendon Press, 1957), 68.

110 "Querida, como suas mãos estão sujas!": *The Habits of Good Society: A Handbook for Ladies and Gentlemen* (New York: Rudd & Carlton, 1860), 108; Halsband, *Mary Wortley Montagu*, 150, 204, 281.

110 As mulheres usavam espartilhos de couro ou de osso: Lawrence Stone, *The Family, Sex and Marriage in England 1500-1800* (London: Weidenfeld and Nicolson, 1977), 488.

110 Thomas Turner: Derek Jarrett, *England in the Age of Hogarth* (London: Hart-Davis, MacGibbon, 1974), 170.

111 James Boswell: Aline Ribeiro, *The Art of Dress: Fashion in England and France 1750 to 1820* (New Haven: Yale University Press, 1995), 151.

111 Os criados de Duque de Norfolk: Rosamond Bayne-Powell, *Housekeeping in the Eighteenth Century* (London: John Murray, 1956), 119.

111 A tradicional saída: Kristen Olsen, *Daily Life in 18th-Century England* (Westport, CT: Greenwood Press, 1999), 268.

111 Lorde Chesterfield: Olsen, *Daily Life*, 269.

112 Na obra de 1693 de John Locke: John Locke, *Some Thoughts Concerning Education and of the Conduct of the Understanding*, ed. de Ruth W. Grant e Nathan Tarcov (Indianápolis: Hackett, 1996), 12-13.

112 Sir John Floyer: John Floyer and Edward Baynard, *The History of Cold Bathing: Both Ancient and Modern* (London: Samuel Smith and Benjamin Walford, 1706), 78.

112 "Uma forma de governo fria": Floyer and Baynard, *Cold Bathing*, introdução sem numeração de página.

113 (quadro) Dr. Edward Baynard: Floyer and Baynard, *Cold Bathing*, parte. 2, 79, 80.

113 John Wesley: Stanley Ayling, *John Wesley* (London: Collins, 1979), 168.

113 Para Wesley... mãos e pés deveriam ser submersos: John Wesley, *Primitive Physick; or, An Easy and Natural Method of Curing Most Diseases* (Bristol: William Pine, 1770), xvii, xix, 46, 150 ff.

114 As pessoas tinham medo do mar: Sarah Howell, *The Seaside* (London: Collier and Collier Macmillan, 1974), 7-8, 43, 45-46.

115 (quadro) Em 1789: Howell, *The Seaside*, 30-31.

115 Dr. Richard Russell: Richard Russell, *Dissertation on the User of Seawater in Diseases of the Glands* (London: W. Owen, 1760).

115 Versão inglesa pirateada: Howell, *The Seaside*, 14-17.

116 *Sanditon*: Jane Austen, *Sanditon, The Watsons, Lady Susan and Other Miscellanea* (London: J. M. Dent, 1934), 19.

116 No romance satírico de Tobias Smollett... "cada tendão da estrutura humana": Tobias Smollett, *The Expedition of Humphry Clinker* (London: J. M. Dent, 1943), 13-14, 16, 43-44, 174-175, 169-170.

117 *Ensaio*... "o Elemento em si": Tobias Smollett, *An Essay on the External Use of Water*, ed. de Claude E. Jones (Baltimore: Johns Hopkins Press, 1935), 53, 61, 64, 55.

117 Ele passou dois anos... "e meu espírito está muito mais alerta": Tobias Smollett, *Travels through France and Italy*, ed. de Frank Felsenstein (Oxford: Oxford University Press, 1979), 13-14, 83, 192-193, 276.

118 A narrativa de 1766 de Smollett: Howell, *The Seaside*, 55-56.

119 Os apartamentos em Versalhes... uma cidade conhecida por sua imundice: Smollett *France and Italy*, 40, 47, 107-108.

119 "Estou ligado": Smollett, *France and Italy*, 341.

120 Madame de Pompadour: Christine Previtt Algrant, *Madame de Pompadour: Mistress of France* (New York: Grove Press, 2002), 117.

121 Até mesmo Maria Antonieta: Antonia Fraser, *Marie Antoinette: The Journey* (New York: Anchor Books, 2002), 169.

121 Quando jovem: Jean-Jacques Rousseau, *The Confessions and Correspondence, Including the Letters to Malesherbes*, v. 5 de *The Collected Writings of Rousseau*, ed. de Christopher Kelly, Roger D. Masters e Peter G. Stillman, tradução de Christopher Kelly (Hanover, NH: University Press of New England, 1995), 305-306.

121 Quando encontrava dificuldades para sair e urinar: J. H. Huizinga, *The Making of a Saint: The Tragi-Comedy of Jean-Jacques Rousseau* (London: Hamish Hamilton, 1976), 50.

122 Por várias vezes em *The Confessions (As confissões)*: Rousseau, *Confessions*, 113, 133, 437, 516.

122 Elogiando Tétis... "mais do que limpa, ela é pura": Rousseau, *Emile*, tradução de Barbara Foxley (London: J. M. Dent, 1993), 16, 26, 30-31, 428.

124 Um moinho: D. C. Charlton, *New Images of the Natural in France* (Cambridge: Cambridge University Press, 1984), 30.

125 Helen Maria Williams: Aileen Ribeiro, *Fashion in the French Revolution* (London: Batsford, 1988), 70.

125 A Duquesa d'Abrantes: Ribeiro, *French Revolution*, 128.

125 A Margravina de Bayreuth: Adrien Faucher-Magnan, *The Small German Courts in the Eighteenth Century*, tradução de Mervyn Savill (London: Methuen, 1958), 92.

125 Sacro Imperador Romano: Olivier Bernier, *Pleasure and Privilege: Life in France, Naples and America 1770-1790* (Garden City, NY: Doubleday, 1981), 191.

126 Princesa Josephine de Savóia, *Marie Antoinette: The Journey* (New York: Anchor, 2002), 96.

126 Caroline de Brunswick: Kathleen Campbell, *Beau Brummell: A Biographical Study* (London: Hammond, Hammond & Co, 1948), 40.

126 Samuel Johnson: Boswell, *Life of Johnson*, 188.

126 Lorde Chesterfield: Philip Dormer Stanhope, Earl of Chesterfield, *The Letters of Philip Dormer Stanhope, Earl of Chesterfield with The Characters*, ed. de John Bradshaw (London: George Allen and Unwin, 1926), 1:126, 156, 221.

127 *Le Tableau de Paris*: Vigarello, *Concepts of Cleanliness*, 136-137.

127 Reinado de Luís XIV: De Bonneville, *Book of the Bath*, 40, 42-43.

128 *Le médecin des dames*: Jean-Pierre Goubert, *The Conquest of Water: The Advent of Health in the Industrial Age*, tradução de Andrew Wilson (Princeton: Princeton University Press, 1989), 27.

128 Elizabeth Montagu: Elizabeth Montagu, *Elizabeth Montagu: The Queen of the Bluestockings, Her Correspondence from 1720 to 1761*, ed. de Emily Climenson (London: John Murray, 1906), 88-89.

128 Maria Antonieta: Jeanne Louise Henriette Campan, *The Private Life of Marie Antoinette* (New York: Brentano's, 1917), 1:96.

128 O hábito do Continente: Arthur Young, *Travels in France and Italy during the Years 1787, 1788 and 1789* (London: J. M. Dent, 1927), 259-260, 324.

129 Foram os italianos... uma bidê de prata: Goubert, *Conquest of Water*, 88-90; Vigarello, *Concepts of Cleanliness*, 105.

129 Quando Maria Antonieta de quinze anos: Fraser, *Marie Antoinette*, 42.

130 Os marceneiros projetavam: Goubert, *Conquest of Water*, 88-89.

130 Um escritor inglês: Stone, *Family, Sex and Marriage*, 486.

131 *Le médecin des dames:* Vigarello, *Concepts of Cleanliness*, 107.

131 Napoleão e Josefina... se estendeu por seis horas: Andrea Stuart, *The Rose of Martinique: A Life of Napoleon's Josephine* (London: Macmillan, 2003), 206, 328, 331, 334; Alan Schom, *Napoleon Bonaparte* (New York: Har-

per Collins, 1997), 377; Evangeline Bruce, *Napoleon and Josephine: The Improbable Marriage* (New York: Scribner, 1995), 137, 316, 393.

132 Lorde Byron: Samuel Tenenbaum, *The Incredible Beau Brummell* (South Brunswick. NJ: A. S. Barnes, 1967), 8.

132 Brummell, em palavras: William Jesse, *The Life of George Brummell, Esq., Commonly Called Beau Brummell* (London: Nimmo, 1886). 2:349.

132 "Se John Bull": Jesse, *George Brummell*, 1:69.

132 Ele viajava para todos os lugares: Jesse, *George Brummell*, 1:70-71, 89.

134 Para a prisão dos devedores em Caen: Jesse, *George Brummell*, 2:192-96.

134 Dezesseis meses antes de morrer: Ian Kelly, *Beau Brummell: The Ultimate Man of Style* (New York: Free Press, 2006), 192-195, 333; Tenenbaum, *Incredible Beau Brummell*, 270; Campbell, *Beau Brummell*, 204.

135 No início da carreira de Brummell: Jesse, *George Brummell*, 2:349.

NOTAS MARGINAIS NO CAPÍTULO CINCO

110 Stone, *Family, Sex and Marriage*, 486.

111 James Boswell, *Boswell on the Grand Tour: Germany and Switzerland 1764*, ed. de Frederick A. Pottle (London: Heinemann, 1953), 16.

112 Henriques, *Prostitution and Society*, 122.

113 Wesley, *Primitive Physick*, 51.

114 Howell, *The Seaside*, 44-45.

115 Howell, *The Seaside*, 15.

116 Guy Williams, *The Age of Agony: The Art of Healing, c. 1700-1800* (London: Constable, 1975), 142.

118 Vigarello, *Concepts of Cleanliness*, 97.

119 César de Saussure, *A Foreign View of England in the Reigns of George I and George II*, tradução e edição de Madame van Muyden (London: John Murray, 1902), 157.

120 Jay Barrett Botsford, *English Society in the Eighteenth Century As Influenced from Overseas* (New York: Macmillian, 1924), 96.

121 Vigarello, *Concepts of Cleanliness*, 141.

122 Vigarello, *Concepts of Cleanliness*, 102.

126 Conde de Chesterfield, Philip Dormer Stanhope, *The Letters of Philip Dormer Stanhope Earl of Chesterfield with The Characters*, ed. de John Bradshaw, 3 v. (London: George Allen and Unwin, 1926), 1:375.

127 De Bonneville, *Book of the Bath*, 86.

129 Goubert, *Conquest of Water*, 89.

129 Elisabeth Donaghy Garrett, *At Home: The American Family 1750-1870* (New York: Abrams, 1990), 132.

132 Virginia Woolf, "Beau Brummell," em *Collected Essays* (London: Hogarth Press, 1967), 3:189.

CAPÍTULO SEIS
BANHOS E COMO TOMÁ-LOS: EUROPA, 1815-1900

138 Charles Dickens... "está instalado aqui!": Charles Dickens, *The Letters of Charles Dickens*, ed. de Graham Storey e K. J. Fielding (Oxford: Clarendon Press, 1981), 5:583; 6:502, 520, 543, 574.

139 "Banhos e Como Tomá-los": Harriet N. Austin, M. D., citado por Jacqueline S. Wilkie, "Submerged Sensuality: Technology and Perceptions of Bathing," *Journal of Social History 19* (verão de 1986): 661, n.15.

140 Da função respiratória da pele... crucial para a saúde e até mesmo para a vida: Vigarello, *Concepts of Cleanliness*, 169-172.

140 Hippolyte Taine: Hippolyte Taine, *Notes on England*, tradução de Edward Hyams (London: Thames and Hudson, 1957), 148-150.

141 A Câmara Municipal de Londres: Wright, *Clean and Decent*, 138.

141 O diretor de uma faculdade de Cambridge: Reynolds, *Cleanliness and Godliness*, 117-118.

141 Rainha Vitória: Wright, *Clean and Decent*, 139.

141 Quando o cuidado pessoal: Mark Girouard, *Life in the English Country House: A Social and Architectural History* (New Haven: Yale University Press, 1979), 256.

141 A água quente encanada: Judith Flanders, *The Victorian House* (New York: Harper Collins, 2003), 286-288.

142 Lorde Ernest Hamilton... e, ocasionalmente, como aquário: David Rubinstein, ed., *Victorian Homes* (London: David and Charles, 1974), 85-86.

142 *Os Hábitos da Boa Sociedade*... "seja feita deste modo": The Habits of Good Society, 110-114, 119.

144 Lady Buckingham: Girouard, *English Country House*, 241.

145 Church Lane: M. W. Flinn, "Introduction" to Edwin Chadwick *Report on the Sanitary Condition of the Labouring Population of Great Britain* (Edinburgh Edinburgh University Press, 1965), 4-5.

145 Chadwick citou um médico... "tão pretos quanto seu chapéu": Chadwick, *Report on the Sanitary Condition*, 214, 315, 316.

146 (quadro) *Os bebês da água*: Charles Kingsley, *The Water Babies* (London: Macmillian, 1886), 3-4, 17, 28-32, 65, 371.

147 Kitty Wilkinson... compartimentos para banho individuais e uma lavanderia: Marcus Binney, Hana Laing e Alastair Laing, *Taking the Plunge: The Architecture of Bathing* (London: Save Britain's Heritage, s./d.), 12-14.

148 Em seis anos: Agnes Campbell, *Report on Public Baths and Wash-Houses in the United Kingdom* (Edinburgh: Edinburgh University Press, 1918), 4.

148 Nas primeiras décadas... "a força necessária": Campbell, *Report on Public Baths*, 4-6, 20, 37-38.

149 Além da afiliação religiosa: Witold Rybczynski, *Home: A Short History of an Idea* (New York: Penguin, 1987), 143.

149 Lady Diana Cooper... "desapareceram no ambiente": Rubinstein, *Victorian Homes*, 48-50.

150 Lady Fry: Jill Franklin, *The Gentleman's Country House and Its Plan 1835-1914* (London: Routledge and Kegan Paul, 1981), 112.

150 Entre 1800 e 1850... sair para tomar banho: Brian K. Ladd, "Public Baths and Civic Improvement in Nineteenth-Century German Cities," *Journal of Urban History* 14, n. 3 (maio de 1988), 375-380, 389.

151 Casa de banho em Stuttgart: Marilyn Thornton Williams, *Washing "the Great Unwashed": Public Baths in Urban America*, 1840-1920 (Columbus: Ohio State University Press, 1991), 9.

151 Colônia alemã (Hohenstaufenbad): Ladd, "Public Baths," 378-380.

152 Um levantamento realizado na virada do século... 66 milhões de marcos por ano: Ladd, "Public Baths," 382-388. Consultar também Siegfried Giedion, *Mechanization Takes Command: A Contribution to Anonymous History*, tradução de Siegfried Giedion e Martin James (New York: Oxford University, 1948), 676-681.

153 Um engenheiro sanitário americano: William Gerhard, *On Bathing and Different Forms of Baths* (New York: William Comstock, 1895), 21.

153 Viena, Frankfurt: Ladd, "Public Baths", 386-387.

153 Surgimento de uma cadeira: Vigarello, *Concepts of Cleanliness*, 180-181.

154 Frances Trollope: Vigarello, *Concepts of Cleanliness*, 180.

154 Charles François Mallet: Vigarello, *Concepts of Cleanliness*, 181.

155 Stéphane Mallarmé: De Bonneville, *Book of the Bath*, 100-103.

155 Hector Berlioz: Vigarello, *Concepts of Cleanliness*, 187.

155 Edmée Renaudin: Goubert, *Conquest of Water*, 240-241.

155 Banhos Chineses: De Bonneville, *Book of the Bath*, 46; Vigarello, *Concepts of Cleanliness*, 188-189.

155 Banhos públicos em Paris: Vigarello, *Concepts of Cleanliness*, 285-286.

157 No início de 1860: De Bonneville, *Book of the Bath*, 104.

157 (quadro) Em 1819: De Bonneville, *Book of the Bath*, 104.

157 *Educação e Bom Gosto:* Philippe Perrot, *Fashioning the Bourgeoisie: A History of Clothing in the Nineteenth Century*, tradução de Richard Bienvenu (Princeton: Princeton University Press, 1994), 125.

157 "Ninguém na minha família": Vigarello, *Concepts of Cleanliness,* 175.

158 Mademoiselle Moisset: De Bonneville, *Book of the Bath*, 96, 108-9.

159 Muitos garotas educadas em conventos: Vigarello, *Concepts of Cleanliness*, 174-175.

161 Para a imundície original: La Baronne Staff, *Le Cabinet de Toilette*, 15, 18, 19, 20, 23, 28, 30, 51-54. (Tradução do autor.)

161 Edouard Dainville: Girouard, *French Country House*, 233.

161 Castelo d'Armainvilliers: Girouard, *French Country House*, 239.

161 Roquetaillade: Girouard, *French Country House*, 237.

161 Antes de 1850... avisou Bourgeois d'Orvanne: Vigarello, *Concepts of Cleanliness,* 190, 198-199, 200.

162 Ministério da Educação Pública... "ele morreu durante o banho na banheira": Goubert, *Conquest of Water*, 23, 138, 157, 217-218.

163 *Encyclopédie de la santé*: Vigarello, *Concepts of Cleanliness,* 195.

164 Jules Ferry... que estavam doentes tomavam banhos completos: Goubert, *Conquest of Water*, 146, 150-151, 153, 156-57.

165 A importação do chuveiro alemão: De Bonneville, *Book of the Bath*, 58.

NOTAS MARGINAIS NO CAPÍTULO SEIS

138 Norman e Jeanne MacKenzie, *Dickens: A Life* (New York: Oxford University Press, 1979), 243.

140 De Bonneville, *Book of the Bath*, 120.

142 Jan Read, *The Moors in Spain and Portugal* (London: Faber and Faber, 1974), 234.

142 L. W. Colie, *A Dictionary of Bristish Social History* (London: Bell, 1973), 19.

144 Stone, *Family, Sex and Marriage*, 486.

145 George Orwell, *The Road to Wigan Pier* (London: Penguin, 1989), 121.

147 Casanova, *Memoirs*, 2:148.

151 Ladd, "Public Baths", 391, n. 21.

152 Giedion, *Mechanization Takes Command*, 678, n. 78.

155 Perrot, *Fashioning the Bourgeoisie*, 125.

158 Goubert, *Conquest of Water*, 90.

160 De Bonneville, *Book of the Bath*, 116.

161 De Bonneville, *Book of the Bath*, 112.

162 Illich, H_2O, 2.

164 Emile Zola, *Germinal*, tradução de Peter Collier (Oxford: Oxford University Press, 1993), 114-116.

CAPÍTULO SETE
COMPLETAMENTE MOLHADOS: AMÉRICA, 1815-1900

167 Elizabeth Drinker: Elizabeth Drinker, *The Diary of Elizabeth Drinker*, ed. de Elaine Forman Crane (Boston: Northeastern University Press, 1991), 2:1185.

169 Hidropatia, que dominou o país... Elizabeth Blackwell: Susan E. Cayleff, *Wash and Be Healed: The Water-Cure Movement and Women's Health* (Philadelphia: Temple University Press, 1987), 21-23; Giedion, *Mechanization Takes Command*, 660-662.

169 Os americanos a acolheram: Cayleff, *Wash and Be Healed*, 3, 15-16, 76.

171 Harriet Beecher Stowe... deve circular em cada cômodo: Cayleff, *Wash and Be Healed*, 144, 148.

172 Duque de Doudeauville: Girouard, *French Country House*, 233.

172 Hotéis americanos: Jefferson Williamson, *The American Hotel: An Anecdotal History* (New York: Knopf, 1930), 9, 13-28.

172 John Jacob Astor: Williamson, *American Hotel*, 29, 33.

173 *Illustrated London News:* Giedion, *Mechanization Takes Command*, 694.

173 Nas décadas: Williamson, *American Hotel*, 55, 61-62; Giedion, *Mechanization Takes Command*, 693-697.

173 Andrew Jackson Downing: Andrew Jackson Downing, *Victorian Cottage Residences* (New York: Dover, 1981), 131.

174 Sarah Josepha Hale: Esther B. Aresty, *The Best Behaviour: The Course of Good Manners – from Antiquity to the Present – As Seen through Courtesy and Etiquette Books* (New York: Simon and Schuster, 1970), 223; Wilkie, "Submerged Sensuality", 650.

174 O sucesso de Florence Nightingale: Suellen Hoy, *Chasing Dirt: The American Pursuit of Cleanliness* (New York: Oxford University Press, 1966), 30-35.

175 O Exército da União: Hoy, *Chasing Dirt*, 36-45.

176 A sujeira passou a ser considerada: Hoy, *Chasing Dirt*, 51-53, 59 ff., 70.

177 Booker T. Washington... o futuro daquele estudante: Booker T. Washington, *Up from Slavery: An Autobiography* (Garden City, NY: Doubleday, 1963), 31, 37, 88, 126-127; Hoy, *Chasing Dirt*, 89-92.

178 37%: M. T. Williams, *Washing "the Great Unwashed"*, 17. Sobre imigração americana, consultar também Hoy, *Chasing Dirt*, 87-122.

178 O banho público: David Glassberg, "The Public Bath Movement in America", *American Studies* 20 (outono de 1979), 9.

179 *Como vive a outra metade:* Jacob A. Riis, *How the Other Half Lives: Studies among the Tenements of New York* (New York: Hill and Wang: 1968), 80-81.

179 Quando Nova York: Jacob A. Riis, *The Battle with the Slum* (Montclair, NJ: Patterson Smith, 1969), 281.

179 Um trabalho publicado na revista *Science:* Joseph Hall, "The Macbeth Effect: Is Cleansing Theory Spot-On?" *Toronto Star*, 8 de setembro de 2006, A16.

179 Sol Meyerowitz: Neil M. Cowan e Ruth Schwartz Cowan, *Our Parents' Lives: The Americanization of East European Jews* (New York: Basic, 1989), 100-101.

179 Um deles se queixou com Riis: Riis, *How the Other Half Lives*, 83-84.

179 A primeira casa de banhos do país: M. T. Williams, *Washing "the Great Unwashed"*, 16.

182 Simon Baruch: M. T. Williams, *Washing "the Great Unwashed"*, 42-44.

182 Banhos para o povo: M. T. Williams, *Washing "the Great Unwashed"*, 32.

182 A legislatura do Estado de Nova York: M. T. Williams, *Washing "the Great Unwashed"*, 37-39.

184 Os americanos seguiram o modelo alemão: M. T. Williams, *Washing "the Great Unwashed"*, 35-36; Glassberg, *Public Bath Movement*, 10, 14-16.

184 Lei da Reforma do Modelo dos Conjuntos de Habitação de Nova York: Glassberg, *Public Bath Movement*, 18; M. T. Williams, *Washing "the Great Unwashed"*, 65-67.

184 O modelo de casa preparado por elas... US$ 31 em comida por ano: Catharine E. Beecher e Harriet Beecher Stowe, *The American Woman's Home; or, Principles of Domestic Science: Being a Guide to the Formation and Maintenance of Economical, Healthful, Beautiful, and Christian Homes* (New York: Arno Press and New York Times, 1971), 150-157, 269-270.

185 Estudo dos hábitos de banho: Hoy, *Chasing Dirt*, 65.

186 Susanna Moodie: Susanna Moodie, *Roughing It in he Bush; or, Forest Life in Canada* (Toronto: McClelland and Stewart, 1962), 199.

186 Ella Sykes: Ella C. Sykes, *A Home-Help in Canada* (London: Smith, Elder, 1912), 117, 132, 258.

187 Cinco de cada seis americanos: Hoy, *Chasing Dirt*, 65.

187 No meio do século... 33,90 dólares a 51,10 dólares: Susan Strasser, *Never Done: A History of American Housework* (New York: Pantheon, 1982), 96, 100; Wilkie, *Submerged Sensuality*, 653.

188 (quadro) Durante os séculos: McLaughlin, *Coprophilia*, 42-43: Hunt, "A Short History of Soap," 985-989; Richard L. Bushman e Claudia Bushman, "The Early History of Cleanliness in America", *Journal of American History* 74 (March 1988): 1232-33.

188 Emily Thornwell... "deveria ser um alerta para as senhoras": Emily Thornwell, *The Lady's Guide to Perfect Gentility* (New York: Derby and Jackson, 1859), 13-15.

NOTAS MARGINAIS NO CAPÍTULO SETE

168 Strasser, *Never Done*, 92.

170 Cayleff, *Wash and Be Healed*, 137.

172 Goubert, *Conquest of Water*, 87.

178 Washington, *Up from Slavery*, 126.

181 Hoy, *Chasing Dirt*, 17.

182 M. T. Williams, *Washing "the Great Unwashed"*, 49.

185 Hugh Cortazzi, *Victorians in Japan: In and Around the Treaty Ports* (London: Athlone Press, 1987), 264.

187 Riis, *Battle with the Slum*, 54.

187 Catharine E. Beecher, *A Treatise on Domestic Economy for the Use of Young Ladies at Home and at School* (Boston: Marsh, Capen, Lyon, and Webb, 1841), 100.

189 Jeanne Minhinnick, *At Home in Upper Canada: Toronto* (Toronto: Clarke, Irwin, 1983), 103.

189 Mary Wood-Allen, *What Every Young Woman Should Know* (Philadelphia: Vir, 1913), 80-81.

189 Thornwell, *Lady's Guide*, 12-13.

CAPÍTULO OITO
NO HORÁRIO NOBRE: 1900-1950

193 Eliza Doolitlle... joga uma toalha por cima: George Bernard Shaw, *Pygmalion, Collected Plays with Their Prefaces* (London: Bodley Head, 1970-1974), 4:698-705, 713-715.

193 Uma assistente social de Londres... freqüência de uma vez por ano nas casas de banho das grandes cidades: Campbell, *Report on Public Baths*, 7-8, 27, 36-37, 78-81; diagrama II.

196 Hábito de banhar-se publicamente: Campbell, *Report on Public Baths*, 22; Binney et al., *Taking the Plunge*, 9.

197 Orwell... "desprezar as 'classes mais baixas'": Orwell, *Road to Wigan Pier*, 119-120, 121, 123.

199 Louis Heren... "viver sem um banheiro": Louis Heren, *Growing Up Poor in London* (London: Hamish Hamilton, 1973), 33, 39, 51, 158, 192, 205.

200 Procter & Gamble... "Ele flutua!": Oscar Schisgall, *Eyes on Tomorrow: The Evolution of Procter & Gamble* (Chicago: Doubleday, 1981), 24-28.

201 (quadro) No começo: Merritt Ierley, *The Comforts of Home: The American House and the Evolution of Modern Convenience* (New York: Three Rivers Press, 1999), 172-176.

201 Alta margem de lucros com o sabonete: Vincent Vinikas, *Soft Soap, Hard Sell: American Hygiene in an Age of Advertisement* (Ames: Iowa State University Press, 1992), 80.

202 Sabonete da Pears: Vinikas, *Soft Soap*, 81; Lori Anne Loeb, *Consuming Angels: Advertising and Victorian Women* (Oxford: Oxford University Press, 1994),

131; Vincent Vinikas, "Lustrum of the Cleanliness Institute", *Journal of Social History* 22, n. 4 (1989): 623.

202 B. T. Babbitt: Vinikas, *Soft Soap*, 81.

205 Um dos casos de estudo favoritos... lucros anuais de Lambert subiram: Vinikas, *Soft Soap*, 21-22; Tom Reichert, *The Erotic History of Advertising* (Amherst, NY: Prometheus Books, 2003), 120-127; Roland Marchand, *Advertising the American Dream* (Berkeley: University of California Press, 1986), 18-20; Julian Sivulka, *Soap, Sex and Cigarettes* (Belmont, CA: Wadsworth, 1998), 160-161; Daniel Delis Hall, *Advertising to the American Woman 1900-1999* (Columbus: Ohio State University Press, 2002), 121.

205 Nomes técnicos, parecidos com termos utilizados na medicina: Sivulka, *Soap, Sex and Cigarettes*, 160; Marchand, *Advertising the American Dream*, 20.

206 "Alguns anos atrás": Vinikas, *Soft Soap*, 30.

207 Em um dia quente... as vendas do Odorono tinham aumentado: Stephen Fox, *The Mirror Makers: A History of American Advertising and Its Creators* (New York: William Morrow, 1984), 87-88; Sivulka, *Soap, Sex and Cigarettes*, 158-159.

207 *A Ciência da Cultura...* "exceto por razões comerciais mais fortes": William M. Handy, *The Science of Culture* (Garden City, NY: Nelson Doubleday, 1923), 1:57, 58, 59, 60, 61, 62, 65, 67, 68.

209 *Boas maneiras para Milhões...* "violando as regras da cortesia": Sophie C. Hadida, *Manners for Millions: A Correct Code of Pleasing Personal Habits for Everyday Men and Women* (New York: Sun Dial Press, 1932), 98, 99-100, 101-102, 103, 104.

209 (quadro) Assunto muito mais delicado: Fox, 99; Sivulka, *Soap, Sex and Cigarettes*, 163-164.

214 Um mercado cheio de produtos para o comprador... Instituto de Limpeza fechou suas portas em 1932: Vinikas, *Soft Soap*, 79-94; Juliann Sivulka, *Stronger Than Dirt: A Cultural History of Advertising Personal Hygiene in America, 1875 to 1940* (Amherst, NY: Humanity, 2001), 229-243; Marchand, *Advertising the American Dream*, 211, 246.

214 *Admirável mundo novo...* "quando não há água quente": Aldous Huxley, *Brave New World* (New York: Harper Collins, 1998), 36-37, 108-110, 120-121.

216 Por volta da década de 1930: Ierley, *Comforts of Home*, 220; Goubert, *Conquest of Water*, 87, 218.

216 Estrelas de cinema: W. J. Reader, *Fifty Years of Unilever*, 1930-1980 (London: Heinemann, 1980), 30-31; Hall, *Advertising to the American Woman*, 72.

NOTAS MARGINAIS NO CAPÍTULO OITO

194 Watson, *Jacobson's Organ*, 137.

196 Watson, *Jacobson's Organ*, 134.

198 John Kenneth Galbraith, *The Scotch* (Toronto: McClelland and Stewart, 1985), 87-88.

200 Fox, *Mirror Makers*, 101.

202 Vinikas, *Soft Soap*, 42.

203 Illich, H_2O, 53-54, n. 33.

205 Fox, *Mirror Makers*, 117.

206 Fox, *Mirror Makers*, 117.

207 Evelyn Waugh, *The Loved One* (London: Penguin, 1951), 89.

CAPÍTULO NOVE
O SANTUÁRIO DOMÉSTICO: DE 1950 ATÉ NOSSOS DIAS

220 Horace Miner... "iniciação nestes mistérios": Horace Miner, "Body Ritual among the Nacirema", *American Anthropologist* 58 (1956): 503-507.

220 Stanhope Hotel: *Revista New York Times*, 22 de janeiro de 2006, 17.

221 24%: Paul Grobman, Vital Statistics website, http://www.vitalstatistics.info/stat2.asp?id=3202&cid=4&cid=929.

221 As coisas começaram a mudar: Marchand, *Advertising the American Dream*, 122-125.

221 O tamanho médio: Ted Geatros, "Haute Hotels Redo the Loo", *Globe and Mail*, 27 de março de 2004, T5.

221 Uma banheira de mármore de mil litros: Wendy Goodman, "Bathing Beauties", *New York*, 3 de abril de 2006, 45.

222 Uma "sala de banho" no estilo japonês: Lisa Freedman, "Bathrooms to Soak the Rich", *Financial Times*, 5 de setembro de 2003, FT.com.

222 Hotel Puerto America: Denny Lee, "The Latest Splash? Baths and Pools", *New York Times*, 25 de junho de 2006, TR 9.

223 Miner especifica: Miner, "Body Ritual", 504.

223 "Crest Whitestrips: Demand for Whiter Teeth Transcends Cost, Age Limits", *Drug Store News*, 4 de março de 2002, www.drugstorenews.com.

223 Por volta de 2005, as pastas branqueadoras: Simon Pitman, "Health and Beauty Dominate New Launches", 22 de março de 2005, http://www.cosmetics-design.com./news/ng,asp?id=58899-health-and-beauty.

225 (quadro) Um cirurgião de Nova York: David L. Gollaher, *Circumcision: A History of the World's Most Controversial Surgery* (New York: Basic, 2000), 84, 86-99, 105-108, "A limpeza do pênis" é uma frase de Gollaher.

225 Miner está mais próximo: Miner, "Body Ritual", 506.

226 Sissel Tolaas... uma gotícula em cada pulso: Susie Rushton, "The Sweat Hog", *New York Times Magazine*, 27 de agosto de 2006, 150-152.

226 Ela cresceu... "através do espaço que damos a eles": Sissel Thomas, conversa pelo telefone com a autora, 24 de fevereiro de 2007.

226 Depois de sintetizar o suor: Rushton, "Sweat Hog", 150-152.

227 Trabalho educacional com crianças: Tolaas, conversa pelo telefone com a autora, 24 de fevereiro de 2007.

228 A porcentagem de casas: *Housing Statistics in the European Union 2004* (Falun, Sweden: Intellecta Strälins, 2005), tabela 2.3, http://www.uepc.org/statistics/en/uepc-statistics-3.pdf.

228 Diretora de escola em Chartres: Antoine Prost, "The Family and the Individual", em *Riddles of Identity in Modern Times*, ed. de Antoine Prost e Gerard Vincent, v.5 de *A History of Private Life*, ed. de Philippe Ariès e Georges Duby, tradução de Arthur Goldhammer (Cambridge, MA: Harvard University Press, 1991), 85-87.

228 *Francoscopie*: Scripps Howard News Service, "Study: French Smell Better Than Brits", 23 de outubro de 1998, http://www.coastalbendhealth.com/autoconv/newsworld98/newsworld53.html.

229 Em comparação com a Europa: Tolaas, conversa pelo telefone com a autora, 24 de fevereiro de 2007.

229 Inventado pelos suíços: Nora Ephron, "Dealing with the, uh, Problem", *Esquire*, março de 1973, 91-93.

229 Observando que "meu cheiro é ruim: Ephron, "Dealing with the, uh, Problem", 184.

230 Mulheres têm um "problema"... "mereço o Prêmio Nobel da Paz": Ephron, "Dealing with the, uh, Problem", 90, 91, 184.

231 "Seu ursinho de pelúcia... você tem que pensar em coisas sobre as quais nunca pensou antes": Elana Levine, "'Having a Female Body Doesn't Make You Feminine': Feminine Hygiene Advertising and 1970s Television," *Velvet Light Trap*, n. 50 (outono de 2002): 36.

231 Framboesa e champagne: "The Unlikeliest Product", *Time*, 26 de dezembro de 1969, 49.

231 Kate Kane: Kate Kane, "The Ideology of Freshness in Feminine Hygiene Commercials", *Journal of Communications Inquiry* 14 (1990): 292.

231 As vendas dos desodorantes íntimos despencaram: Kane, "Ideology of Freshness", 184, 186.

231 *Monólogos da vagina*: Eve Ensler, *The Vagina Monologues* (New York: Villard, 1998), 77-79.

231 As vendas dos desodorantes íntimos femininos: "RM/AC Neilsen HBC Category Performance Study", *Retail Merchandiser* 43, n. 6 (junho de 2003): 27, www.drugstorenews.com, 10 de outubro de 2005.

232 "Como era o corpo": Tolaas, conversa pelo telefone com a autora, 24 de fevereiro de 2007.

233 (quadro) Recrutou donas de casa como sujeitos da pesquisa: Ephron, "Dealing with the, uh, Problem", 91.

232 Cheiro "metálico" do dinheiro: Rushton, "Sweat Hog", 152.

232 Para as mulheres contemporâneas: Tolaas, conversa pelo telefone com a autora, 24 de fevereiro de 2007.

232 O futuro da limpeza: Rushton, "Sweat Hog", 152.

233 "Quanto mais você aceita cheirar seu próprio corpo": Tolaas, conversa pelo telefone com a autora, 24 de fevereiro de 2007.

234 Ivan Illich: Illich, H_2O, 58.

235 Vincent Lam e Colin Lee: Diane Peters, "Preparing for a Pandemic", *Globe and Mail*, 16 de dezembro de 2006, F9.

236 Na vida cotidiana: Vincent Lam e Colin Lee, conversa pelo telefone com a autora, 10 de janeiro de 2007.

238 Charles Gerba... "com álcool gel": Charles Gerba, conversa pelo telefone com a autora, 21 de fevereiro de 2007.

238 Um produto novo: Allen Salkin, "Germs Never Sleep", *New York Times*, 5 de novembro de 2006, http://nytimes.com.

238 "Nunca tema": Maggie Fox, "Teachers' Pets: Germs Just Love Them", *Globe and Mail*, 4 de maio de 2006, A17.

238 Sanitgrasp ... cobre a barra para apoio das mãos nos carrinhos de supermercado: Salkin, "Germs Never Sleep".

238 Você guardar sua escova de dente: Vauhini Vara, "High-Tech Bathrooms Know How Hot You Like Your Shower", *Wall Street Journal Online*, 2 de março de 2005, http://online.wsj.com/public/article_print/SB110919097334562337-84aekEQhhxhJYbkDLa_c2nvF2ho-2005o331.html.

240 Allen Salkin: Salkin, "Germs Never Sleep".

240 Museu de Arte Moderna: Marianne Rohrlich, "Babes in Germ Land," *New York Times*, 29 de janeiro de 2006, ST 3.

240 "Febre do Feno, Higiene e Tamanho da Família"... a comprovação crescente da teoria: Bianca Schaub, Roger Lauener, Erika von Mutius, "The Many Faces of the Hygiene Hypothesis", *Journal of Allergy and Clinical Immunology* 117 (2006): 969-77; Siri Carpenter, "Modern Hygiene's Dirty Tricks", 14 de agosto de 1999, http://www.sci-Encenews.org; Garry Hamilton, "Why We Need Germs", *The Ecologist Report*, junho de 2001, http://www.mindfully.Org/Health-/We-Need-Germs.htm; Timothy Begany, "Hygiene Hypothesis Gains Support in the United States and Europe", janeiro de 2003, http://www.respiratoryreviews.com.

242 Em Perth, na Austrália: Ean Higgins, "Dirt Pills May Help to Ease Kids' Asthma",*Australian*, 27 de abril de 2006.

242 Crianças japonesas: Edward Willett, "The Hygiene Hypothesis", 2000, www.edwardwillett.com/Columns/hygienehypothesis.htm.

243 Tore Midtvedt: Hamilton, "Why We Need Germs".

243 *Saturday*: Ian McEwan, *Saturday* (London: Jonathan Cape, 2005), 149-150.

244 Alain Corbin: Alain Corbi, *The Foul and the Fragrant: Odor and the French Social Imagination*, tradução de Miriam L. Kochan, Roy Porter e Christopher Prendergast (Cambridge, MA: Harvard University Press, 1986), 173.

NOTAS MARGINAIS NO CAPÍTULO NOVE

220 Mary Douglas, *Purity and Danger: An Analysis of Concepts of Pollution and Taboo* (Harmondsworth, UK: Penguin, 1970), 12.

http://www.toothbrushexpress.com/html/floss_history.html

222 Hamilton, "Why We Need Germs", 1.

224 Edwyn Bevan, *Hellenism and Christianity* (London: George Allen and Unwin, 1921), 154.

227 Hamilton, "Why We Need Germs", 2.

228 Salkin, "Germs Never Sleep".

BIBLIOGRAFIA

Binney, Marcus, Hana Laing e Alastair Laing. *Taking the Plunge: The Architecture of Bathing*. London: Save Britain's heritage, s./d.

Brue, Alexia. *Cathedrals of the Flesh: My Search for the Perfect Bath*. New York: Bloomsbury, 2003.

Bushman, Richard L. e Claudia Bushman. "The Early History of Cleanliness in America", *Journal of American History* 74 (março de 1988): 1213-1238.

Campbell, Agnes. *Report on Public Baths and Wash-Houses in the United Kingdom*. Edinburgh: Edinburgh University Press, 1918.

Carcopino, Jerome. *Daily Life in Ancient Rome*. Tradução de E. O. Lorimer. New York: Penguin, 1991.

Cayleff, Susan E. *Wash and Be Healed: The Water-Cure Movement and Women's Health*. Philadelphia: Temple University Press, 1987.

Chadwick, Edwin. *Report on the Sanitary Condition of the Labouring Population of Great Britain*. Editado com introdução de M. W. Flinn. Edinburgh: University of Edinburgh Press, 1965.

Clark, Scott. *Japan: A View from the Bath*. Honolulu: University of Hawaii Press, 1994.

Classen, Constance, David Howes e Anthony Synnot. *Aroma: The Cultural History of Smell*. New York: Routledge, 1994.

Cannolly, Peter e Hazel Dodge. *The Ancient City: Life in Classical Athens and Rome*. Oxford: Oxford University Press, 1998.

Corbin, Alain. *The Foul and the Fragant: Odor and the French Social Imagination*. Tradução de Miriam L. Kochan, Roy Porter e Christopher Prendergast. Cambridge, MA: Harvard University Press, 1986.

Croutier, Alev Lytle. *Taking the Waters: Spirit, Art, Sensuality*. New York: Abbeville Press, 1992.

Daly, Mary. *Purity and Danger: An Analysis of Concepts of Pollution and Taboo*. Harmondsworth, Middlesex: Penguin, 1970.

De Bonneville, Françoise. *The Book of the Bath*. Tradução de Jane Brenton. New York: Rizzoli, 1998.

Duby, Georges, ed. *A History of Private Life, II: Revelations of the Medieval World*. Tradução de Arthur Goldhammer. Cambridge, MA: Harvard University Press, 1998.

Duby, Georges e Philippe Braunstein. "The Emergence of the Individual", em *A History of Private Life, II: Revelations of the Medieval World*. Tradução de Arthur Goldhammer. Cambridge, MA: Harvard University Press, 1998.

Elias, Norbert. *The Civilizing Process: The History of Manners*. Tradução de Edmund Jephcott. Oxford: Basil Blakwell, 1978.

Ephron, Nora. "Dealing with the, uh, Problem," *Esquire*, março de 1973.

Fagan, Garett G. *Bathing in Public in the Roman World*. Ann Harbor: University of Michigan Press, 1999.

Flanders, Judith. *The Victorian House*. New York: Harper Collins, 2003.

Garrett, Elisabeth Donaghy. *At Home: The American Family 1750-1870*. New York: Harry N. Abrams, 1990.

Giedion, Sigfried. *Mechanization Takes Command: A Contribution to Anonymous History*. New York: W. W. Norton, 1969.

Girouard, Mark. *Life in the English Country House: A Social and Architectural History*. New Haven: Yale University Press, 1978.

———. *Life in the French Country House*. New York: Knopf, 2000.

Glassberg, David. "The Public Bath Movement in America." *American Studies* 20 (primavera de 1979): 5-21.

Gollaher, David L. *Circumcision: A History of the World's Most Controversial Surgery.* New York: Basic Books, 2000.

Goubert, Jean-Pierre. *The Conquest of Water: The Advent of Health in the Industrial Age.* Tradução de Andrew Wilson. Princeton: Princeton University Press, 1989.

Hamilton, Garry. "Why We Need Germs", *The Ecologist Report* (junho de 2001), http://www.mindfully.Org/Health/We-Need-Germs.htm.

Henriques, Fernando. *Prostitution and Society.* New York: Grove Press, 1966.

———. *Prostitution in Europe and the New World.* London: MacGibbon and Kee, 1963.

Hoss, Stefanie. *Baths and Bathing: The Culture of Bathing and the Baths and Thermae in Palestine from the Hasmoneans to the Moslem Conquest.* Oxford: Archaeopress, 2005.

Howell, Sarah. *The Seaside.* London: Collier and Collier Macmillan, 1974.

Hoy, Suellen. *Chasing Dirt: The American Pursuit of Cleanliness.* New York: Oxford University Press, 1996.

Ierley, Merritt. *The Comforts of Home: The American House and the Evolution of Modern Convenience.* New York: Three Rivers Press, 1999.

Illich, Ivan. *H$_2$O and the Waters of Forgetfulness.* London: Marion Boyars, 1986.

Jackson, Ralph. "Waters and Spas in the Classical World", em *Medical History of Waters and Spas.* Ed. Roy Porter. London: Wellcome Institute for the History of Medicine, 1990, 1-13.

Kazen, Thomas. *Jesus and Purity Halakhah: Was Jesus Indifferent to Purity?* Stockholm: Almqvist and Wiksell Internacional, 2002.

Ladd, Brian K. "Public Baths and Civic Improvement in Nineteenth-Century German Cities". *Journal of Urban History* 14, n. 3 (maio de 1988): 372-393.

Le Guérer, Annick. *Scent: The Mysterious and Essential Powers of Smell.* Tradução de Richard Miller. London: Chatto and Windus, 1993.

Marchand, Roland. *Advertising the American Dream: Making Way for Modernity, 1920-1940.* Berkeley: University of California Press, 1986.

Martial. *Epigrams*. Tradução de Walter C. A. Kerr. 2 v. Cambridge, MA: Harvard University Press, 1961.

———. *Martial in English*. Ed. J. Sullivan e A. J. Boyle. London: Penguin Books, 1996.

MacLaughin, Terence. *Coprophilia, or a Peck of Dirt*. London: Cassell, 1971.

Miner, Horace. "Body Ritual among the Nacirema." *American Anthropologist* 58 (1956): 503-507.

Orwell, George. *The Road to Wigan Pier*. London: Penguin Books, 1989.

Plamer, Richard. "'In this our lightye and learned tyme': Italian Baths in the era of the Renaissance", em *Medical History of Waters and Spas*. Ed. Roy Porter. London: Wellcome Institute for the History of Medicine, 1990, 14-22.

Perrot, Michelle, ed. *A History of Private Life IV: From the Fires of Revolution to the Great War*. Tradução de Arthur Goldhammer. Cambridge, MA: Harvard University Press, 1990.

Perrot, Philippe. *Fashioning the Bourgeoisie: A History of Clothing in the Nineteenth Century*. Tradução de Richard Bienvenu. Princeton: Princeton University Press, 1994.

Porter, Roy, ed. *Medical History of Waters and Spas*. London: Wellcome Institute for the History of Medicine, 1990.

Prost, Antoine. "Public and Private Spheres in France", en *A History of Private Life, V: Riddles of Identity in Modern Times*. Ed. Antoine Prost and Gerard Vincent. Tradução de Arthur Goldhammer. Cambridge, MA: Harvard University Press, 1991, 1-144.

Regnier-Bohler, Danielle. "Imagining the Self", em *A History of Private Life II: Revelations of the Medieval World*. Ed. George Duby. Tradução de Arthur Goldhammer. Cambridge, MA: Belknap Press of Harvard University Press, 1988, 311-394.

Reynolds, Reginald. *Cleanliness and Godliness*. Garden City, NJ: Doubleday, 1946.

Riis, Jacob A. *The Battle with the Slum*. Montclair, NJ: Patterson Smith, 1969.

———. *How the Other Half Lives: Studies among the Tenements of New York*. New York: Hill and Wang, 1968.

Roche, Daniel. *The Culture of Clothing. Dress and Fashion in the Ancien Régime*. Tradução de Jean Birrell. Cambridge: Cambridge University Press, 1994.

Rousseau, Jean-Jacques. *The Confessions and Correspondence, Including the Letters to Malesherbes*, v. 5, *The Collected Writings of Rousseau*. Ed. Chistopher Kelly, Roger D. Masters e Peter G. Stillman. Tradução de Christopher Kelly. Hanover, NH: University Press of New England, 1995.

_____. *Emile*, Tradução de Barbara Foxley. London: J. M. Dent, 1993.

Rubinstein, David, ed. *Victorian Homes*. London: David and Charles, 1974.

Salisbury, Joyce E. *Church Fathers, Independent Virgins*. London: Verso, 1991.

Salkin, Allen. "Germs Never Sleep". *The New York Times*, 5 nov. 2006 (http://nytimes.com).

Sarti, Raffaella. *Europe at Home: Family and Material Culture 1500-1800*. Tradução de Allan Cameron. New Haven: Yale University Press, 2002.

Schama, Simon. *The Embarrassment of Riches: An Interpretation of Ducth Culture in the Golden Age*. New York: Vintage, 1997.

Schaub, Bianca, Roger Lauener e Erika von Mutius. "The Many Faces of the Hygiene Hypothesis", *Journal of Allergy and Clinical Immunology* 117 (2006): 969-977.

Shaw, Bernard. "Pygmalion", em *Collected Plays with Their Prefaces*, v. IV. London: The Bodley Head, 1970-1974.

Singman, Jeffrey. *Daily Life in Medieval Europe*. Westport, CN: Greenwood Press, 1999.

Sivulka, Juliann. *Soap, Sex and Cigarettes: A Cultural History of American Advertising*. Belmont, CA: Wadsworth, 1998.

_____. *Stronger Than Dirt: A Cultural History of Advertising Personal Hygiene in America, 1875-1940*. Amberst, NY: Humanity Books, 2001.

Stouck, Mary-Ann. *Medieval Saints*. New York: Broadview, 1999.

Strasser, Susan. *Never Done: A History of American Housework*. New York: Pantheon, 1982.

Thorndike, Lynn. "Sanitation, Baths and Street-Cleaning in the Middle Ages and Renaissance", *Speculum*, 1924, 193-203.

Urbain, Jean-Didiet. *At the beach*. Tradução de Catherine Porter. Minneapolis: University of Minnesota Press, 2003.

Vigarello, Georges. *Concepts of Cleanliness: Changing Attitudes in France since the Middle Ages*. Tradução de Jean Birrell. Cambridge: Cambridge University Press,1988.

Vinikas, Vincent. *Soft Soap, Hard Shell: American Hygiene in an Age of Advertisement*. Ames: Iowa State University Press, 1992.

Wilkie, Jacqueline S. "A Submerged Sensuality: Technology and Perceptions of Bathing", *Journal of Social History* 19 (verão de 1986): 649-664.

Williams, Marilyn Thornton. *Washing "The Great Unwashed": Public Baths in Urban America, 1840-1920*. Columbus: Ohio State University Press, 1991.

Williamson, Jefferson. *The American Hotel: An Anecdotal History*. New York: Knopf, 1930.

Wright, Lawrence. *Clean and Decent: The History of the Bath and Loo and of Sundry Habits, Fashions and Accessories of the Toilet, Principally in Great Britain, France and America*. London: Routledge and Kegan Paul, 1980.

Yegül, Fikret. *Baths and Bathing in Classical Antiquity*. Cambridge, MA: MIT Press, 1992.

AUTORIZAÇÃO PARA USO DE TEXTOS

Agradeço às fontes listadas a seguir pela autorização de uso do material previamente publicado por elas.

Citações (251, 252, 255, 280) extraídas de *Bathing in Public in the Roman World,* de Garrett G. Fagan (Ann Arbor: University of Michigan Press, 1999). Utilizadas com permissão da University of Michigan Press.

Cinco linhas (152, 153) extraídas de *The Erotic Poems,* de Ovídio, traduzidas, com apresentação de Peter Green (Penguin Classics, 1982). Copyright © Peter Green, 1982.

Três linhas (253) extraídas de *The Erotic Poems,* de Ovídio, traduzidas, com apresentação de Peter Green (Penguin Classics, 1982). Copyright © Peter Green, 1982.

Texto extraído de *Seneca: 17 letters,* editado, com apresentação, tradução e comentários de C. D. N. Costa (Aris and Phillips, 1988). Utilizado com permissão da Oxford Books Ltd.

Texto extraído de *Sainted Women of the Dark Ages,* edição e tradução de Jo Ann McNamara e John E. Halborg (Durham, NC: Duke University Press, 1992). Utilizado com permissão da Duke University Press.

160 palavras às p. 67, 69, 71, 255, 295 extraídas de *The Romance of the Rose,* de Guillaume de Lorris e Jean de Meun, editado por Frances Horgan (Oxford: Oxford University Press, 1994). Com permissão da Oxford University Press.

Texto extraído de *Emile,* de Jean-Jacques Rousseau, traduzido por Barbara Foxley (London: J. M. Dent, 1993). Reimpresso com permissão da Everyman's Library, divisão da Alfred A. Knopf.

Texto extraído de *The Conquest of Water: The Advent of Health in the Industrial Age,* de Jean-Pierre Goubert, traduzido por Andrew Wilson (Princeton: Princeton University; Cambridge: Polity Press, 1989). Utilizado com permissão da Princeton University Press e da Polity Press.

Material extraído de *Growing Up Poor in London,* de Louis Heren (London: Hamish Hamilton, 1973). Utilizado com permissão de Hamish Hamilton.

Texto extraído do artigo "Dealing with the, uh, Problem", de Nora Ephron, publicado na *Esquire* de março de 1973. Utilizado com permissão da *Esquire.*

Texto (243, 277) extraído de *Saturday,* de Ian McEvan (London: Jonathan Cape, 2005). Utilizado com permissão da Jonathan Cape.

Todos os esforços possíveis para entrar em contato com os legítimos proprietários dos direitos autorais foram feitos; em caso de omissão ou erro inadvertido, favor notificar o editor.

CRÉDITOS DAS IMAGENS

P. 20 mulher grega, © Royal Musems of Art and History – Bruxelas; p. 23 primeira banheira, *Clean and Decent,* Lawrence Wright, © 1980 Routledge and Kegan Paul. Reproduzido com permissão de Taylor & Francis Books UK; p. 25 Arquimedes, Ann Ronan Picture Library / Heritage Images; p. 26, banhos atenienses, foto: akg-images / Peter Connolly; p. 31 *estrigil,* Glyptothek (Munique), cortesia da Wikipédia.org; p. 36 Termas de Dioclésio, Paulin, les thermes de Diocléetien, envoi 1880, Bibliothèque Nationale Supériore des Beaux Arts à Paris; p. 48 *The Birth of the Virgin,* Scala / Art Resource, NY; p.. 50 batismo de Jesus, Mary Ann Sullivan, Bluffton University; p. 56 St. Francis, Museu de Arte da Universidade de Harvard, Museu de Arte Fogg, Friends of the Fogg Art Museum Fund, 1929.234; p. 63 Betsabá, Erich Lessing / Art Resource, NY; p. 74 banho em Baden, Württembergische Landesbibliothek Stuttgart, HBb 725; p. 76 monges poloneses, coleção do autor; p. 79 banheira particular, Württembergische Landesbibliothek Stuttgart, HBb 725; p. 80 cavaleiro, Ms 648/404 f.415v Cena de Banho no Jardim do Castelo (pergaminho) da Escola Francesa, (século XV) © Musee Conde, Chantilly, France / Giraudon / The Bridgeman Art Library; p. 83 praga, Toggenburg Bible, cortesia de Wikipedia.org; p. 89 mulher com pulga, © Musée Lorrain, Nancy / foto P. Mignot; p. 93 abluções, Bonnart, gravura de 1690, Bibliothèque Nationale de France, Paris; p. 97 Holbein, The State Hermitage Museum, St. Petersburg; p. 105 Montaigne, Retrato de Montaigne por Thomas de Leu (1608) (H. 14,5 x L. 9,1 cm), Bibliotheca Desaniana, Chicago; p. 107

banhos em Vichy, Base Liber Floridus, Bibliotèque Mazarine, Ms 3243, p. 62; p. 124 Maria Antonieta, Réunion des Musées Nationaux / Art Resource, NY; p. 126 Marat, Assassinat de Jean-Paul Marat par Charlotte Corday (13 de julho de 1793). Gravura, B.N.F. © Roger-Viollet; p. 130 bidê, Getty Images, 'Mulher em seu bidê", Louis-Léopold Boilly; p. 139 banho de chuveiro, © The British Library (Design & Work); p. 141 box de banho, The British Library, C12112-08, p. 6; p. 154; p. 183 homem usando o dispositivo, gta Archiv / ETH Zürich; p. 156 bebê aprendendo a se lavar, coleção do autor; p. 158 banho a vapor, gta Archiv / ETH Zürich; p. 159 banheiro, coleção do autor; p. 162 soldados, coleção do autor; p. 169 chuveiro externo, gta Archiv / ETH Zürich; p. 175 hospital, Coleção do The New-York Historical Society; p. 177 Washington, Cheynes Studio, Hampton, Va, 1903; p. 180 banho, "Vendedores de jornal tomando banho para o jantar", Museu de Nova York, Coleção de Jacob A. Riss, Riis #167; p. 183 banheira, "Banheira na Passagem de Ar", c. 1890, Museu de Nova York, Coleção de Jacob A. Riss, Riis #ST5; p. 192 mulher no banheiro, gta Archiv / ETH Zürich; p. 195 chuveiro improvisado, coleção do autor; p. 202 sabão da Pears, coleção do autor; p. 204 Listerine, coleção do autor; p. 212 Lifebuoy, coleção do autor; p. 227 Tolaas, © Matti Hillig; p. 287 Poster de Ontário, Texto e Propaganda © Queen's Printer de Ontario, 2006. Reproduzido sob permissão. Fotografia: © Getty Image Library; p. 239 Clean Shopper, foto: cortesia de Babe Ease, LLC.

ÍNDICE

Nota: número de página em *itálico* indica ilustração ou nota marginal.

Abrantes, Duquesa d', 125
Acton, William, 144
Admirável mundo novo, 214, 242
Adriano, 38,
adultério, 48, 75
anúncios, propagandas,
   desodorantes, 10, 189, 206
   Listerine, 203-4-5, 217
   por medo, 89, 99, 205
   produtos de higiene feminina,
      230, 232
   sabonetes, 10, 33, 134, 188-9,
      201-2, 206-7, 213-4, 216,
      238
   xampu,
África, 15, 24, 41, 52, 60
afro-americanos, 177
Agnes, Santa, 56

Agricola, 34,
água
   aversão à, 65
   benefícios da, 169, 193
   considerada proteção, 94, 144
   considerada terapêutica, 103, 116
   difícil de se obter entre 1500-
      1800, 91
   fria, 22, 27-8, 31
   imersão em, como ritual de, 50
   imersão quente e fria, 24, 34
   morna, 32, 49, 62, 70
   na Grécia antiga, 20, 30
   no banho japonês, 34
   no banho romano, 34, -5
   no chuveiro de Dickens, 137-8
   passagem, 15-6, 22
   perigos da, 100-1, 142
   quente, 18, 21, 27-8, 30-1
Alberto-Culver, 229
Alfred, Edna, 206
algodão, 71, 85, 111, 120, 125, 188

Alemanha
    a peste na, 99
    banhos públicos na, 73, 150-1
    banhos terapêuticos na, 194
    boas-vindas ao retorno da água em 1700 na, 182
    observação do odor do corpo na, 15
    padrões de limpeza na, 10
alergias, 240-1-2
Americana, Guerra Civil, 18, 167, 169, 171, 173-4-5
Ancren Wisse, 68-9
animal, limpeza, 29, 241
Ana da Áustria, 100, 104
Aquedutos, 39, 59
Aquino, São Tomas de, 70, 84
Arábia, 60
Arquimedes, 25, 287
Aristófanes, 27
Aristóteles, 27
assassinato
    no banho, 22, 49, 52, 126
axilas
    com abcesso, durante a peste, 83
    o cheiro das, 88
    o perigoso suor das, 82-3
    odor masculino das, 88
    removendo os pêlos das, 12, 41
Armstrong, Samuel Chapman, 177-8
Asclepíades, 32
asiáticos, 17, 118
asma, 117
Astor, John Jacob, 172
Agostinho, Santo, 52
Austen, Jane, 116, 207
Austrália, 242,
Áustria, 82, 100, 104, 194

Babbitt, B. T., 202
Babbitt's Best Soap, 202

Bacon, Francis, 90, 140
Baden, Suíça, 72-3-4
balneum, 17, 35
batismo, 47, 50, 52, 55
Baruch, Simon, 282
banho
    a vapor, 21-2, 72, 75, 158
    casas de, 17-8, 24, 27-8, 37, 41
    gabinetes de, dobráveis, 141
    Inglaterra, 60
    na Grécia antiga, 15, 18, 21
    na Idade Média, 10, 17, 33, 47
    nos EUA, 168, 173, 179,
    público, 26
banheiros
    de Dickens, 137
    de Napoleão, 13, 131
    em Versalhes, 102, 119, 124
    na Alemanha, 150
    na França, 78
    na Inglaterra, 135, 137
    no dicionário de inglês da Oxford, 234
    nos EUA, 179
banheiras e banhos
    a primeira conhecida, 23
    assassinatos durante o banho, 22, 49, 52
    como atividade social, 19
    considerados perigosos para a
    de água do mar, 115
    definição de, no *Devil's Dictionary*, 245
    e os judeus, 15, 48-9, 62, 64
    e os primeiros cristãos, 17, 47
    em domicílio, 157
    nos *spas*, 37, 72, 75, 102-3-4
    para viajantes, 10-1, 16, 65
    saúde depois da peste, 82
    terapêuticos, 16, 102,

Baynard, Edward, 113
bebês da água, Os, 48, 70, 100, 114
Beecher, Catharine, 185
Beecher Stowe, Harriet, 171
belga, 148
ben Yacub, Ibrahim, 73
Benedito, São, 61, 68
Berlioz, Hector, 155
Bevan, Edwyn, 231
bidês, 128-9-0-1
Bierce, Ambrose, 245
Blackwell, Elisabeth, 170, 174
Blainville, Jean de, 64
Blount, Henry, 92-3
boca
    enxágüe rápido em 1600, 9
    hálito, 12, 38, 71, 88
Boccaccio, 71, 82
Boilly, Louis-Leópold, 130
Boston, 172, 184
Boswell, James, 111
Bourbon, França, 75, 102
Braudel, Fernand, 99
Braunschweig-Bevern, Elisabeth von, 125
Brontë, Charlotte, 87, 114
Brummell, Beau, 132
Burdett Coutts, Angela, 138
Burke, Edmundo, 114
Byron, George (Lorde Byron), 132

Campan, Henriette, 128
Canadá
    circuncisão no, 225
Cardanus, Hieronymus, 88
Caroline de Brunswick, 126
Carpenter, Siri, 241
Casa, Giovanni Della, 94
casamento e banhos, 26, 51, 96
Casanova, Giacomo, 97

Catarina II da Rússia (a Grande), 112
católicos, 15
Cavaleiros do Banho, 15
Cellucotton, 208
Chadwick, Edwin, 145
Chicago, 179, 182, 184, 202
China, 16, 121, 145
chuveiros
    banho de chuveiro de Bozerian, 139
    considerados perigosos, 104
    de Dickens, 137
    dos banhos públicos, 78, 99, 150
    dos primeiros cristãos e o uso, 48, 52
    instruídas sobre higiene na escola, 162-3
    instruídas sobre higiene pelas mães, 54, 114
    nas casas de banho mouras, 65, 98
    nos banhos romanos, 118, 292
    particulares, 137
    precisam conviver com bactérias, 238, 240-1
    públicos, 165
    recomendações de Hadida sobre, 208-9
    recomendações de Rousseau, 121-2-3, 134
    recomendações de Tolaas, 225, 227, 229
    recomendações de Vendick, 226
    recomendações dos publicitários, 201, 205
cólera, 145, 162, 168, 181
cristianismo
    batismo, 47, 50
    moralidade, 50
    limpeza de frades e freiras, 103
    limpeza diária, 214

ÍNDICE 291

    indiferença com a higiene, 47
    negligência com o corpo, 17, 209
    reaparecimento dos banhos públicos, 72
circuncisão, 26, 51, 64, 225
classes
    e a freqüência aos *spas*, 102
    e a habilidade ou desejo de se lavar, 71
    e o hábito de nadar em lagos e rios, 100
    e o uso de bidês, 120
    e o uso do linho, 87
    na Grécia antiga, 26
    na Idade Média, 100
    na Roma antiga, 95
Clement de Alexandria, 55
Clooney, Rosemary, 216
Climnestra, 22
Colet, John, 71
Colette (autor), 161
Colette de Corbie, Santo, 161
comida em banhos públicos, 35
Comitê para Saneamento dos Estados Unidos, 174
Constantino, 49
Cooper, Diana, 149
Coppo Stefani, Marchionne di, 83
Corbin, Alain, 244
Corday, Charlotte, 126
cosméticos, indústria de, 211
Crawford, Joan, 216
Creta, 23
crianças, banho de
    na Grécia antiga, 32
    na França, 54
    na Idade Média, 65
    recomendações de Wesley, 113-4
Criméia, Guerra da, 174
Crohn, doença de, 242
cruzados, 17, 65, 71

Dainville, Edouard, 161
Davis, Bette, 216
    de Goncourt, E., 158
    de Hooch, Pieter, 98
    de Lespinasse, Julie, 118
    de Saussure, César, 119
decamerão, o, 71, 77
defecar
    efeito das águas e, 27
    em lugar privado, 40
    fezes em Versalhes, 102
    panos para limpar, 123, 208
    Consultar também privadas
Degas, Edgar, 162
Dejean, M., 122
Della Femina, Jerry, 230
dental, fio, 223
dentes
    com escovas, 178
    limpeza e branqueamento, 223
    palitos, 90
    panos, 90
    pinças de Elizabeth I, 90
    Consultar também boca
Depressão, 209
Des Pars, Jacques, 84
desodorantes
    propaganda, 10
    produtos de higiene íntima, 231
    recomendações de Hadida, 208-9
Dickens, Charles, 137
Dietrich, Marlene, 206
difteria, 145
doença
    banhar-se para aliviar, 22, 117
    do coração, 242
    Hipótese da Higiene, 240
    na Guerra Civil Americana, 18, 167
    na Guerra da Criméia, 174
    teoria dos micróbios, 168, 199

d'Orvanne, Bourgeois, 162
Doudeauville, Duque de, 172
Downing, Andrew Jackson, 173
Drinker, Elizabeth, 167
Drohojowska, Condessa, 157
du Barry, Madame, 129
duchas, 162
Duvaux, Lazare, 129

E. coli, 235
Egito, 41, 60
Eisenhower, David, 201
Eisenhower, Ida, 201
Elexa (empresa), 232
Elizabeth I, Rainha da Inglaterra, 88
Elizabeth Charlotte, Princesa 87
Ensler, Eve, 231
Ephron, Nora, 230
Epsom, Inglaterra, 105
Erasmo, 69
escolas e educação sobre higiene, 27, 69
escravos
   livres e a limpeza nos EUA, 32
   nos banhos da Roma antiga, 37
Escócia, 117
escovas de dente, 178
Espanha
   banhos mouros, 65
   esvaziando os urinóis, 120, 161
   história do sabão, 31
   Inquisição, 98
   padrões de limpeza 12
   peste, 82
espanhola, gripe, 239
espartanos, 28, 55
Estados Unidos (EUA)
   banhos públicos, 184, 196
   banhos particulares, 128, 216
   chuveiros, 216
   circuncisão, 225
   doenças, 170, 182
   escravos livres e a limpeza, 176
   hotéis, 172
   instalações hidráulicas, 181
   limpeza dos dentes e branqueamento, 223
   mau cheiro, 11, 226
   moralidade, 179
   padrões de limpeza, 168
   privacidade, 234
   produtos antibacterianos, 227
   sabonete, 202, 206
Estônia, 228
estrigil, 27, 31
etiqueta e higiene, manuais, 19, 69-0, 79
Europa
   padrões de limpeza, 12
   comparação com outros continentes, 127
   declínio da cultura romana do banho, 45
   banhos em *spas*, 37, 72
   banhar-se ou nadar em rios e lagos, 100
   crença na limpeza do linho, 87
   elegância exterior, mas corpos sujos, 88
   água evitada por medo de doenças, 89
   sabonetes, 33, 188
   resistência à limpeza excessiva, 122
   limpeza dos dentes atualmente, 48
   banhos terapêuticos, 16
   banhos turcos, 32, 72
Eustadiola, Santa, 54
exercício
   Bozerian, 139
   na Grécia antiga, 26-7

na Inglaterra, 94
   na Roma antiga, 30
   no banho de chuveiro, 104
   produção de cheiro ruim, 44

Fagon, Guy-Crescent, 102
fariseus, 49
Fausta, 52
"feixe para o rabo", 68
femininos, produtos higiênicos, 176,
   229, 233
Ferry, Jules, 164
Fiennes, Celia, 105
Finlândia, 37
Floyer, John, 112
fontes termais, 16, 22, 39
Ford, Richard, 65
Forges, França, 108
frades e freiras
   em banhos públicos, 103
   práticas de banho entre, 103
   restrições de limpeza, 57
França
   banheiros, 150
   banhos públicos, 151
   banhos romanos, 118
   bidês, 120
   chuveiros, 184
   crença no perigo do banho, 85
   encanamento interno, 39, 139
   higiene escolar, 194
   história do sabonete, 33, 188
   influência do poema *O romance da
      rosa* na, 67
   instalações hidráulicas, 187, 216
   lento retorno da água, 116
   manuais de higiene, 90, 139
   o hábito de nadar, 151
   padrões de limpeza, 12
   peste, 82

spas, 72
urinar em público, 122
Francisco de Assis, São, 56-7
François I, Rei da França, 85
Freedman, Lisa, 228
Francesa, Revolução, 234

Gaddi, Taddeo, 56
Galbraith, J. K., 196
Gales, 71
Galsworthy, John, 224
Gautier d'Agoty, João Batista, 124
genitais
   circuncisão, 225
   lavados em bidês, 164
   lavados pelos muçulmanos, 10
   lavados pelos turcos, 13
   perfumados pelos egípcios, 92
   produtos higiênicos femininos,
      164
George III, Rei da Inglaterra, 115
Gerba, Charles, 236
Gibbon, Edward, 28
Godric, Santo, 56
Grécia antiga
   banho como ritual de passagem, 15
   banho em casa, 24
   banho no ginásio, 26
   métodos atenienses, 27
   métodos espartanos, 28
   viagem, 16, 19,
   banho em nascentes, 102
   banho para limpar e transformar,
      126
   água fria *versus* água quente, 28
   primeira banheira conhecida, 23
   lavagem higiênica, 242
   ablução religiosa, 47
Grega, Igreja Ortodoxa, 52
Gregório IV, Papa, 59

gripe, 235
gripe aviária, 235
Guarinonius, Hippolyt, 73
ginásios, 26

Hadida, Sophie, 208
Hale, Edward Everett, 247
Hale, Sara Josepha, 174
Hamilton, Ernest, 142
Hamilton, Garry, 142
Handy, William M., 207
Harry, James (Lorde Malmesbury), 126
hedonismo, 52, 221, 244
Henrique III, Rei da França, 96
Henrique IV, Rei da França, 89
Henrique II, Rei da Inglaterra, 78
Heren, Louis, 197
Heródoto, 26
Hipócrates, 18, 22-3
Holbein, Hans, 96-7
Holanda. *Consultar* Países Baixos
Holmes, Henry, 182
homossexualidade, 49
hospitais
    durante a Guerra Civil Americana, 220
    revolucionados por Nightingale, 174
    risco de infecção, 161, 208
hotéis, 11, 77, 172-3-4, 205
Howison, John, 187
Hoy, Suellen, 176
humores, 22
Hungria, 82
Huxley, Aldous, 214
hidropatia, 169-0-1, 174
Hipótese da Higiene, 240-1-2
higiene, manuais de, 139
hipocaustos, 79

homens
    ingleses, 116
    franceses, 118
    europeus medievais, 10
    e o hábito de nadar, 100
    da Roma antiga, 32-3-4
    primeiros cristãos, 17, 47
    da Grécia antiga, 26-7

ibibios, 24
Idade Média
    banhos particulares, 79
    banhos públicos, 78, 99
    limpeza das crianças, 32
    padrões de limpeza, 24
    peste, 82
    sabão, 9, 12, 14
Ilíada, A, 23
imigrantes para os EUA, 178
Índia, 16, 47, 121, 145
instalações hidráulicas
    na França, 240
    na Inglaterra, 161
    na Itália, 187
    nos EUA, 216
Industrial, Revolução, 144
Inglaterra
    amor pela água fria, 28, 100
    banheiros, 60
    banho de mar, 118
    banho na arte e literatura, 97
    banhos públicos, 150
    bidês, 129
    circuncisão, 225
    higiene escolar, 194
    influência do poema *O romance da rosa*, 67
    instalações hidráulicas, 161
    lavanderias públicas, 148
    limpeza dos dentes, 90

limpeza superior, 119
padrões de limpeza, 92
peste, 82
spas, 105
Ingres, Jean-Auguste-Dominique, 110
Irlanda, 145
Isabella I, Rainha de Castela, 83
Itália
    bidês, 129
    Consultar também Roma antiga
    declínio da cultura do banho romano, 59
    história do sabonete, 33, 188
    influência do poema *O romance da rosa*, 67
    limpeza inadequada de acordo com Smollett, 116
    observação do Odor do Corpo, 209
    padrões de limpeza, 244
    peste, 82
    spas, 37, 72
    urinar em público, 122

James I, Rei da Inglaterra, 89
Japão
    padrões de limpeza, 12, 92, 244
    protocolo único de banho, 34
Jerônimo, São, 47
Jesse, William, 55
Jesus, 15, 48-51,
João Batista, São, 50, 100
João Crisóstomo, São, 53, 57
Johnson & Johnson, 232
Johnson, Samuel, 95, 111, 126
Joseph II, Sacro Imperador Romano, 125
jovem Arthur, 128
jovem James Webb, 206
Judaísmo, 49-50

Judéia
    padrões de limpeza na Idade Média, 139, 147, 168, 189
Juvenal, 35

Kane, Kate, 231
Kempton, Samuel, 130
Kingsley, Charles, 146,
Kingsley, Mary, 24
Klein, Ross, 222
Koch, Robert, 200
Kotex, 12, 208

Lambert, Gerald, 203-205
Lambert Pharmacal, 203
Langtry, Lillie, 202
Lassar, Oscar, 152
lavanderia pública, 147
Lee, Colin, 235
Leibnitz, 103
lêndeas, 88
Lewis, Sinclair, 216
Licurgo, 28
Liebault, Jean, 90
limpeza
    atualmente, 206
    definições culturais, 11
    e a linguagem, 113
    e a moralidade, 50, 78, 99
    e a privacidade, 16, 104-5, 145
    e o avanço tecnológico, 16
    na Alemanha, 72
    na arte e literatura, 77
    na China, 121
    na Europa, 137
    na França, 58
    na Grécia antiga, 15
    na Idade Média, 10, 17
    na Índia, 47
    na Inglaterra, 54

na Itália, 21
na Roma antiga, 9
no Canadá, 187, 225
no Egito antigo, 41
no futuro, 172
nos EUA, 168
para Jesus, 49-0
para os espanhóis, 65
para os judeus, 48, 62, 64
para os mouros, 65
para os muçulmanos, 10
para os primeiros cristãos, 98
peste, 82
"próxima à pureza", 182
simbolismo religioso, 64
versus pureza ritual, 48
Lincoln, Abraham, 185
linho
    aparência, 87
    poder de limpeza, 95
    descrição, 95
    na arte, 96
Listerine, 203-4-5
Lituânia, 228
Locke, John, 112
Londres, Inglaterra, 37, 71-2, 78
Lorenzetti, Pietro, 48
Luís XIII, Rei da França, 89
Luís XIV, Rei da França, 93
Luís XV, Rei da França, 120
Lucas, São, 49
Lutgarde, São, 54

MacManus, Theodore, 207
Mallarmé, Stéphane, 155
Mallet, Charles François, 154
Malmesbury, Lorde, 126
Malta, 227
mau hálito
    como base para o divórcio, 200
    de Luís XIV, 93
    e propaganda, 204
    observado na Idade Média, 12
    recomendação de Ovídio, 38, 40
Manet, Edouard, 155
mãos
    antes das refeições, 61
    importância atual, 14
    na Grécia antiga, 15
    na Idade Média, 10
    pelos médicos, 89
    prescrições religiosas, 68
mar, banho de, 118
Marat, Jean Paul, 126
Marco Aurélio, 42
Margravina de Bayreuth, 125
Maria Adelaide de Savoy, 95
Maria Antonieta, Rainha da França, 121, 124
Marie de Rabutin-Chantal, Marquesa de Sévigné, 106
Marcos, São, 49
Marcial, 42-3
Marrocos, 196
Mary of Cleves, 96
Massé, J., 163
Maugham, Somerset, 145
Melânia, Santa, 53
menstruação
    e a propaganda de produtos femininos, 12
    e as leis judaicas sobre purificação, 52
    e o banho, 62
    odor, 211
Mexicano-americana, Guerra, 175
Meyerowitz, Sol, 180
Michelangelo, 36
Michelet, Jules, 18, 115

micróbios
    e a importância de lavar as mãos, 202
    importância para a saúde, 200
    medo, 144
mictórios. *Consultar também* privadas
Midtvedt, Tore, 243
Migeon, Pierre de, 129
Milwaukee, banhos públicos, 184
Miner, Horace, 219
minerais, termas. *Consultar* spas
Montagu, Elizabeth, 128
Montaigne, Michel de, 89
Montreal, Canadá, 222
Moodie, Susanna, 186
morte
    por causa da peste, 82-3
    leis judaicas sobre a purificação, 15
mouros, 65, 98
Moryson, Fynes, 91, 95
mulheres
    acostumadas com as criadas, 77-8
    americanas, 174
    banhando-se para aliviar "os males femininos", 22
    bidês, 129-0
    da Grécia antiga, 31-2, 52
    da Roma antiga, 34, 37, 39
    e as preocupações com o recato durante o banho, 44
    em banhos públicos, 44
    em banhos turcos, 109
    francesas, 83
    inglesas, 96, 110
    judias, 51, 62, 64
    lavando as roupas nos *spas*, 118
    limpando as partes íntimas, 55
    limpeza, 53
    menstruação, 50
    moralidade, 53, 74-5
    muçulmanas, 65
    nadando, 100
    produtos higiênicos femininos, 275,
    propaganda de desodorantes, 10, 189, 206
    roupas de baixo, 75, 97, 128
    sujeira, 110
    uso de chuveiros públicos, 73
    uso dos banhos públicos, 149
múltipla, esclerose, 242
Mutius, Erika von, 241

nadar
    nas casas de banho, 43
    nos lagos e rios, 100
    no mar, 118
Napoleão I, 13, 131-2
nascimento
    gregos antigos e, 22
    leis judaicas sobre a purificação e o, 49
    simbolismo do banho e o, 48, 122
nazista, 10
Nero, 35, 45
Netscher, Caspar, 88
Nova York
    banhos particulares, 184
    banhos públicos, 179
    imigração, 178
    instalações hidráulicas, 216
Nice, França, 118
Nietzsche, Friedrich, 194
Nightingale, Florence, 174
Nimes, França, 118
Norfolk, Duque de, 111
Norwalk, vírus, 235
Noruega, 194
nudez
    individualidade, 16

nas casas de banho da Idade
  Média, 33
nas casas de banho romanas, 44
nas primeiras casas de banho
  cristãs, 53, 157
nos ginásios gregos, 73
puritanismo, 81

odor (cheiro)
  do sangramento menstrual, 11
  e a propaganda, 227
  e os pêlos das pernas e das axilas,
    12
  esforços de Tolaas, 225, 227
  mascarado por perfumes, 131
  na Idade Média, 70
  obsessão americana, 203
  vaginal, 230
Odisséia, A, 19, 21-2
óleos para limpeza, 31, 33, 124
Olmsted, Frederick Law, 174
Olímpia, Santa, 57-8
Orwell, George, 197
ouvidos, 90
Ovídio, 38, 40

Países Baixos, 91, 95, 227
Paiva, La, 158
palito de dente, 69, 81, 90
pandêmicas, doenças, 240
Pange, Condessa de, 157
panos (lenços), 90, 96, 98, 123, 127,
  208, 232
Paré, Ambroise, 84
Paris, França, 13, 17, 73, 101
pasta de dente, 223
Pasteur, Luís, 168, 200
Patin, Guy, 101
Patroclus, 23
Patti, Adelina, 202

Paulo III, Papa, 36
Pear's Soap, 201
pecado, 52, 82, 92, 99
pele
  poros abertos considerados
    saudáveis, 84
  poros fechados considerados
    protetores, 89
Pepys, Samuel, 108
pêlos
  das pernas, 38
  do corpo, 29, 92
  e odor do corpo, 12
  embaixo dos braços, 12
  longos, 38
  recomendações de Hadida, 208
  recomendações de Wesley, 113
  remoção, 127
Philippe VI, Rei da França, 94
piolho, 26, 57-8, 88
Platão, 27-8
Platter, Thomas, 100, 104
Playtex, 232
Plínio, o jovem, 40
Plutarco, 28
Poète, Marcel, 73
Poggio, Gian-Francesco, 73-4-5
Polônia, 170
polinésios, 177
Pompadour, Madame de, 120
Pompéia, banhos, 33
Portugal, 227
Postumo, Guido, 83
preservativos, 232
Priessnitz, Vincenz, 169-0
Primeira Guerra Mundial, 184, 196
privadas
  de Dickens, 137
  na França, 120
  na Inglaterra, 91, 119-0

na Itália, 73, 119
nos EUA, 172
Consultar também defecar;
privacidade, 16, 104-5, 145, 150, 157, 159
Procter & Gamble, 200, 232
Procter, Harley, 200
Prost, Antoine, 228
Prostituição, 78
pulgas, 88, 243
purificação, rituais de, 49
Pygmalion, 191, 193

Radegunda, Santa, 58-9
Rauwulf, Leonhard, 92
religião
    códigos de higiene, 16
    gregos e romanos, banhos, 45
    limpeza e moralidade, 16
    simbolismo da limpeza, 48, 92, 157, 225
    Consultar também cristianismo; judaismo
Renaudin, Edmée, 155
Renaudot, Théophraste, 89
reumática, artrite, 242
Riis, Jacob, 179
ritos de passagem, 15-6, 22
Roche, Daniel, 90
romance de Flamenca, O, 69
romance da rosa, O, 67
Roma antiga
    água quente, 18
    banhos particulares, 79
    casas de banho, 221
    desaparecimento das casas de banho, 17
    hábitos de banho dos imperadores, 72
    homens e mulheres romanos, 37
    layout e arquitetura das casas de banho, 16
    termas romanas, 36
Roosevelt, Franklin D., 205
Rosto, 21, 39, 43
Rothschild, família, 161
roupas de baixo
    colocando novas, 96
    das mulheres, 87
    tarefa dos criados, 97
Rousseau, Jean-Jacques, 121
Russel, John, 79, 81
Russel, Richard, 115

sabonetes (sabão)
    economizado para lavar roupa, 80
    história, 33, 188
    propaganda, 202
    recomendações da Baronesa Staffe, 159
Salkin, Allen, 240
sabonete Branco Marfim, 200
SARS (*Staphylococcus aureus* resistente à penicilina), 235
Sartre, Jean-Paul, 192
saunas. *Consultar também* banhos a vapor
saúde
    importância de lavar as mãos, 51
Savot, Louis, 95
Scarborough, Inglaterra, 105
Semmelweis, Ignaz, 199
Sêneca, 40-1
serventes (criados)
    em banhos públicos, 141, 150
    irritantes, 122
    tomando banho, 15
    trocando o linho, 94
Sévigné, Madame de, 104

sexual, atividade
    dos cristãos, 53
    e as casas de banho medievais, 73
    e as casas de banho romanas, 65
    e benefícios do banho, 13
    e o odor vaginal, 230
    e odor do corpo, 13
    e orgasmos, 67, 230
Shainess, Natalie, 229
Shaw, George Bernard, 191
Shebbeare, John, 110
sibaritas, 21
Silésia, 169
Síria, 51, 60
Sissínio, Bispo, 54
Smart, Christopher, 95
Smollett, Tobias, 116
spas, 37, 72, 102-3-4-5-6
Stabia, banhos da, Pompéia, 30, 33
Staffe, Baronesa, 159
Strachan, D. P., 240
Strachey, Lytton, 174
Sully, Duque de, 101
suor
    absorvido pelo linho, 95
    cheiro, 10-1
    como parte da limpeza, 42
    como parte da terapia, 95, 206
    dos gladiadores, como presente, 39
    nos asiáticos, 17
    perturbando os humores, 57
    removido com o *estrigil*, 9, 27, 31
Suécia, 194. 227
Suíça
    banhos públicos, 72-3, 75, 91
    chuveiro, 194
    ponto de vista sobre a limpeza de Londres, 119
Sykes, Ella, 186

Taine, Hippolyte, 140
Tchecoslováquia, 170
Temple, Henry J., 198
terrorismo, 240
Tertúlio, 52
Thackeray, William Makepeace, 144
Teodósio, 54
Teofrasto, 29
termas, 16, 25, 30, 32, 34-5-6
Trinta Anos, Guerra dos, 99
Thornwell, Emily, 188
Tolaas, Sissel, 225, 227
Toronto, Canadá, 235
Tournier, Michel, 140
Trajano, 35
Trollope, Frances, 154, 267
Tunbridge Wells, Inglaterra, 105
turcos, banhos (*hamans*)
    banheiras, 72
    banho turco real, 72
    mulheres, 109
      origem, 32
    sabonete, 33
Turner, Thomas, 111
tifóide, 168
tifo, 145

urinar, em público, 122
urinóis
    esvaziados nas ruas da França, 120
    inventados pelos sibaritas, 160

vaginais, produtos, 231
Vagisil, 232
Vaux, Clement, 174
Vendick, Elizabeth, 242
Verne, Jules, 172
Versalhes
    banheiros em, 120
    limpeza, 102

realiza, 124
remoção semanal das fezes, 102
viagem, 16, 19, 67, 73, 78
viajantes, 10-1, 16, 73, 91, 128, 119
viajar, 54, 106, 115
Vitor, Bispo de Ravena, 59
Victoria, Rainha da Inglaterra, 141
Vigarello, Georges, 88
Vigée Le Brun, Louise, 124
vinho
　nos banhos públicos, 25
　para banhar crianças, 28
　proibido para as virgens por São Jerônimo, 55
Viollet-Le-Duc, Eugène, 161
visigodos, 65

Walpole, Horace, 110
Washington, Booker T., 177
Waugh, Evelyn, 214
Wenzel, Imperador da Alemanha, 78
Wesley, John, 113
Wihelmine de Bayreuth, Margravina, 125
Wilkinson, Kitty, 147
Williams, Helen Maria, 125
Wilmot, John, 91
Woodbury, sabonete de, 202
Wool, sabonete, 202
Woolf, Virginia, 132
Wortley Montagu, Lady Mary, 91, 109

xampu, 12, 14-5

Zimmern, Conte Froben Christof von, 81
Zola, Emile, 164

IMPRESSÃO E ACABAMENTO:
YANGRAF Fone/Fax
6195.77.22
e-mail:yangraf.comercial@terra.com.br